German AS/A2

Zeitgeist 1

Teacher's Book

Sarah Provan
Christiane Hermann
Morag McCrorie
Dagmar Sauer

OXFORD
UNIVERSITY PRESS

Great Clarendon Street, Oxford OX2 6DP

Oxford University Press is a department of the University of Oxford.
It furthers the University's objective of excellence in research, scholarship, and education by publishing worldwide in

Oxford   New York

Auckland   Cape Town   Dar es Salaam   Hong Kong   Karachi
Kuala Lumpur   Madrid   Melbourne   Mexico City   Nairobi
New Delhi   Shanghai   Taipei   Toronto

With offices in

Argentina   Austria   Brazil   Chile   Czech Republic   France
Greece
Guatemala   Hungary   Italy   Japan   Poland   Portugal   Singapore
South Korea   Switzerland   Thailand   Turkey   Ukraine   Vietnam

Oxford is a registered trade mark of Oxford University Press
in the UK and in certain other countries

Design by Blenheim Colour Limited, Eynsham, Oxford

Printed by Athenaeum Press Ltd, Gateshead.
You must not circulate this book in any other binding or cover
and you must impose this same condition on any acquirer

British Library Cataloguing in Publication Data

Data available

ISBN: 978 0 19 912291 2

10 9

Printed in United Kingdom by Synergie Basingstoke

Acknowledgements

The authors and publishers would like to thank the following
people for their help and advice: Marian Jones (course consultant);
Katie Lewis (editor of the Zeitgeist 1 Students' Book); Dr Peter
Halstead (consultant on revision and assessment material); Pia
Hoffmann (language consultant); Laurent Dury for music
composition.
The speech was recorded at The Soundhouse, London W6 and
produced by Prolingua Productions.

Every effort has been made to contact copyright holders of
material reproduced in this book. If notified, the publishers will
be pleased to rectify any errors or omissions at the earliest
opportunity.

Contents

Symbols used in the Teacher's Book:

[⊙]	Cassette
S[⊙]	Self-study cassette
A 12	*Arbeitsblatt*

Summary of unit contents

Unit	Subject content	Grammar	Skills
Orientierung	Aspects of German-speaking countries and German towns and regions (pp 6, 8) Information on famous German speakers (p10) Aspects of German history (p12)	Present tense (p6) Gender and plurals (p9) Forming questions (p11) Word order (p13)	Using a bilingual dictionary (p9) Learning and recording vocabulary (p14) Organising your work (p14)
Einheit 1 **Die Familie** Family units	Describing your family (p16) Family problems (p18) Parenthood (p20) Pros and cons of marriage (p22)	Cases (p17) Adjective endings (p19) Possessive adjectives (p21)	Writing a brief description (p17) Expressing opinions (p19) Reading for gist (p22) Pronunciation: -ig, -ich, -isch (p26)
Einheit 2 **Rechte und Verantwortung** Adult responsibilities	Discuss what being an adult means (p26) Compare being young now and in the past (p28) Good citizenship (p30) Military service (p32)	Modal verbs (p26) Perfect tense with *haben* and *sein* (p29) Separable and inseparable verbs (p31) *Seit* (p33)	Taking notes when listening (p27) Writing a summary in English (p29) Speaking from notes (p33) Pronunciation: *ei/ie*
Wiederholung **Einheit 1–2**	Revision of Units 1–2 (p35)		
Einheit 3 **Freizeit** Leisure opportunities	Weekend and leisure activities (p38) Sporting trends (p40) Different types of holiday (p42) Reasons for choosing a holiday destination (p42) An insight into German culture (p44)	Subordinating conjunctions (p39) Relative pronouns (p43) Indefinite pronouns (p45)	Understanding and interpreting statistics (p43) Pronunciation: long and short vowel sounds (p46)
Einheit 4 **Gesundes Leben** Healthy living, drugs, smoking	Healthcare in Germany (p48) Different lifestyles (p50) Drug addiction (p52) Measures against drug abuse (p55)	Adverbs (p49) Comparatives and superlatives (p51) Synonyms and antonyms (p51) Imperfect tense (p53)	Structuring a debate (p55) Pronunciation: umlauts (p56)
Wiederholung **Einheit 3–4**	Revision of Units 3–4 (p57)		
Einheit 5 **Bildung und Ausbildung** School, work, university	British and German education systems (p60) Exams and how to prepare for them (p62) Further education or an apprenticeship (p64) Co-education (p66)	Imperative (p63) Impersonal expressions (p65)	Adapting a text (p61) Translating into English (p67) Pronunciation: z, zw (p68)
Einheit 6 **Die Arbeitswelt** The workplace – now and in the future	Career choices (p70) Job applications and interviews (p72) Equality at work and working mothers (p74) Future work trends (p76)	Future tense (p70) Conjunctions (p73) Prepositions (p75,77)	Structuring an oral presentation (p71) Writing a formal letter (p73) Pronunciation: pf (p78)

Introduction

The course

Welcome to **Zeitgeist 1**!

Zeitgeist 1 is the first stage of a two-part German course written to match the new AQA AS and A2 specifications. The eleven teaching units are sequenced to resource the AQA AS specifications, but content coverage and activities are also suitable for other specifications.

Zeitgeist 1 is written by a team of experienced authors and practising teachers and is suitable for a wide range of learners.

Rationale

The aims of **Zeitgeist 1** are:
◆ to provide thorough coverage of the AQA AS specification and excellent preparation for the AS examination
◆ to provide material suitable for AS students of all abilities to ease the transition from GCSE to AS Level
◆ to provide comprehensive grammatical coverage and practice of the QCA defined grammatical content
◆ to help students develop specific learning strategies, for example, dictionary skills, independent study, vocabulary learning and pronunciation techniques
◆ to enable students to take control of their own learning by means of learning strategies, reference and revision sections, study skills and opportunities for independent study
◆ to encourage success by providing clear objectives and by practising language via activities with a clear purpose
◆ to provide up-to-the minute information on current affairs and language learning activities via the dedicated website

The components of Zeitgeist 1

Student's Book

The Student's Book is the complete handbook for advanced level studies, providing a comprehensive and integrated programme of teaching, practice, revision and reference for students. This 160-page book contains the following sections:

Orientierung
This initial unit bridges the gap between GCSE and AS Level by providing revision of key language and grammar. It also introduces students to the type of activities and layout of **Zeitgeist**.

Einheiten 1–11
There are 11 units on different topics. Units 1–6 correspond to AQA Module 1; Units 7–11 correspond to AQA Module 2. Each unit has been planned to be interesting and motivating, as well as to develop relevant strategies and skills for independent study and preparation for examinations. An outline of the content of each unit is given on Teacher's Book pages 4–5.

Wiederholung
After every two units, there are two pages with a range of revision activities, aimed at providing further practice and consolidation of the language of the preceding units. Some of the activities are suitable for use in class whereas others are suitable for homework. In addition to these two-page sections, there are twelve assessment *Arbeitsblätter* (numbers 39–50) linked to pairs of units in Module 1 and all the units in Module 2.

Probetest
This section on pages 145–150 of the Student's Book forms a practice examination for the AS qualification.

Grammar
A more detailed reference section which complements the explanations given within the body of the book. All explanations are in English so that students are able to use it independently.

Glossary
A German-English glossary containing many of the words from the book.

Teacher's Book

Detailed teaching notes for each unit are provided. These notes include:

◆ suggestions for using the material in the Students' Book, including revision pages
◆ answers to most activities, including possible answers where appropriate as well as the correct answers for true/false activities
◆ transcripts for all recorded material
◆ notes on when to use the *Arbeitsblätter* within each unit
◆ 50 *Arbeitsblätter*: an initial test (1–2), three per each unit of the Students' Book (3–38), twelve assessment sheets (numbers 39–50).

Grammar Workbook

A 96-page workbook containing thorough revision and practice of grammar covered in the Students' Book with an answer booklet for self-marking if appropriate.

Cassettes

The cassettes (or CDs) provide the listening material to accompany the Students' Book, *Arbeitsblätter* and assessment material. The scripted material was recorded by native German speakers. All cassettes may be copied within the purchasing institution for use by teachers and students. The **Zeitgeist Solo Cassette** is ideal for self study and it is advisable for students to have an individual copy of the cassette to practise independent listening.

Contents:
Cassette 1 side 1: Orientierung, Units 1–2, revision and assesment Units 1–2
Cassette 1 side 2: Units 3–4, revision and assessment Units 3–4, Units 5–6 (page 71)
Cassette 2 side 1: Unit 6 (to end), revision and assessment Units 5–6, Units 7–9 (page 111)
Cassette 2 side 2: Unit 9, (end), Units 10–11, Probetest

CD1: Orientierung, Einheiten 1–3
CD2: Einheiten 4–7
CD3: Einheiten 8–11, Probetest

Features of a **Zeitgeist** unit

Unit objectives
Each unit begins with a list of topics with page references to their place in the unit. There are also objectives in English that provide clear information to students of what they will learn in the unit. These include skills students will learn and grammar points they will cover. The first page of each unit contains a visual stimulus to introduce the theme of the unit, along with some activities to kick off the theme.

Spreads
An introductory sentence or sentences pinpoint what students will learn on each spread. Each spread contains activities in all four skills leading to a productive spoken and written task at the end of the spread.

Hilfe
These boxes provide key phrases for students to use in their written and spoken outcome tasks.

Grammatik
These grammar sections are in English. For each grammar point students can identify examples from texts on the spread. Practice activities in English are provided (lettered A, B, C etc) to reinforce the grammar point. Cross references are supplied to pages in the grammar reference section and in the Grammar Workbook.

Tipp
These boxes provide practical ideas in English on how to learn the language more effectively, with activities numbered separately. These boxes are ideal for self-study.

Extra!
These are additional activities, often provided on an *Arbeitsblatt*, to extend what students have learnt on the spread.

Zur Auswahl
Each unit has a page of self-study activities at the end to reinforce the language, skills and grammar that students have learnt in the unit. The listening activities are recorded onto a self-study cassette, as is the *Gut gesagt* pronunciation section which appears on theis page.

Wiederholung and *Probetest*
Revision practice with exam-style questions as described on page 8 to help students prepare for the AS examination.

Zeitgeist and the new AS and A2 specifications

Zeitgeist is a structured course intended for use over two year's study and has been written to follow the new AQA AS/A2 specifications. There are 11 units in **Zeitgeist 1** written to match the content and sequence of the 11 AQA units: Units 1–6 follow AQA Module One units while Units 7–11 follow the AQA Module Two units; Module Three is covered in all 11 units.

The style and content of the activities would also be appropriate for use with other exam specifications.

Grammar

Zeitgeist 1 provides complete coverage of the QCA defined grammar content. The deductive approach on the Students' Book pages and the extensive practice provided in the Grammar Workbook ensure that students are able to master all aspects of language structure required at this level.

Assessment

The assessment sections in **Zeitgeist 1** have been written to match the AQA examination style and have been read and approved by the chief examiner.

Practice in tackling exam-style questions is provided in the *Wiederholung*, *Probetest* sections and *Arbeitsblätter* 39–50. Mark schemes that match the AQA assessment criteria are also provided in the notes for these sections.

Key Skills

The following table provides an overview of **Zeitgeist 1** Key Skills coverage. Further guidance is then given showing how Key Skills can be developed or assessed

through the activities in **Zeitgeist 1**. This guidance is based on level 3 of the Key Skills specifications.

Communication
Zeitgeist 1 offers opportunities for practising and developing communication skills rather than for generating assessed evidence.

Application of number
Opportunities exist within **Zeitgeist 1** to generate evidence, including interpreting statistics relating to German-speaking countries: e.g. Unit 3 pages 42 and 43; Unit 5, page 60.

Information Technology
Students need to be able to:

1 search for and select information
2 explore and develop information, and derive new information
3 present combined information, including text, numbers and images

These three requirements can be combined within a single extended piece of work, as outlined in the following example: Unit 7, page 91, activity 7: students research and write a publicity brochure advertising the merits of the Internet.

Working with others
All **Zeitgeist 1** units provide opportunities for students to work together, either in a one-to-one situation or as part of a group. Often, these opportunities take the form of speaking activities, e.g. paired tasks, interviews, discussions, surveys.

		Orientierung	1	2	3	4	5	6	7	8	9	10	11
Main Key Skills	Communication	✓	✓	✓	✓	✓	✓	✓	✓	✓	✓	✓	✓
	Application of number	✓	✓	✓	✓	✓	✓	✓	✓	✓		✓	✓
	ICT	✓	✓	✓	✓	✓	✓	✓	✓	✓	✓	✓	✓
Wider Key Skills	Working with others	✓	✓	✓	✓	✓	✓	✓	✓	✓	✓	✓	✓
	Improving own learning and performance	✓	✓	✓	✓	✓	✓	✓	✓	✓	✓	✓	✓
	Problem solving				✓		✓	✓	✓	✓	✓	✓	✓

Improving own learning and performance

All **Zeitgeist 1** units include *Tipp* sections, which offer students suggestions on how to improve their performance, e.g. listening, speaking, reading and writing strategies, practical tips on different ways of learning and preparing for exams, advice on how to use dictionaries effectively, etc.

Problem solving

In language learning, a 'problem' can take the form of any unknown word or phrase. If students can be encouraged to 'work out' new language for themselves instead of relying on teacher support, they will be developing their problem-solving skills. **Zeitgeist 1** suggests ways in which students can become more independent in their language learning in the *Tipp* sections.

Information technology

Possible ways to use ICT with **Zeitgeist** include:

E-mail

E-mail can often be used to enhance and develop the work of the unit, especially where a class has a link with a German-speaking class. Information can easily be exchanged which both motivates students and generates a source of additional material.

Examples:
◆ exchanging information about German and British schools following on from pp. 60–61 (Einheit 5)

Text manipulation

IT allows text to be presented in a variety of forms which can be easily edited and manipulated. A word, phrase, sentence or paragraph can be moved, changed, copied or highlighted. Any activity involving text manipulation will emphasize understanding and enhance language production.

Examples:
◆ writing a short report – Einheit 3 p. 43, activity 5
◆ writing up a summary and designing an advert – Einheit 4, p. 49, activity 7
◆ writing an article – Einheit 4, p. 55, activity 6
◆ writing a letter to a friend – Einheit 5, p. 61, activity 7
◆ writing a letter of application – Einheit 6, p. 78, activity 5

Databases

Information gathered by students, possibly during a class survey, can be entered in a database. The results, presented graphically or numerically, offer an ideal oportunity for further language work. Comparison and discussion of results can provide a new context for language manipulation.

Example:
◆ students' ideas on what they will do after leaving school – Einheit 5, p. 64, activity 1

Graphics

Graphics are easy to manipulate with IT and are easy to produce. Students can add a picture to text in DTP, create or edit existing graphics with an art or draw package or scan and digitize images to include their own work.

Examples:
◆ designing a brochure about a town – Orientierung p. 9, Extra!
◆ designing a leaflet about the environment – Einheit 8 p. 95 activity 8

Testen Sie Ihr Wissen

Depending on your groups for AS, *Arbeitsblätter* 1 and 2 could be given to students after a brief revision session of the major grammatical topics for GCSE. Section A on *Arbeitsblatt* 1 should take 20 minutes and section B on *Arbeitsblatt* 2 about 30 minutes. The results should indicate where the major weaknesses are and grammar revision and teaching could begin from these areas. In addition to these tests you may wish to provide students with a written task to assess the fluency and accuracy of their written work.

Arbeitsblatt 1

Answers

1 a *einen* b *einen* c *den, den* d *Klassenkameraden*
   e *Lehrer (no ending)* f *Dankesbriefe, die*
   g *Zelte, Luftmatrazen, Schlafsäcken* h *den, Gästen, die*
   i *eines Hotelzimmers*

(There are 16 marks for this exercise. No half marks should be given except if students use the correct case of *der / die / das* instead of *ein / eine / ein* or the other way around. If students score less than 12 marks, refer students to page 151 in the grammar reference section of *Zeigeist* 1.)

2 a *einem, an dem / am* b *einer, einem* c *der*
   d *dem / im, der, der* e *das* f *dem*

(There are 10 marks for this exercise. If students score less than 7 marks, refer them to page 151 in the grammar reference section of *Zeitgeist* 1.)

3 a 8 **b** 7 **c** 6 **d** 5 **e** 10 **f** 2 **g** 9 **h** 3
i 4 **j** 1

(There are 10 marks for this exercise. Apart from grammar, it also tests vocabulary on the environment, most of which students should have come across in the preparation for GCSE. If you students have difficulty with this exercise, refer them to page 167 in the grammar reference section of *Zeitgeist 1*.)

4 a *schickes, schwarze* **b** *braunen, altmodisch* **c** *letzte, totlangweilig* **d** *kurzen, konservativen* **e** *neues, teuer* **f** *weisses, dunklen, fabelhaft*

(There are 10 marks for this exercise. If students score less than 7 marks, refer them to page 155 in the grammar reference section of *Zeitgeist 1*.)

Arbeitsblatt 2

Answers

1 a *haben gehabt* **b** *haben gemacht* **c** *haben geschrieben; haben geschickt* **d** *haben gesucht; haben zusammengestellt* **e** *sind gefahren; sind gegangen* **f** *haben begonnen* **g** *hat dekoriert* **h** *habe zubereitet; hat bestellt* **i** *sind gekommen; haben gegessen, getrunken, getanzt* **j** *haben mitgebracht; haben ausgepackt* **k** *ist gewesen (accept: war)*

2 a *Meine Schule dauert jeden Tag von halb neun bis halb vier.*
b *Die Schüler machen im Alter von 16 Jahren Prüfungen in bis zu zehn Fächern. OR Im Alter von 16 Jahren machen die Schüler Prüfungen in bis zu zehn Fächern.*
c *Vor dem Unterricht findet jeden Morgen die Versammlung in der Aula statt.*
OR Jeden Morgen vor dem Unterricht findet die Versammlung in der Aula statt.
d *Die Jungen spielen natürlich in der Pause am liebsten mit ihren Freunden Fussball im Schulhof.*
e *Die Mädchen unterhalten sich während dieser Zeit mit ihren Freundinnen in der Kantine.*
f *Die älteren Schüler brauchen in der Oberstufe keine Uniform mehr zu tragen.*
g *Man muss sich nach dem Abitur einen Studienplatz an einer Universität suchen.*
h *Man sollte seine Ferien dazu benutzen, während der Oberstufe ein Betriebspraktikum bei einer bekannten Firma zu machen.*
i *Seine Sprachkenntnisse kann man während der Sommerferien bestimmt im Ausland verbessern.*
j *Man sollte nach den Klassenarbeiten seine Noten mit den Lehrern besprechen.*
k *Man muss auf der Uni selbständiger arbeiten als in der Schule.*

(Of course other positions, such as at the beginning of the sentence (as shown in sentences b and c) are also possible and should not be marked wrong. The whole exercise is marked out of 20. For explanations see grammar reference section page 168.)

3 a *Ich würde nicht rauchen, weil es der Gesundheit schadet.*
b *Viele Jugendliche fahren schwarz, obwohl sie genug Geld für eine Fahrkarte haben.*
c *Wenn Sie auf Partys gehen, trinken sie oft zuviel Alkohol.*
d *Nachdem sie den Führerschein gemacht haben, möchten sie unbedingt ihr eigenes Auto.*
e *Während Sie in der Oberstufe sind, haben sie oft nicht genügend Geld zum Ausgehen.*
f *Sie nehmen eine Teilzeitarbeit an, damit Sie von ihren Eltern finanziell unabhängig sind.*
g *Sie arbeiten zu viele Stunden in einem Geschäft; deshalb können sie ihre Schularbeit nicht richtig erledigen.*
h *Als er betrunken nach Hause gekommen ist, waren seine Eltern sehr böse.*
i *Bevor er etwas über das Juniorenticket gewusst hat, wollte er per Anhalter durch Europa fahren.*
j *Da er mit 16 mit dem Rauchen begonnen hat, ist er jetzt nikotinabhängig.*

(This exercise is marked out of 10. Half marks can be awarded for getting the answers partly right, especially in sentences c, d, e, h, i and j. For help and extra practice please refer to p169 in the grammar reference.)

4 a *Wir freuen uns auf unseren Besuch.*
b *Es geht ihm jetzt viel besser.*
c *Wir können uns nicht an die Vokabeln von der elften Klasse erinnern.*
d *Ich freue mich wirklich über meine Ergebnisse.*
e *Das neue deutsche Textbuch gefällt mir gut.*

(This exercise is marked out of 5. Half marks may be awarded for sentences with only a minor mistake.
46 marks for tests on Arbeitsblatt 1 (A) and 55 marks for tests on Arbeitsblatt B (B). Total: 101 marks)

Orientierung

Unit objectives

By the end of this unit students will:

- Know more about German-speaking countries
- Be able to describe different German towns and regions
- Know something about some famous German-speakers
- Understand more about German history
- Be able to conduct an interview in German

Grammar

- Understand and use gender and plurals
- Be able to use the present tense
- Understand and use the correct word order

Skills

- Be able to form questions
- Be able to use a bilingual dictionary
- Know the best way to learn and record vocabulary
- Know how to organise work

page 4

1 Students look at the chart on pages 2 and 3 and list what they will learn.

[A 1] [A 2] 2 Students complete the exercises on *Arbeitsblatt* 1 and 2.

page 5

The quiz introduces students to German-speaking countries.

Answers:

1 c

2 *Holland, Belgien, Frankreich, Schweiz, Österreich, Tschechische Republik, Polen*

3 *Bern*

4 *Gerhard Schröder*

5 *E.g.: die Donau, die Elbe, der Rhein*

6 *E.g.: Graz, Innsbruck, Klagenfurt, Salzburg, Wien*

7 *Beethoven, Benz, Dietrich, Einstein, Freud, Goethe, Graf, Luther, Marx, Mozart, Röntgen*

8 *Französisch, Italienisch, Romantsch / rätoromanisch*

9 *1989*

10 *E.g. Schokolade, Uhren, Wurst*

11 *E.g.: Autos, Elektrogeräte, Maschinen / BMW, Bosch, Mercedes-Benz, Siemens*

12 *(possible answers) Germany: Berlin, München, das Oktoberfest; Austria and Switzerland: Salzburg, Wien, Bern, Zürich, Berge, Seen, Skifahren*

Hier spricht man Deutsch

Grammar focus

- present tense

Materials

- Students' Book pages 6–7
- Cassette 1 side 1 CD 1
- *Arbeitsblatt* 3
- Grammar Workbook page 48

🔊 **1a** Students listen to the first part of the recording and find the answers to complete the table.

Answers:

Berlin; 82 Millionen; 356 956 m²; der Rhein, die Donau, die Elbe; die Deutsche Mark (Euro); Elektrogeräte, Autos, Maschinen; BMW, Porsche, Siemens, Bosch, Mercedes-Benz; 14 Millionen Touristen

---

p 6, activity 1a

Teil 1

Deutschland liegt in Nordeuropa und hat eine Fläche von 356 956 Quadratkilometern. Der Staat hat zirka 82 Millionen Einwohner. Mehr als 3,5 Millionen davon wohnen in der Hauptstadt Berlin. Die alte deutsche Währung heißt die Deutsche Mark, aber die Deutschen benutzen auch den Euro. Die Hauptflüsse sind der Rhein, die Donau und die Elbe. Deutschland ist ein großer Industriestaat und stellt unter anderem Elektrogeräte, Autos und Maschinen her. Die weltbekannten Firmen BMW, Porsche, Siemens, Bosch und Mercedes-Benz stammen alle aus Deutschland. Deutschland exportiert auch viel Bier von großen Brauereien wie Becks. 14 Millionen Touristen besuchen Deutschland jedes Jahr. Die Hauptattraktionen sind Großstädte wie Berlin, der Schwarzwald oder die Burgen im Rheinland.

🔊 **1b** Students listen to the second part of the recording and note down the appropriate answers for Austria and Switzerland.

Answers:

Austria – *Wien; 8 Millionen (8 054 000); 83 859m²; die Donau; der Schilling (Euro); Stahl, Maschinenbau, Textilindustrie; 17 Millionen Touristen*

Switzerland – *Bern; 7 Millionen; 41 284m²; der Rhein, der Schweizer Franken; Präzisionsinstrumente wie Uhren, Chemikalien, Textilien, Schokolade; Nestlé; 13 Millionen Touristen*

p 6, activity 1b

Teil 2

Österreich liegt südöstlich von Deutschland. Österreich hat 8 054 000 Einwohner und bedeckt eine Fläche von 83 859 Quadratkilometern. Die alte österreichische Währung heißt der Schilling, aber so wie in Deutschland sind die Preise in Österreich auch in Euro. Die Hauptindustrien sind Stahl, Maschinenbau und die Textilindustrie. Tourismus ist sehr wichtig für Österreich. 17 Millionen Touristen kommen jedes Jahr. Hauptattraktionen sind die Hauptstadt Wien, Salzburg und die Skigebiete in den Alpen. Wien ist eine der wichtigsten Kulturstädte Europas und beherbergt zahlreiche Galerien sowie die Wiener Philharmonie. Der größte Fluss, die Donau, fließt durch die Hauptstadt.

Die Schweiz grenzt an Frankreich, Deutschland, Österreich und Italien. Sie deckt eine Fläche von 41 284 Quadratkilometern und hat etwa 7 Millionen Einwohner. 74% der Bevölkerung sprechen Deutsch. Die Hauptstadt ist Bern. Andere berühmte Städte sind Zürich und Genf. Die nationale Währung heißt der Schweizer Franken. Die Schweiz hat wenige große Flüsse – der Rhein ist der größte, jedoch hat sie viele schöne Seen wie den Bodensee, den Thuner See und den Genfersee. Die Schweiz hat wenig Schwerindustrie, produziert hauptsächlich Präzisionsinstrumente wie Uhren, Chemikalien und Textilien. Schweizer Schokolade ist weltbekannt und die internationale Firma Nestlé hat ihr Hauptbüro in der Schweiz. 13 Millionen Touristen besuchen die Schweiz jedes Jahr. Manche machen Skiurlaub, andere wandern oder genießen die Landschaft in den Bergen und an den Seen.

Grammatik

A Students insert the correct part of each verb.

Answers:

a *ist* **b** *produziert* **c** *besuchen* **d** *kommen* **e** *heißt*

B Students re-write the sentences a—e for Austria and Switzerland.

Answers:
Austria:

a *Wien ist die Hauptstadt von Österreich.*

b *Österreich produziert Stahl, Maschinen und Textilien.*

c *17 Millionen Touristen besuchen Österreich jedes Jahr.*

d *Firmen wie (students search the Internet to find a suitable company, using google.de.) kommen aus Österreich.*

e *Die alte österreichische Währung heißt der Schilling.*

Switzerland:

a *Bern ist die Hauptstadt der Schweiz.* **b** *Die Schweiz produziert Präzisionsinstrumente, Chemikalien, Textilien und Schokolade.*

c *7 Millionen Touristen besuchen die Schweiz jedes Jahr.*

d *Firmen wie Nestlé kommen aus der Schweiz.*

e *Die schweizerische Währung heißt der Schweizer Franken.*

2a The text of the interview is given on the page. Students could listen to the cassette a few times before following the text on the page.

p 7, activity 2a

Interviewer:	Also Alf, du kommst aus Österreich, wohnst aber seit drei Jahren in Norddeutschland, stimmt das?
Alf:	Ja, das ist richtig.
Interviewer:	Gibt es viele Unterschiede?
Alf:	Ja, jede Menge. Zuerst die Sprache. Wir sprechen zwar alle Deutsch, aber in Österreich ist der Akzent total anders. Wir haben auch einen eigenen Dialekt. Auch in Deutschland gibt es verschiedene Dialekte. Hier im Norden sprechen viele Plattdeutsch.
Interviewer:	Was ist denn Plattdeutsch? Kannst du mir ein Beispiel geben?
Alf:	Ja, zum Beispiel sagt man „ick" anstatt „ich". In Österreich dagegen sagt man „i'" und in anderen Regionen sagt man „isch". Es gibt aber viele unterschiedliche Akzente und Dialekte in Deutschland – bayerisch, sächsisch. Und in der Schweiz spricht man Schweizerdeutsch – das ist sehr schwierig zu verstehen.
Interviewer:	Bayern und Sachsen sind Bundesländer, nicht wahr? In welchem Bundesland wohnst du jetzt?
Alf:	Ich wohne in Niedersachsen.
Interviewer:	Was ist denn ein Bundesland?
Alf:	Ein Bundesland ist eine politische Region. Es gibt 16 Bundesländer in Deutschland. Jedes Bundesland hat einen Landtag, das ist ein Landesparlament. Jedes Bundesland ist für bestimmte Dinge verantwortlich, zum Beispiel das Schulwesen.
Interviewer:	Hat Österreich auch Bundesländer?
Alf:	Ja, und in der Schweiz gibt es Kantone. Ich glaube, das ist was Ähnliches.
Interviewer:	Gibt es weitere Unterschiede?
Alf:	Ja, die Landschaft natürlich. Da hat Süddeutschland gewisse Ähnlichkeiten mit Österreich und der Schweiz – Wälder, Berge, Seen und so weiter. Hier im Norden ist alles ziemlich flach. Und jedes Land hat auch seine eigenen Traditionen, Feiertage und Spezialitäten.

2b A true/false activity to test understanding. Students should correct the false statements.

Answers:

a F *(Er kommt aus Österreich.)* **b** F *(In Deutschland gibt es verschiedene Dialekte – bayerisch, sächsisch.)* **c** R **d** R **e** R

3 Students listen again to the tape and re-read the text to find the answers to the table.

Answers:
Deutschland: *Sprache: Deutsch; politische Organisation: Bundesländer; Landschaft: Flach im Norden, im Süden Wälder, Berge, Seen.*
Österreich: *Sprache: Deutsch; politische Organisation: Bundesländer; Landschaft: Wälder, Berge, Seen.*
Die Schweiz: *Sprache: Schweizerdeutsch; politische Organisation: Kantones; Landschaft: Wälder, Berge, Seen.*

4a Students research some information about one German-speaking country. This could be done for homework.

4b Students present their research as a talk to the class. The sentences listed under *Hilfe* will help them structure a short talk.

 Extra! Students listen to the German, Swiss and Austrian national anthems and then complete *Arbeitsblatt* 3.

A 3

Im Norden ... im Süden

Grammar focus
◆ gender and plurals

Materials
◆ Students' Book pages 8–9
◆ Cassette 1 side 1 CD 1
◆ *Arbeitsblätter* 4, 5
◆ Grammar Workbook pages 4/5

1 A brainstorming activity where students consider the relative advantages and disadvantages of living in the country or in a town. This could be done as a whole-class activity first and then practised further in pairs.

2a Invite students to name any German towns they know. Do they know anything about Hamburg or Munich? Show their position on a map and then read the texts, referring students to the vocabulary help given on the page.

2b Students match the sentence halves.

Answers:
a 4 **b** 6 **c** 8 **d** 1 **e** 2 **f** 7 **g** 3 **h** 5 **i** 9

3a Students list the advantages and disadvantages of living in Hamburg and Füssen.

3b Students discuss with a partner whether they would prefer to live in Hamburg or Füssen. They can use their lists from activity 3a as prompts.

A 4 **Extra!** Students use *Arbeitsblatt* 4 to do a role-play about German towns.

A 4 **Extra!** Students can use *Arbeitsblatt* 4 to create a brochure about one of the towns described.

Grammatik

A Students work out the gender of the words listed.

B They then work out the plurals.

Answers (A and B):
der Einwohner (–); die Naturschutzfläche (n); der Makler (–); der Keller (–); die Attraktion (en); die Landschaft (en); die Wohnung (en); die Grenze (n); das Restaurant (s)

C Students check their answers in a dictionary. Refer them to the *Tipp* box which gives help in using a dictionary.

A 5 *Arbeitsblatt* 5 offers more practice of using a dictionary.

Warum sind sie berühmt?

Grammar focus
◆ asking questions

Materials
◆ Students' Book pages 10–11
◆ Cassette 1 side 1 CD 1
◆ Grammar Workbook page 67

1 This activity tests students' knowledge of famous German, Austrian and Swiss people. Students could work in groups to pool their knowledge and try to guess the answers they don't know.

Answers: *Einstein* c; *Mozart* f; *Luther* a; *Graf* i; *Marx* b; *Benz* e; *Goethe* d; *Freud* j; *Dietrich* g; *Röntgen* k; *Beethoven* h

2a Students read the text about Mozart.

2b A true/false activity to test understanding of the text. Ask students to correct the false sentences.

Answers: a F (*Er konnte Klavier, Orgel und Violine spielen.*) **b** F (*Vor seinem vierzehnten Geburtstag hatte er bereits zwei Opern komponiert.*) **c** F (*Mozart war 25 Jahre alt, als er Constanze heiratete.*) **d** R **e** R **f** F (*Seine Grabstätte ist unbekannt.*)

3 Students write a sentence for each of the dates given. Note the use of the present tense in the answers.

Answers:
1769 Mozart hat bereits mehrere Sonaten, eine Symphonie und zwei Opern komponiert.
1781 Mozart heiratet.
1791 Mozart beginnt das Requiem.

13

4 Students listen to passages about Marlene Dietrich and Albert Einstein and then test their comprehension by choosing the correct word to go in each of the sentences.

Answers: **a** *Berlin* **b** *Schauspielerin* **c** *Hauptrolle*
d *Amerika/den Vereinigten Staaten* **e** *Nationalismus*
f *Konzerte, Truppen* **g** *Film* **h** *1879* **i** *Mathematiker*
j *Universität* **k** *Relativitätstheorie* **l** *Amerika/den Vereinigten Staaten* **m** *Pazifist*

---

p 11, activity 4

Marlene Dietrich wurde 1901 in Berlin geboren und hat eine Ausbildung als Schauspielerin und Sängerin gemacht. In den 20er Jahren hat sie in Theaterstücken und in Stummfilmen in Deutschland gespielt. Der amerikanische Regisseur Josef von Sternberg gab ihr 1929 die Hauptrolle in dem Film „Der blaue Engel". Der Film war ein Riesenerfolg und daraufhin zog sie nach Amerika, wo sie die Hauptrolle in mehreren Filmen wie „Der Teufel ist eine Frau" spielte. Der steigende Nationalismus in Deutschland schockierte die Dietrich und 1939 wurde sie amerikanische Staatsbürgerin. Während des Zweiten Weltkriegs hat sie Konzerte für amerikanische Truppen gegeben. 1978 drehte sie ihren letzten Film „Just a Gigolo" mit David Bowie zusammen. Sie ist 1992 gestorben.

Albert Einstein ist 1879 in Ulm geboren. Schon seit seiner Kindheit konnte er sehr schwierige mathematische Konzepte verstehen. 1905 bekam er ein Doktorat von der Universität Zürich und kurz darauf veröffentlichte er seine Relativitätstheorie. Zwischen 1905 und 1919 arbeitete er weiter an seiner Theorie und 1921 gewann er den Nobelpreis. Als Hitler 1933 an die Macht kam, zog Einstein nach Amerika. Dort hat er sich für die Juden in Deutschland eingesetzt. Sein ganzes Leben lang war er Pazifist und unterstützte internationale Abrüstung. 1955 starb Einstein in Princeton.

Grammatik

A Students match the sentence halves to give questions which they can use in activity 5.

Answers:
a 2 **b** 5 **c** 8 **d** 10 **e** 1 **f** 4 **g** 3 **h** 6 **i** 7
j 9 *(other combinations are also possible)*

B Students make up a further five questions.

5 Students work through the *Grammatik* section before taking the part of either Marlene Dietrich or Albert Einstein to interview each other.

6 Students write up the interview. This could be done for homework.

Die Geschichte

Grammar focus
◆ word order

Materials
◆ Students' Book pages 12–13
◆ Cassette 1 side 1 CD 1
◆ Grammar Workbook pages 72/73

1 Students copy the timeline and insert sentences a–j into the appropriate gap.

Answers: *1517* a; *1760–1820* i; *1871* c; *1914* f; *1929* e; *1933* b; *1945* j; *1949* g; *1961* h; *1989* d

2 Students listen to the sentences and match each one to the appropriate sentence on page 12 (a–j).

Answers:
1 h **2** a **3** e **4** b **5** i **6** d **7** f **8** j

---

p 12, activity 2

1 Heute Morgen sind die Berliner in einer geteilten Stadt aufgewacht. Ab heute ist es nicht mehr möglich von West- nach Ostberlin zu reisen.
2 In dieser Zeit gab es eine neue Religion in Europa.
3 Die Leute stehen Schlange, aber es gibt hier keine Arbeit.
4 Heute ist Adolf Hitler der deutsche Reichskanzler geworden.
5 Alle schwärmen von der neuen Symphonie von diesem Komponisten aus Bonn.
6 Nach 28 Jahren ist es wieder möglich zwischen den beiden Teilen Berlins frei zu reisen.
7 Deutsche Truppen sind schon in Belgien und Frankreich.
8 Nach sechs langen Jahren gibt es wieder Frieden in Europa.

3a Students read the interview, making use of the vocabulary help given on the page.

3b An activity to test students' comprehension of the reading text.

Answers: **a** *demokratisch* **b** *jünger als* **c** *kooperieren*
d *schlimm* **e** *geteilt* **f** *Das Parlament*

4 Another activity to test students' knowledge of modern-day Germany. Note that question c includes the EU, while the interview for activity 3a includes the EWG. EWG stands for *Europäische Wirtschaftsgemeinschaft* (EEC) which later became the *Europäische Union* (EU).

Answers:
a *1871* **b** *Hitler* **c** *gegründet* **d** *vereinigt* **e** *Europa*

Grammatik

A Students look in the text for examples of sentences where the subject follows the verb.

Answers:

Eigentlich beginnt die moderne Geschichte …,

Vor 1871 gab es …,

Leider denken immer noch viele …,

Nach dem Krieg haben die Deutschen schnell versucht …,

Und jetzt ist Deutschland selbst …,

Jetzt ist die Regierung …

B Students construct sentences with correct word order.

Possible answers:

a *Wir fahren heute mit dem Zug nach Berlin.*

b *Ich habe gestern in der Bibliothek ein Buch über die Reformation gesehen.*

c *Ich habe gestern Abend schnell meine Notizen über die deutsche Geschichte geschrieben.*

d *Die Ostberliner können jetzt ohne Problem nach Westberlin reisen.*

Zur Auswahl

Skill focus

◆ Learning vocabulary and organising work

Materials

◆ Students' Book page 14

1 Students match the German idioms to their English equivalents.

Answers:

a 4 **b** 9 **c** 1 **d** 2 **e** 7 **f** 8 **g** 10 **h** 3 **i** 6 **j** 5

2 Students take the part of a famous person and try to include as many German idioms in their conversation as possible.

3 Students write a quiz about German-speaking countries for their classmates. This serves as useful revision of the information covered in the unit and could be done as homework.

Answers for Copymasters

Arbeitsblatt 3

S⚪ **2** (Words to fill gaps shown in bold)

---

p 7, Extra!

A Deutschland
Einigkeit und **Recht** und **Freiheit**
für das **deutsche** Vaterland.
Danach lasst uns **alle** streben
brüderlich mit **Herz** und **Hand**!
Einigkeit und **Recht** und **Freiheit**
sind des Glückes Unterpfand.
Blüh im Glanze dieses Glückes.
Blühe **deutsches Vaterland**.

B Österreich
Land der **Berge**, Land am **Strome**
Land der **Äcker**, Land der **Dome**
Land der Hämmer, zukunftsreich.
Heimat bist du großer Söhne
Volk begnadet für das Schöne
vielgerühmtes Österreich

C Die Schweiz
Trittst im **Morgenrot** daher,
Seh, ich dich im Strahlenmeer,
Dich, du Hocherhabener, **Herrlicher**!
Wenn der **Alpenfirn** sich rötet,
Betet, **freie Schweizer**, betet!
Eure fromme **Seele** ahnt
Gott im hehren **Vaterland**,
Gott, den Herrn, im hehren Vaterland.

3 A a *blühen* **b** *Einigkeit, Recht, Freiheit, brüderlich*
   B a *Berge, Strome, Äcker*
   C a *Morgenrot, Strahlenmeer, Alpen Firn* **b** *frei, fromm*

Arbeitsblatt 4

München: **1** *im Süden Deutschlands, etwa 150 km von den Alpen* **2** *fast 1,3 Millionen* **3** *die Isar* **4** *Heinrich der Löwe gründete die Stadt im Jahre 1158, erst im Jahre 1503 wurde München Hauptstadt von Bayern* **5** *Weißwürste, süßer Senf, Bier* **6** *Oktoberfest, Deutsche Museum, Olympiastadion, Frauenkirche, Marienplatz* **7** *Computerindustrie, Autoindustrie*
Dresden: **1** *im östlichen Teil Deutschlands* **2** *510,000* **3** *die Elbe* **4** *1547 wurde Dresden die Residenzstadt von den Kurfürsten von Sachsen; 18. Jahrhundert eine führende Kulturstadt in Europa; viel im Zweiten Weltkrieg gelitten; nach dem Krieg besetzte die sowjetische Armee die Stadt* **5** *das Porzellan* **6** *Zwinger, Museen besonders die Gemäldegalerien* **7** *Porzellan, Fototechnik*

Arbeitsblatt 5

1a *irregular (unregelmäßig), intransitive, verb, intransitive verb, transitive, with (takes) sein, noun, plural*

1b *masculine, feminine, neuter, figurative, literally*

2 a *He opened the door.* **b** *She behaved very selfconsciously.*
   c *His manner / behaviour at the party was very odd.*

3 a *schienen* **b** *erscheinen* **c** *erscheinen* **d** *Auftreten*
   e *Äußere*

Die Familie Einheit 1

Unit objectives

By the end of this unit students will be able to:

◆ Describe their family
◆ Discuss family problems
◆ Talk about the timing of parenthood
◆ Discuss the pros and cons of marriage

Grammar

◆ Understand the use of cases
◆ Use the correct adjective endings
◆ Use possessives

Skills

◆ Read for gist
◆ Express opinions
◆ Write a description
◆ Pronounce *-ig*, *-ich* and *-isch* accurately

page 15

1 Students decide if each person in the photos has a negative or positive attitude to their family.

Answers:
positiv: a, c, e   ***negativ:*** b, d

2 A brainstorming activity for students to generate words on the theme of the family.

Familienbande

Grammar focus
◆ the cases

Materials
◆ Students' Book pages 16–17
◆ Cassette 1 side 1 CD 1
◆ *Arbeitsblatt* 6
◆ Grammar Workbook pages 10–16

1 This activity familiarises students with a family tree and names for relations.

Answers:
a *Elke*   **b** *Bernhard*   **c** *Svenja*   **d** *Uwe*   **e** *Axel, Jonas*
f *vier*

2a Students draw up their own family tree.

2b Students describe their family tree to a partner.

3a Students read the passages by Wiebke and Tobias. The underlining in the first passage will be used with the *Grammatik* section on page 17.

3b A reading comprehension activity.

Answers:
a *Tobias 5; Wiebke 2*   **b** *Tobias*   **c** *weil die Mutter von seinem Stiefvater auch wie eine Oma ist*

4a Look again at the reading passages and point out the time expressions. The first list in the book includes time expressions from the texts and students choose a time expression from the second passage which has the same meaning.

Answers:
jedes zweite Wochenende / alle vierzehn Tage; einmal im Monat / alle vier Wochen; oft / häufig; manchmal / ab und zu; jeden Tag / täglich; an Wochenenden / samstags und sonntags

4b Students decide whether each sentence refers to Tobias or Wiebke. This could be done for homework.

Answers:
a *Tobias*   **b** *Wiebke*   **c** *Tobias*

Grammatik

A Students take each underlined word from Wiebke's text on page 16 and decide which case it is in.

Answers:
Nominative: *ich, meine Eltern, mein Vater, er, wir*
Accusative: *ihn, ein E-Mail*
Dative: *meiner Mutter, mir, ihnen, meinem Vater*

 5a A true / false activity. Students should correct the false sentences.

Answers:
a F *(Wiebkes Eltern sind getrennt.)*   **b** R   **c** F *(Wiebke kann sich nicht vorstellen, dass ihre Mutter einen neuen Freund hat.)*   **d** R

---

p 17, activity 5

Teil 1
Wiebke:
Meine Mutter ist wie eine beste Freundin oder eine Schwester für mich. Sie hat lange blonde Haare wie ich und sieht sehr jung aus. Ab und zu fragen uns Leute, ob wir Schwestern sind, wenn wir zusammen einkaufen.

Sie hat immer ganz viele Ideen und lacht gerne. Ich kann ihr alles erzählen, und sie erzählt mir auch fast alles. Abends gucken wir zusammen fern, und manchmal gehen wir auch zusammen ins Kino.
Teil 2
Ich bin froh, dass ich keine Geschwister habe. Dann hätte meine Mutter vielleicht nicht so viel Zeit für mich. Aber manchmal wünsche ich mir doch einen älteren Bruder. Meine Freundin Antje hat einen älteren Bruder. Der nimmt sie manchmal mit auf Partys, und so hat Antje ihren Freund kennen gelernt. Ihr Freund geht in die gleiche Klasse wie ihr Bruder.

   Das Einzige, was meine Mutter mir lange nicht erzählt hat, war, dass meine Eltern sich trennen wollten. Das war ein Schock für mich, und ich bin immer noch traurig darüber. Ich vermisse meinen Vater. Am Anfang habe ich immer gehofft, dass die Trennung nur für kurze Zeit ist und dass meine Eltern dann wieder zusammenziehen, aber meine Mutter sagt, die Chancen dafür sind null. Sie will sich jetzt offiziell scheiden lassen. Ich kann mir nicht vorstellen, dass meine Mutter einen neuen Freund hat oder einen anderen Mann heiratet. Ich möchte nicht mit einem fremden Mann zusammenleben!

 5b Students listen to the first paragraph of the cassette item again and write down the words to fill the gaps. Then go through the *Tipp* box with students and ask students if Wiebke has followed the tips listed (activity 1).

Answers:

a *eine beste Freundin*   **b** *sehr jung*   **c** *lacht*   **d** *fast alles*
e *manchmal*

6a Students take the part of Wiebke or Tobias and ask each other questions. Some example questions are given on the page to start them off. The class could brainstorm other possible questions before splitting up into pairs.

6b Still in pairs, students now talk about their own families.

 Extra! Students use *Arbeitsblatt* 6 to do more work on family relationships.

7   This activity gives students written practice in describing family members. Remind them about the advice in the *Tipp* box. This could be done for homework.

Probleme mit den Eltern

Grammar focus
◆ adjective endings

Materials
◆ Students' Book pages 18–19
◆ Cassette 1 side 1 CD 1

◆ *Arbeitsblatt* 7
◆ Grammar Workbook pages 22/25

1a   This activity gets students thinking about contentious issues in their own family.

1b   Students compare their lists. You could list everyone's contributions on the board.

2a   Students read the problem letters, using the vocabulary listed on the page.

2b   An activity to test students' comprehension. They choose which name fits in each sentence.

Answers:
a *Vanessa*   **b** *Lukas*   **c** *Donata*

3a   This activity gives practice in understanding the gist of each problem letter and choosing the appropriate word/s a–c to sum up the problem.

Answers:
a *Donata*   **b** *Vanessa*   **c** *Lukas*

3b   Students pick out the words used by each teenager to describe their parents. An example is given to start them off.

Answers:
Vanessa: *Vater – egoistisch, verantwortungslos;*
Lukas: *Mutter – ängstlich, pedantisch, misstrauisch;*
Donata: *Eltern – enttäuscht, kritisch*

4   Students find adjectives with the opposite meaning.

Answers:
fair / unfair, negativ / positiv, unklug / klug,
intelligent / unintelligent, falsch / richtig

Grammatik

A   Students pick out the appropriate adjectives from the problem letters to fill the gaps.

Answers:
a *schrecklich*   **b** *sportlich*   **c** *gut*

B   Students practise adjective endings after the indefinite article.

Answers:
a *kleinen*   **b** *egoistisch*   **c** *ängstlichen, kleines*
d *schlechte*   **e** *peinliche*

 5a   This activity gives students practice in trying to use the context to guess the meaning of words.

Answers:
das Lob – praise, die Gehirnzelle – brain cell, zu kurz kommen – to get less than one's fair share

p 19, activity 5

Vater: Kristine ist eine intelligente und fleißige
Schülerin. Ihr Aufsatz zeigt Sprachgefühl und
logisches Denken. – Na, das ist ja ein tolles
Lob von deiner Lehrerin, Kristine. Wenn ich da
an deine Fünf in Englisch denke, Donata …

Donata: Ich finde es unfair, dass ihr mich immer mit
Kristine vergleicht. Ich kann nichts dafür, dass
ich nicht so intelligent bin.

Vater: Arme Donata! Sie ist beim Verteilen von
Intelligenz und Gehirnzellen zu kurz
gekommen und kann gar nichts dafür!

Donata: Jetzt machst du dich auch noch lustig über
mich, Papa. Das ist gemein! Findest du nicht
auch, Mama?

Mutter: Ich finde es auch nicht gut, dass du Witze
über Donata machst, Walter. Aber ich verstehe
nicht, warum deine Schulnoten immer so
schlecht sind, Donata. Ich glaube nicht, dass
du dumm bist. Aber du träumst immer und
kannst dich nicht konzentrieren. Das merke
ich, wenn du deine Hausaufgaben machst.

Donata: Ich sitze länger an meinen Hausaufgaben als
Kristine! Ich verstehe halt einfach nicht alles
so gut.

Mutter: Warum fragst du dann nicht die Lehrer in der
Schule?

Donata: Ihr könnt immer nur kritisieren, kritisieren und
nichts anderes! Mir reicht es jetzt!

p 19, activity 6

Dr. Schmetterling:
Es ist in der Tat unfair, wenn Eltern Kinder miteinander
vergleichen. Das Verhalten von Donatas Vater ist
unsensibel und Donata gegenüber sehr negativ, er
zerstört das Selbstvertrauen seiner Tochter. Donata
sollte mit ihren Eltern über ihre Gefühle sprechen,
allerdings nicht in einer Konfliktsituation, wie wir sie
soeben gehört haben. Vielleicht ist es besser, wenn sie
zunächst mit ihrer Mutter alleine spricht. Die Mutter
scheint verständnisvoller, aber auch sie bewertet
Leistungen höher als Gefühle. Was sie nicht versteht:
dass Donata ein positives Grundgefühl braucht, um
bessere Leistungen in der Schule zu erzielen. Donata
selbst muss die Wende schaffen und positiv über sich
selbst denken. Sie könnte eine Liste machen und alles
aufschreiben, was sie gut kann. Ich glaube, dass ihre
Eltern ihr dabei helfen können.

5b Students listen again and pick out phrases used to express an opinion.

Answers:
ich finde es unfair; das ist gemein; ich finde es auch nicht gut, dass …; ich verstehe nicht, warum …; ich glaube nicht, dass …

5c Encourage students to take notes about the different speakers' behaviour so that they are ready to discuss with a partner. Point out the help given in the *Tipp* section and the adjectives they have met in activity 4.

A 7 **Extra!** *Arbeitsblatt* 7 gives further practice in role-play.

6 Students need to listen for the gist of the text and then choose the appropriate word from those listed to fill in the gaps.

Answers:
a *unsensibel* **b** *Gefühle* **c** *Konfliktsituation* **d** *verstehen* **e** *Liste* **f** *glaubt*

7 This role-play gives students the opportunity to practise the vocabulary they have learnt on these pages.

8 Students compose a reply to one of the problem letters. This could be done for homework.

Vom Kinderkriegen

Grammar focus
◆ possessives

Materials
◆ Students' Book pages 20–21
◆ Cassette 1 side 1 CD 1
◆ Grammar Workbook pages 20-21

1a This activity encourages students to think about the ideal age to become a parent.

1b Students compare their answers.

2a Students read the newspaper article. The underlined words will be used with activity 2c.

2b This activity tests the students' comprehension.

Answers:
a *Eischweiler, Fischerviertel* **b** *sechs, ein paar Monate*
c *sie ist die jüngste Oma von Eischweiler* **d** *die Familie*

2c Take each underlined word in turn and ask students to work out the meaning by looking at the context.

3 Students draw up a list of questions for a journalist to ask. Refer students to the help on formulating questions on page 11 (Unit 1).

4 The sentence halves are taken from the listening passage. Students listen to the passage and then match the correct halves.

Answers:

a 3 **b** 5 **c** 1 **d** 2 **e** 6 **f** 4

---

p 20, activity 4

Interview 1

Interviewer: Frau Emmerding, wie fühlen Sie sich als neue Oma?

Frau E: Unsere Familie ist eine ungewöhnliche Familie, aber dass die Zeitung zu mir ins Haus kommt, ist neu. Das ist schon ein bisschen aufregend. Natürlich freue ich mich über meinen Enkel, aber ich mache mir auch Sorgen um meine Tochter.

Interviewer: Wer wird für Sabrinas kleinen Sohn sorgen?

Frau E: Ich werde mich um ihn kümmern: ich habe selbst sechs Kinder, da kommt es auf ein siebtes auch nicht so genau an. Sabrina soll erst mal die Schule fertig machen und dann einen Beruf lernen.

Interviewer: Wann haben Sie von Sabrinas Schwangerschaft erfahren?

Frau E.: Als es schon zu spät war. Sie war im fünften Monat. Erst war ich total außer mir. Ich habe Sabrina beschimpft. Dann habe ich gesagt: Jetzt musst du das Kind kommen lassen. Ich helfe dir dann schon.

Interview 2

Interviewer: Sabrina, wie fühlst du dich als Mutter?

Sabrina: Ich kann es noch gar nicht so richtig glauben. Bis jetzt hatte ich immer nur Angst. Zuerst hatte ich Angst, meiner Mutter zu erzählen, dass ich schwanger bin, dann Angst vor der Reaktion in der Schule und in meiner Clique, dann schrecklich viel Angst vor der Geburt. Aber jetzt, wo ich das Kind habe … er ist so süß! Ich kann es gar nicht fassen, dass es mein Sohn ist.

Interviewer: Warum hat das Kind noch keinen Namen?

Sabrina: Ich wollte eigentlich seinen Vater fragen und den Namen mit ihm besprechen. Aber der will jetzt nix mehr mit mir zu tun haben. Ich kann mich einfach nicht entscheiden. Jeden Tag gefällt mir ein anderer Name besser. Momentan finde ich gerade altmodische Namen gut – Georg zum Beispiel. So hieß mein Großvater.

Sabrina: Wann wirst du zur Schule zurückgehen?

Interviewer: Am liebsten gar nicht. Ich möchte am liebsten hier bleiben, und mich um Georg kümmern – falls ich ihn so nenne. Aber ich weiß, dass ich die Schule fertig machen muss. Das sagt auch meine Mutter …

Grammatik

A Students note down the missing possessives.

Answers:

a *meiner* **b** *mein* **c** *seinen* **d** *mein* **e** *meine*

B Students fill the gaps with the correct possessives.

Answers:

a *ihrer* **b** *ihren* **c** *seinen* **d** *Seine* **e** *Unsere* **f** *ihre*

5a Students read two shorter texts on the same theme.

5b A true/false activity to test understanding.

Answers:

a F *(Die Mutter von Sarah und Jonas ist an Krebs gestorben.)*
b F *(Eine Tagesmutter holt seine Kinder von der Schule ab)*
c R **d** R **e** R **f** R

6a Students compare the three different family situations they have read out. For each family, they note down the details under the given headings.

Answers:

Sabrina: Alter – bei der Schule; Zahl der Kinder – ihre Mutter hat schon 6 Kinder; Partner – nein; Unterstützung durch die Familie – ihre Mutter; Zukunftsplanung – die Schule fertig machen
Torsten: Alter – 33; Zahl der Kinder – 2; Partner – nein; Unterstützung durch die Familie – Familie und Freunde; Zukunftsplanung: ersten gemeinsamen Urlaub zu dritt
Scholls: Alter – 25, 26; Zahl der Kinder – 0; Partner – ja; Unterstützung durch die Familie – nein; Zukunftsplanung – wollen sich beruflich etablieren und ihr eigenes Haus haben

6b Structured questions enable students to think about their opinions. They could use their notes from activity 6a as a reminder about the different families.

7 This activity gives students practice in written argument. It could be done for homework.

Heiraten – ja oder nein?

Materials

◆ Students' Book pages 22/23
◆ Cassette 1 side 1 CD 1

1a This activity gets students to brainstorm vocabulary and ideas about marriage.

1b They discuss their ideas with a partner.

2 This activity gives students practice in gist listening. They match each person's argument to one of the sentences a–d.

Answers:

a *Sascha* **b** *Erik* **c** *Lore* **d** *Michaela*

---

p 22, activity 2

Interviewer: Sascha, was meinst du zum Thema Ehe und Familie? Möchtest du später einmal heiraten?

Sascha: Auf keinen Fall. Meine Eltern sind geschieden, und mir ist klar: Es ist eine verrückte Idee zu glauben, dass man einen anderen Menschen ein ganzes Leben lang lieben kann. Das kann man keinem versprechen. Ich finde es besser, wenn man ehrlich ist und sagt: Wir bleiben zusammen, solange wir uns gut verstehen.

Interviewer: Michaela, du willst dazu etwas sagen?

Michaela: Ja, meine Eltern sind auch geschieden, aber ich will trotzdem später einmal heiraten. Für mich ist es jetzt okay, dass mein Vater und meine Mutter getrennt leben, aber manchmal wünsche ich mir doch eine intakte Familie, besonders an Weihnachten. Und für kleine Kinder ist es einfach wichtig, dass Vater und Mutter zusammen sind. Ehe hat meiner Meinung nach etwas Offizielleres und Stabileres als einfach so zusammenleben.

Interviewer: Erik, du stimmst Michaela zu – nicht wahr?

Erik: Ja, voll und ganz. Leute, die nicht heiraten wollen, sind nicht sicher, was sie wollen. Sie möchten sich eine Hintertür offen lassen. Auf so eine Beziehung würde ich mich auf Dauer nicht einlassen. Nur wer heiratet, meint es wirklich ernst mit seinem Partner oder seiner Partnerin.

Interviewer: Lore, du bist anderer Meinung.

Lore: Ja, meine Schwester lebt mit ihrem Freund zusammen und erwartet im Frühjahr ein Kind. Sie will nicht heiraten, denn sie findet, der Heiratsvertrag ist nur ein Stück Papier, und das braucht sie nicht. Ich finde das okay, denn jeder muss seine eigene Entscheidung treffen. Ich würde in ihrer Situation vielleicht lieber heiraten, aber das kann man ja so theoretisch nie hundertprozentig sagen.

3a Students may need to listen to the interviews again before they fill in the gaps.

Answers:

a *wirklich* **b** *zusammen* **c** *ein Stück* **d** *später*

3b Students now match each completed sentence to the appropriate speaker.

Answers:

a *Erik* **b** *Sascha* **c** *Lore* **d** *Michaela*

4a This activity practises reading for gist. Refer students to the help given in the vocabulary box and the *Tipp* box. Picking out the key words could be done as a whole-class activity.

4b Students match the German words to their English translation. Encourage students to look at each word in context to deduce the meaning.

Answers:

Beziehung / relationship, Ehe / marriage, Gemeinsamkeit / (here:) togetherness, Geborgenheit / security, Scheidung / divorce, Treue / faithfulness, Verbundenheit / attachment

5 These sentence halves are taken from the text. Students match the correct halves together.

Answers:

a 2 **b** 4 **c** 5 **d** 1 **e** 3

6 This activity tests the students' reading comprehension. The sentences a–g express the same ideas as sentences in the text and students have to find the corresponding sentence.

Answers:

a *Das alte Modell „bis dass der Tod uns scheidet" ist schon heute Schnee von gestern.*
b *Und der Spass lässt mit der Zeit nach.*
c *Jede zweite Ehefrau würde ihren Mann schon nach sechs Jahren nicht ein zweites Mal heiraten.*
d *... rund die Hälfte der Berliner zwischen 25 und 45 ledig ...*
e *Und im neuen Jahrtausend werden wahrscheinlich auch Schwule und Lesben den Bund fürs Leben schließen können.*
f *Treue liegt scheinbar nicht in der Natur des Menschen.*
g *Ein Scheidungscomputer könnte den Anwälten in Zukunft Arbeit abnehmen.*

7 Students summarise paragraphs with an appropriate heading.

8a In pairs students draw up a list of the pros and cons of marriage.

8b Students now use these ideas to argue for and against marriage.

9 Students write up a summary of their own opinion. This could be done for homework.

Zur Auswahl

Skill focus
◆ pronunciation of *-ig*, *-ich*, *-isch*
◆ more practice on expressing opinions

Materials
◆ Students' Book page 24

◆ Solo Cassette side 1

◆ *Arbeitsblatt* 8

S⬚ **1a** Students listen and repeat the adjectives, paying attention to the endings.

---

p 24, activity 1a

richtig
schwierig
traurig
ständig
herrlich
ängstlich
heimlich
täglich
praktisch
chaotisch

S⬚ **1b** Students try the tongue twister first and then listen to the cassette and try again. It is recorded once slowly and then faster.

---

p 24, activity 1b

Theoretisch ist das richtig, aber eigentlich gar nicht wichtig – beschwichtigt der ewig praktische Herr Derwisch.

S⬚ **2a** Students listen for the gist of each argument. They then choose which sentence (a–c) sums up the person's views.

Answers:
a *Steffen* **b** *Charlie* **c** *Deniz*

---

p 24, activity 2a

Steffen: Ich bin der Steffen. Ich finde Geburtstagsfeiern lästig. Die meisten Leute verstehen sich nicht supergut mit allen ihren Onkels, Tanten und Verwandten. Aber bei uns zu Hause ist es so: Wenn jemand Geburtstag hat, kommen alle mit Geschenken an und erwarten Kaffee und Kuchen. Ich habe drei Geschwister und meine Mutter ist ständig am Kuchenbacken! Nächsten Sonntag wird mein Onkel 50. Ich habe zwar keine Lust, aber ich muss hin. Sonst ist die ganze Familie sauer! Ich würde viel lieber mit meinen Freunden in den Park gehen oder einfach zu Hause sitzen und Musik hören. An Weihnachten ist es das Gleiche: Ich muss Geschenke finden für meine Cousins und Cousinen und alle möglichen Verwandten. Dafür geben alle viel zu viel Geld aus.

Deniz: Mein Name ist Deniz. Neulich hat mein Cousin geheiratet und es war ein tolles Fest. Ich habe viele Verwandte seit Jahren zum ersten Mal wiedergesehen. Leider wohnen wir sehr weit weg von meinen Cousins und Cousinen, so dass wir uns nur alle paar Jahre zu irgendwelchen wichtigen Feiern treffen. Ich finde das schade. Meine Cousine Anabel möchte jetzt ein regelmäßiges Treffen einmal im Jahr vorschlagen. Ich finde das eine gute Idee.

Charlie: Ich habe nur einen Bruder und der studiert mittlerweile in Hamburg. Als ich letzten Monat Geburtstag hatte, ist er extra am Wochenende nach Hause gekommen. Das sind 500 km mit dem Auto. Das hat mich echt beeindruckt und ich war froh, dass er da war. Ohne ihn ist die Familie irgendwie nicht komplett. Manchmal wünsche ich mir, wir wären eine große Familie mit vielen Geschwistern und anderen Verwandten. Aber es gibt nur meinen Vater, meinen Bruder und mich. Weihnachten will mein Bruder mit der Familie seiner Freundin feiern. Darüber bin ich eigentlich traurig. Ich möchte nicht mit meinem Vater alleine sein, aber vielleicht wird es doch ganz nett. Wir fahren in Skiurlaub und mein Vater sagt, das Hotel wird eine große Weihnachtsfeier veranstalten.

⬚ **2b** Encourage students to read all the questions before listening to the cassette, since the answer to question e involves all three speakers.

3 This activity gives students practice in expressing their opinion in written form. This could be done for homework.

4 Students use the questions provided to discuss their own family situations.

A 8 **Extra!** Students use *Arbeitsblatt* 8 to do more work on finding the right partner.

Answers for Copymasters

Arbeitsblatt 6

⬚ **1** **1** *Mutter* **2** *Stiefvater* **3** *Kindern* **4** *Großeltern*
5 *Vater*

A6, activity 1

Hallo, ich heiße Andrea und wohne mit meiner Mutter, meinem Stiefvater Uwe und Uwes beiden Kindern Christopher und Judith zusammen. Meine Großeltern heißen Anton und Maria Riebel und wohnen direkt um die Ecke. Mein Vater heißt Georg und wohnt in einer anderen Stadt. Ich besuche ihn manchmal am Wochenende.

---

2 a *Tochter* **b** *Sohn, Stiefbruder* **c** *Schwester*
d *Großvater* **e** *Frau, Großmutter*

3 *ehrgeizig — ambitious, traditionell — traditional, sensibel —*
sensitive, intelligent — intelligent, rüstig — sprightly,
aufmerksam — attentive, hilfsbereit — helpful, zuverlässig —
reliable, nett — nice, langweilig — boring, launisch — moody,
eitel — vain, tapfer — brave, traurig — sad, ehrlich — honest,
offen — open, lustig — funny, verwöhnt — spoilt

 4 a *ehrgeizig, ehrlich, nett, langweilig, traditionell, stur*
b *sensibel, intelligent, zuverlässig*
c *rüstig, hilfsbereit, aufmerksam*
d *verwöhnt, launisch, eitel, lustig*
e *tapfer, traurig, offen*

A6, activity 4

Andrea über ihren Stiefvater: Meine Freunde finden es
alle total spannend, dass Uwe Pilot ist. Er ist sehr
ehrgeizig, und der Beruf ist für ihn ungeheuer wichtig.
Leider interessiere ich mich nicht sehr für Technik und
so haben wir kein richtiges Thema, über das wir
miteinander reden wollen. Also, **ehrlich** gesagt, ich
finde Uwe zwar **nett**, aber ein bisschen **langweilig**. Er
hat sehr **traditionelle** Vorstellungen und kann
manchmal ganz schön stur sein.

Anton Riebel über seine Enkelin: Andrea ist ein sehr
sensibles Mädchen, das sich über alles viele Gedanken
macht und Fragen stellt. Sie ist **intelligent** und
hochmusikalisch. Sie spielt gern Gitarre und kommt
auch oft nachmittags zu uns. Trotzdem ist sie nicht
zurückgezogen, sondern hat viele Freunde. Die
anderen merken schnell, wie **zuverlässig** sie ist: Wer
Andrea kennt, kann sich auf sie verlassen.

Kathrin Preussler über ihre Eltern: Ich habe eine sehr
enge Beziehung zu meinen Eltern. Und ich bin
wahnsinnig froh, dass beide noch so **rüstig** sind und
so **hilfsbereit**. Praktisch ist, dass sie direkt bei uns um
die Ecke wohnen. Als die Kinder noch kleiner waren,
haben sie mir sehr viel geholfen. Unsere drei Kinder
gehen alle sehr gerne zu ihrem Opa und zu ihrer Oma.
Vor allem mein Vater hat eine Engelsgeduld und ist ein
aufmerksamer Zuhörer. Das weiß besonders Andrea
zu schätzen.

Andrea Herz über ihre Stiefschwester: Judith ist gar
nicht so übel, eigentlich ist sie okay. Sie kann schon
manchmal ein **verwöhntes** kleines Mädchen sein; sie ist
launisch und für meinen Geschmack ein bisschen zu
eitel. Aber sie kann auch ganz **lustig** sein. Manchmal
gehen wir zusammen schwimmen oder einkaufen.

Georg Herz über seine Tochter: Die Scheidung war für
Andrea natürlich nicht einfach. Aber sie ist **tapfer** und
sehr, sehr fair – sowohl ihrer Mutter als auch mir
gegenüber. Manchmal sehe ich schon, dass sie noch
traurig ist über die Situation. Zum Glück hat sie so viel

Energie und Tatendrang, dass sie nicht zu viel darüber
nachgrübelt. Und sie ist ein **offener**, ehrlicher Typ, der
schnell neue Kontakte knüpft und sich an neue
Situationen anpasst.

---

5 a *ehrgeiziger, traditioneller* **b** *netter* **c** *rüstige,*
hilfsbereite **d** *zuverlässige* **e** *verwöhntes, kleines*

 6 a *Uwe Heilmann ist Pilot von Beruf.*
b *Nein, Andrea interessiert sich nicht für Technik.*
c *Andrea spielt Gitarre.*
d *Andreas Großeltern wohnen um die Ecke.*
e *Andrea und Judith gehen manchmal zusammen*
schwimmen oder einkaufen.
f *Die Scheidung war für Andrea nicht einfach.*
g *Andreas Vater wohnt in einer anderen Stadt.*

Pause the cassette/CD after each question, to allow
students to give their answer.

A6, activity 6

a Was ist Uwe Heilmann von Beruf? Uwe Heilmann ist
Pilot von Beruf.
b Interessiert sich Andrea für Technik? Nein, Andrea
interessiert sich nicht für Technik.
c Welches Musikinstrument spielt Andrea? Andrea
spielt Gitarre.
d Wo wohnen Andreas Großeltern? Andreas
Großeltern wohnen um die Ecke.
e Was machen Andrea und Judith manchmal
zusammen? Andrea und Judith gehen manchmal
zusammen schwimmen oder einkaufen.
f Was war für Andrea nicht einfach? Die Scheidung
war für Andrea nicht einfach.
g Wo wohnt Andreas Vater? Andreas Vater wohnt in
einer anderen Stadt.

Arbeitsblatt 7

 No answers – speaking activities

See recording for page 19, activity 5a, for transcript.

Arbeitsblatt 8

2 *A Jugend-Zeitschrift/Internet B Internet/Lokalzeitung*

3 *Kalle: 16; 1.82 cm gross; Musik, Fussball, Saxophon;*
Freundin Mutter mit Kindern: 37; schlank, blond; Tennis,
gutes Essen, Kino, Theater; gemeinsame Freizeitaktivitäten,
evtl. spätere Heirat

4 a *absolut bescheuert* **b** *total übertrieben* **c** *richtig: fit;*
falsch: gutaussehend, dass er Briefe schreiben will

Rechte und Verantwortung Einheit 2

Unit objectives

By the end of this unit students will be able to:

- Discuss what being an adult means
- Compare being young now and in the past
- Discuss good citizenship
- Talk about military service and alternative choices for young men in Germany

Grammar

- Use modal verbs
- Use the perfect tense
- Use separable/inseparable verbs

Skills

- Take notes when listening
- Write a summary in English
- Present an argument

page 25

1 Students can answer questions a, b and d by reference to the texts above. They will need to guess the answer to question c.

Answers:

a *Führerschein*　**b** *volljährig, Minderjährige*
c *Sozialdemokratische Partei Deutschlands, Christlich-demokratische Union*　**d** *Bundeswehr*

2 Students guess the answers to the quiz. You can tell them the correct answers, but they will also find them out in this unit.

Answers:

a F *(Man kann mit 18 Jahren Schnaps kaufen.)*　**b** F *Junge Männer — nicht Frauen — müssen in Deutschland Militärdienst leisten.*　**c** R　**d** R　**e** R　**f** F *(In Deutschland darf man nicht ohne Führerschein Auto fahren.)*

Volljährig – und dann?

Grammar focus

- modal verbs

Materials

- Students' Book pages 26–27
- Cassette 1 side 1 CD 1
- *Arbeitsblatt 9*
- Grammar Workbook page 46

1a Students read four different opinions about coming of age.

1b Students match the most important issues to the appropriate person.

Answers:

a *Dominik*　**b** *Loni*　**c** *Laura*　**d** *Peter*

2a Students decide which issues are the most important for them.

2b They compare notes with a partner.

Grammatik

A Students pick out examples of modal verbs from the unit so far.

Answers:

page 25: activity 2, questions a–f;
page 26, activity 1a: Peter — soll; Laura — will, können;
Loni — darf, soll; Dominik — muss, kann, darf

B Students fill in the appropriate modal verb.

Answers:

a *muss*　**b** *wollen*　**c** *will, muss*　**d** *soll*　**e** *Darf*
f *musst*　**g** *Wollt, mögen*

3 Students practise modal verbs with the vocabulary they have met so far. This could be a homework activity.

4a Students now read an extended version of Peter's opinion.

4b This activity tests the students comprehension of the text.

Answers:

a *zu Hause ausziehen, den Führerschein machen, „Sie"-Anrede, Bankkonto, Wahlrecht*
b *gar nicht*
c *nein, weil er nicht genug Geld hat*
d *er versteht sich gut mit ihnen*

5a Students match the German words to their English translations in preparation for activity 5b.

Answers:

die Verantwortung / responsibility, veranstalten / to organise, die Erscheinungsform / manifestation, vorschreiben / to issue rules, auf jmdn. aufpassen / to keep an eye on, die Ermahnung / admonition, sich etwas verkneifen / to do without sth., die Vorschrift / rule, auf etw. / jmdn. angewiesen sein / to be dependent on sth. / so.

5b This activity gives students practice in taking notes while listening. Use the *Tipp* box to give students techniques for note-taking.

Answers:

Positive aspects of reaching adulthood:

+ *Mutter als Chauffeur: Ende (mother not needed as chauffeur: freedom to drive)*

+ *große Fete (reason to celebrate)*

+/– *Verantwortung, Gedanken machen, z. B. wählen (responsibility, having to think, e.g. voting)*

+ *ich mache, was ich will (do what I want: freedom to make decisions)*

Beispiel: mit Freund zusammenleben (living with boyfriend)

Negative points or reservations:

+/– *Verantwortung, Gedanken machen (responsibility, having to think)*

– *finanziell noch auf Eltern angewiesen (financial dependence on parents may continue)*

Laura's and Dominik's relationship with their parents:

Laura: Eltern erlauben … nicht (parents do not allow …); …. halten mich für ein kleines Mädchen (… treat me like a little girl); Ermahnungen

Dominik: verstehe mich gut mit meiner Mutter (gets on well with mother); Sie macht mir keine Vorschriften (no regulations/restrictions); wichtige Dinge weiter mit Mutter besprechen (still wants to discuss important things)

---

p 27, activity 5b

Moderator:	Guten Tag und herzlich willkommen im Studio. Unser Thema heute lautet: Wie wichtig ist der 18. Geburtstag? Unsere Studiogäste Laura und Dominik sind beide 17 Jahre alt und können es kaum noch erwarten, bis sie endlich volljährig sind. Stimmt's, Dominik?
Dominik:	Also, bei mir ist das schon richtig. Dabei geht es mir aber vor allem um den Führerschein. Meine Mutter kann es kaum noch abwarten, bis ich achtzehn bin. Dann braucht sie nicht mehr Chauffeur zu spielen. Wir wohnen in einem Vorort, da fährt nur alle zwei Stunden ein Bus – und abends nach sechs geht gar nichts mehr. Ich muss immer meine Mutter bitten, mich in die Stadt zu fahren. Das nervt natürlich. Und da ich in der Stadt zur Schule gehe, wohnen auch alle meine Freunde dort. Die meisten können zu Fuß oder mit der Straßenbahn in die Innenstadt gehen. Für mich ist es jedes Mal eine halbe Weltreise, wenn ich den Bus nehme.

Laura:	Für mich ist der 18. Geburtstag ein symbolisches Datum: Jetzt bist du ein erwachsener Mensch, du trägst die volle Verantwortung für alles, was du tust. Das hat natürlich sowohl Vor- als auch Nachteile. Ich will auf jeden Fall eine große Fete veranstalten. Über manches muss man sich wirklich mehr Gedanken machen, zum Beispiel „Wen wählst du?"
Moderator:	Wahlrecht, Führerschein – das sind alles äußere Erscheinungsformen eurer Volljährigkeit. Spielen da nicht noch andere Dinge wie Selbständigkeit und Entscheidungsfreiheit eine Rolle?
Laura:	Für mich auf jeden Fall. Ich möchte nämlich zu Hause ausziehen und meine Eltern erlauben es mir nicht. Sie sagen, ich sei noch zu jung, mit meinem Freund zusammenzuleben. Wenn ich 18 bin, dürfen sie mir nichts mehr vorschreiben, und ich mache, was ich will.
Dominik:	Und wer bezahlt die Wohnung?
Laura:	Mein Freund arbeitet und hat sowieso seine eigene Wohnung. Sobald ich mein Abi habe, suche ich mir auch einen Job und dann teilen wir uns die Kosten.
Moderator:	Warum möchtest du von zu Hause ausziehen? Darf dein Freund nicht bei dir übernachten?
Laura:	Nein, auf keinen Fall, und meine Eltern mögen es nicht einmal, wenn ich bei ihm übernachte. Sie halten mich immer noch für ein kleines Mädchen, auf das sie aufpassen müssen. Sie können sich ihre ständigen Ermahnungen einfach nicht verkneifen: „Zieh dich warm an. Komm nicht zu spät nach Hause. Hast du auch deine Hausaufgaben gemacht?" Daher ist es mir wichtig, dass ich mit 18 endlich das Recht habe, mein Leben so zu führen wie ich es für richtig halte.
Dominik:	Wenn man mal vom Führerschein absieht, glaube ich nicht, dass sich groß etwas ändern wird in meinem Leben. Ich verstehe mich gut mit meiner Mutter und sie macht mir keine Vorschriften. Natürlich werde ich wichtige Dinge wie Beruf und Studium weiter mit ihr besprechen. Da ist mir ihre Meinung schon wichtig. Und ich bin ja auch noch finanziell auf sie angewiesen.

A 9 **Extra!** Students complete the activities on *Arbeitsblatt 9*.

6 Students listen to the passage again and answer the questions.

Answers:

a *miserabel* **b** *sie braucht nicht mehr Chauffeur zu spielen*
c *weil sie sich mit ihren Eltern nicht versteht* **d** *der Freund hat schon eine Wohnung und nach dem Abi wird sie sich einen Job suchen* **e** *Beruf und Studium*

7a Students practise the vocabulary they have learnt by discussing their own opinion with a partner.

7b They then practise presenting their argument in written form. This could be done for homework.

Jungsein früher und heute

Grammar focus

◆ the perfect tense

Materials

◆ Students' Book pages 28–29
◆ *Arbeitsblatt 10*
◆ Grammar Workbook pages 50–51

1 Go through the statements as a whole-class activity and get students to guess the answers.

Answers:

Vor 50 Jahren: a, b, d, e, g *Heute:* c, f, h

2a Students read three texts by teenagers who describe their grandparents' lives.

2b This activity gives the students practice in summarising the main points of the text.

Possible answers:

	Stichwort	*früher*	**heute**
Florian	Freizeit	*wenig Freizeit*	*Freizeit, Hobbys*
Svenja	Familie	*Familie*	*Karriere*
Malte	Fitness/	*mit dem Fahrrad*	*Auto*
	Schulweg		
	Geld	*musste arbeiten*	*Taschengeld*

2c Students pick out what Florian, Svenja and Malte consider to be the pros and cons of life today and 50 years ago.

Possible answers:

Florian – *besser, dass es jetzt die Zeit und das Geld für Hobbys gibt*
Svenja – *besser, dass man auch als Frau jetzt eine Karriere haben kann*
Malte – *besser, dass Kinder heute Taschengeld kriegen*

Grammatik

A Students pick out examples of the perfect tense from the texts on the page.

Answers:

Florian: *er hat … erzählt; meine Großeltern haben … gelebt und … gearbeitet; …hat ihnen die Zeit und das Geld gefehlt*
Malte: *er ist … gefahren; … hat er … bekommen; er hat … gewaschen und … geholt; … hat er … bekommen; weil er … verdient hat*
Svenja: *meine Oma hat … kennen gelernt; ihr älterer Bruder ist … mitgekommen; wenn die beiden ausgegangen sind; … haben sie geheiratet; meine Oma hat … gewohnt; sie hat … gelernt, weil sie … verlassen hat.*

B This gives the students practice in forming the perfect tense.

Answers:

a *Mein Opa hat in der Stadt lebt. Er hat in einem Drei-Zimmer-Apartment mit seinen Eltern gewohnt. In seiner Freizeit hat er gern Fußball gespielt.*
b *Meine Oma hat ihren ersten Freund mit 16 kennen gelernt. Die beiden haben sich nach zwei Jahren getrennt. Mit 29 hat meine Oma einen Arbeitskollegen geheiratet.*
c *Mein Opa ist meistens zu Fuß zur Schule gegangen. Bei schlechtem Wetter hat ihn seine Mutter im Auto mitgenommen. In den Ferien haben mein Opa und seine Freunde manchmal Fahrradtouren gemacht.*

C Further practice of the perfect tense.

Answers:

erzählen, ich erzähle, ich habe erzählt; leben, ich lebe, ich habe gelebt; arbeiten, ich arbeite, ich habe gearbeitet; fehlen, ich fehle, ich habe gefehlt; fahren, ich fahre, ich bin gefahren; bekommen, ich bekomme, ich habe bekommen; waschen, ich wasche, ich habe gewaschen, holen, ich hole, ich habe geholt; verdienen, ich verdiene, ich habe verdient; lernen, ich lerne, ich habe gelernt; mitkommen, ich komme mit, ich bin mitgekommen; ausgehen, ich gehe aus, ich bin ausgegangen; heiraten, ich heirate, ich habe geheiratet; wohnen, ich wohne, ich habe gewohnt; verlassen, ich verlasse, ich habe verlassen.

3a In pairs students draw up questions that a teenager and grandparent could ask each other. They thereby practise all the new vocabulary from these pages.

3b Students go on to use these questions in a role-play.

4 Go through how to write a summary in English, using the ideas given in the *Tipp* box. Students then practise this technique, using the vocabulary given in the *Hilfe* section.

A 10 **Extra!** Students do the activities on *Arbeitsblatt 10*.

Soziales Verhalten

Grammar focus
◆ separable and inseparable verbs

Materials
◆ Students' Book pages 30–31
◆ Cassette 1 side 1 CD 1
◆ Grammar Workbook pages 44–45

1a Students match thereotical ideas to practical actions. This could be done in groups or as a whole-class activity.

Answers:
a 2 **b** 4 **c** 3 **d** 1

1b Students add their own examples to Malte's list.

2 In pairs students discuss their views on the practical ideas listed so far.

3a Students read the three texts about community action.

3b This activity checks that students have understood the main points of each text.

Answers:
Florian und Yilmaz: Kindern in Äthiopien; sie malen Plakate, stellen ein Informationsblatt zusammen und besuchen damit alle Klassen; vier Wochen.
Marco: dem Deutschen Roten Kreuz; gewinnt Sponsoren und nimmt an einer Fahrradtour durch Nordvietnam teil; zwei Wochen samt der Zeit fürs Gewinnen von Sponsoren vorher (und Sammeln von Geld nachher).
Sigrid: einer blinden Studentin; sie begleitet sie zu den Vorlesungen und schreibt für sie mit, geht mit ihr essen und einkaufen; ein Jahr.

4 This activity gives the students practice in summarising in English. Refer them to the advice in the *Tipp* box on page 29. This could be done for homework.

Grammatik

A Students identify which verbs are separable.

Answers:
Separable: a *teilnehmen* **b** *zusammenstellen*
c *ansprechen* **e** *einsteigen* **f** *anbieten*
Inseparable: d *besuchen* **g** *begleiten* **h** *unterschreiben*

B Students pick out the separable verbs from the texts on page 30. Note that *kennenlernen* is no longer a separable verb.

Answers:
Florian: anrufen, ... ruft seinen Freund Yilmaz an; zusammenstellen, ... stellen ein Informationsblatt zusammen.
Marco: teilnehmen, ... nimmt an einer zweiwöchigen Fahrradtour ... teil; ansprechen, er spricht Nachbarn, Freunde und Verwandte an.
Sigrid: mitschreiben, ... schreibt für sie mit; einkaufen (separable but infinitive form in text)

5 These questions test reading comprehension and give practice in the perfect tense.

Answers:
a *Er hat seinen Freund angerufen.*
b *Sie haben über 1000 Euro für Medizin für Kinder in Äthiopien auf ein internationales Spendenkonto überwiesen.*
c *Sie hat einer blinden Studentin geholfen. Sie hat sie zu den Vorlesungen begleitet und für sie mitgeschrieben und ist mit ihr essen und einkaufen gegangen.*
d *Sie hat das Studentenleben kennen gelernt.*
e *Er hat an einer Fahrradtour teilgenommen.*
f *Er hat Nachbarn, Freunde und Verwandte angesprochen.*
g *Sie haben auf seiner Liste unterschrieben.*

6 In pairs students practise the new language they have learnt, including the perfect tense.

7 A more general discussion about the qualities of a good citizen.

8a This activity gives practice in listening for gist.
Possible answers: Disc 1, Track 16.
Hendrik: Toleranz, Verständnis **Corinna:** *korrektes Verhalten*
Antje: über Politik Bescheid wissen **Rolf:** *Gutes für andere tun*

---

p 31, activity 8

Moderator:	Umfrage: Was erwarten Sie von einem guten Mitbürger? Hendrik Behrend.
HB:	Ich erwarte Toleranz und Verständnis für andere, vor allem für Minderheiten. Meiner Ansicht nach ist das Kennzeichen einer zivilisierten Gesellschaft, dass verschiedene Gruppen friedlich miteinander zusammenleben können. Damit meine ich verschiedene Nationalitäten und Kulturen, verschiedene Religionen, aber auch andere Minderheiten wie behinderte Menschen, Homosexuelle usw. Ein guter Mitbürger ist deshalb, wer andere so akzeptiert wie sie sind.
Moderator:	Corinna Wollschläger.
CW:	Korrektes Verhalten, zum Beispiel auch beim Autofahren: mit 100 Stundenkilometern durch einen Ort fahren ist nicht nur rowdyhaft, sondern kriminell. Es gibt Leute, die finden so etwas okay oder geben sogar noch an damit, wie schnell sie gefahren sind. Seinen Müll nicht einfach auf die Straße fallen lassen, alten Leuten und schwangeren Frauen seinen

	Sitzplatz im Bus anbieten – das sind für mich so Negativ- und Positiv-Beispiele.
Moderator:	Antje Petri.
AP:	Von einem guten Bürger erwarte ich, dass er über Politik Bescheid weiß und aktiv daran teilnimmt. Das kann in einer Partei sein oder auch einer Interessengruppe, einem Verein etc. Viele junge Leute wollen sich heute keiner politischen Partei anschließen, sondern interessieren sich für ganz bestimmte Themen wie Umweltschutz oder Menschenrechte. Das ist meiner Meinung nach auch in Ordnung und bei dem Verhalten unserer Politiker heutzutage sogar verständlich. Was nicht okay ist, ist die so genannte „Null Bock"-Haltung: gar kein Interesse am gesellschaftlichen Leben.
Moderator:	Rolf Andersen.
RA:	Ich bin bestimmt kein musterhafter Mitbürger, aber wenn Sie mich so fragen, dann ist das wohl jemand, der Gutes für andere tut, zum Beispiel jemand, der freiwillig in sozialen Einrichtungen mitarbeitet wie bei der Caritas oder beim Roten Kreuz, bei der freiwilligen Feuerwehr usw., jemand, der Geld und Zeit opfert für andere. Meine Schwester etwa hilft in einer Suppenküche für Obdachlose. Das finde ich sehr nobel von ihr.

8b Students use their notes from activity 8a and link them to Marion's list (activity 1a).

Answers:

Hendrik d; *Corinna* c; *Antje* a; *Rolf* b

9 This gives practice in listening for detail.

Answers:

a *verschiedene Nationalitäten, Kulturen, Religionen, behinderte Menschen, Homosexuelle*

b *Negativ: schnell fahren, Müll auf die Straße fallen lassen Positiv: den Sitzplatz im Bus alten Leuten und schwangeren Frauen anbieten*

c *politische Parteien, Interessensgruppen, Vereine*

d *gar kein Interesse am gesellschaftlichen Leben*

e *Caritas, Rotes Kreuz, freiwillige Feuerwehr*

f *Sie hilft in einer Suppenküche für Obdachlose.*

10 Students pick out synonyms from the passage.

Answers:

a *Minderheit* **b** *Kennzeichen* **c** *Müll* **d** *Umweltschutz*
e *musterhaft* **f** *Obdachlose*

11 Students practise writing about the theme. This could be done for homework.

Wehrdienst, Zivildienst

Grammar focus

◆ seit

Materials

◆ Students' Book pages 32–33
◆ Cassette 1 side 1 CD 1
◆ *Arbeitsblatt* 11
◆ Grammar Workbook page 49

1a After reading the text, students find the appropriate alternatives for the underlined words.

Answers:

a *herangezogen* **b** *Wehrpflicht* **c** *aus gesundheitlichen Gründen* **d** *Ersatzleistung* **e** *befreit* **f** *Begründung*
g *verweigern*

1b This true/false activity tests the students' reading comprehension.

Answers:

a F (*In Deutschland gibt es eine allgemeine Wehrpflicht.*)
b F (*Junge Männer müssen normalerweise für 10 Monate Soldat sein.*) **c** R   **d** R   **e** F (*Der Zivildienst dauerf einen Monat länger als der Wehrdienst.*)

2a This activity gives students the vocabulary help they need for activity 2b.

Answers:

a 8 **b** 4 **c** 1 **d** 2 **e** 7 **f** 3 **g** 6 **h** 9 **i** 10
j 5

 2b This activity gives students practice in taking notes while listening.

Answers:

Ivo: kurz vor 6 Uhr aufstehen, mit dem Fahrrad zum Altenheim. Helfen beim Waschen und Rasieren. Frühstück servieren, Hilfe für Leute, die nicht allein essen können.
Henning: 6.30 Uhr Frühstück, Grundausbildung für die ersten 4 Monate, jetzt Arbeitsplatz im Fuhrpark. Abends: auf der Stube, Karten/fernsehen oder in einer Kneipe. CD1.17

p 32, activity 2b
Teil 1 Moderator: Guten Tag im Studio 4. Wehrdienst oder Zivildienst? – Diese Frage stellt sich den meisten jungen Männern kurz vor oder nach dem 18. Geburtstag. Wir haben einen Zivi und einen Soldaten eingeladen, um mit ihnen über die schwierige Entscheidung zu sprechen. Henning Eberhard ist derzeit in der Kaserne Rennerod im Westerwald stationiert, und

Ivo Weber leistet seinen Zivildienst im Arbeiter-Samariter-Altenheim Limburg. Ivo, wie sieht deine tägliche Arbeit aus?

Ivo: Ich arbeite seit 1. September im Altenheim. Seitdem hat sich einiges in meinem Leben verändert. Früher war ich Langschläfer. Damit ist es jetzt vorbei. Mein Dienst beginnt um halb sieben, d.h. ich stehe kurz vor sechs auf und fahre mit dem Fahrrad zum Altenheim. Zuerst helfe ich den alten Leuten beim Waschen und Rasieren. Momentan kümmere ich mich um drei alte Männer und eine gelähmte alte Frau. Einer der Männer leidet an Inkontinenz, d.h. er trägt Windeln wie Babys – nur eben viel größer – und da muss ich auch die Windeln wechseln. Danach serviere ich Frühstück auf meiner Station und helfe denen, die nicht alleine essen können. Das ist alles völlig neu für mich. Ich war früher immer sehr empfindlich und pingelig. In der ersten Woche ist mir auch zwei Mal fast schlecht geworden, seitdem nie mehr. Man gewöhnt sich schnell an solche Sachen.

Moderator: Darf ich dich mal hier unterbrechen? Vielleicht kann Henning uns – sozusagen als Kontrastprogramm – einmal einen typischen Tag als Bundeswehr-Soldat schildern.

Henning: Wir stehen auch früh auf, aber ansonsten gibt es nicht viel Gemeinsamkeiten. Frühstück gibt es um 6.30 Uhr in der Kasernen-Kantine. Ich bin jetzt seit acht Monaten beim Bund, d.h. ich bin fast fertig. In den ersten vier Monaten hatten wir Grundausbildung, da haben wir viel Fitness-Training und Dienst an der Waffe gemacht. Jetzt hat jeder seinen Arbeitsplatz. Ich arbeite im Fuhrpark, denn ich bin Kfz-Mechaniker. Natürlich sind das bei der Bundeswehr alles schwere Fahrzeuge, Lkws und so, keine normalen Autos. Was für mich echt spitze ist, ist dass ich den Lkw-Führerschein umsonst machen kann. Das kostet sonst eine Stange Geld. D.h. ich habe oft morgens Fahrunterricht. Abends ist es meist eher langweilig. Wir sind zu sechst auf der Stube und spielen oft Karten oder sehen fern im Aufenthaltsraum. Wenn wir Ausgang haben, gehen wir oft zusammen in die Kneipen hier. Aber Rennerod ist ja ein kleines Kaff und es ist nicht viel los. Ich komme aus Hannover und vermisse die Großstadt schon etwas. Leider ist es ein weiter Weg nach Hannover, und ich fahre nur jedes zweite Wochenende nach Hause.

2c These questions test students' comprehension.

Answers:

a *he was almost sick*

b *with the transport fleet*

c *play cards, watch TV, go to pub*

d *Hanover, every other weekend*

3a Students follow the text on the page as they listen.

p 32, activity 3a

Teil 2

Moderator: Hast du dir überlegt, eventuell auch Zivildienst zu machen, Henning?

Henning: Nein, das kam für mich nie in Frage. Mein Bruder war beim Bund, und aus meiner Clique sind alle zum Bund gegangen. Ich habe zwar Respekt vor dem, was Ivo macht, aber selber könnte ich so etwas nie machen. Außerdem finde ich, neun Monate reichen!

Moderator: Ist dir die Entscheidung ebenso leicht gefallen, Ivo?

Ivo: Na, ich habe schon recht lange überlegt, aber dann habe ich mir gesagt: Ich will lieber etwas Sinnvolles tun als schießen lernen und Zeit totschlagen in der Kaserne. Das Kasernenleben stelle ich mir schrecklich vor. Ich kann abends nach Hause gehen und mich mit meinen Freunden treffen. Meine Arbeit ist zwar hart und nicht immer angenehm, aber abends habe ich ein gutes Gefühl: Heute habe ich wieder soundso vielen Leuten geholfen, und die sind dankbar dafür. Man baut mit der Zeit eine Beziehung zu den alten Leuten auf. Seit ich im Altenheim arbeite, sehe ich die Welt mit anderen Augen.

Moderator: Um zum Soldatenleben zurückzukommen: Manche sprechen von einer Krise in der Bundeswehr. Wie sieht das denn in der Realität in der Kaserne aus?

Henning: Es stimmt schon. Die meisten haben keine Lust und sehen die Zeit beim Bund als verlorene Zeit. Sie wären lieber zu Hause bei der Freundin oder im Studium. Einer meiner Stubenkameraden hat sogar angefangen zu rauchen, seit er beim Bund ist. Bei mir ist das etwas anderes, da ich in meinem Beruf weiterarbeiten kann und noch Neues dazulerne.

3b This activity tests the students' comprehension.

Possible answers:

a *Sein Bruder und seine Clique sind alle zum Bund gegangen; 9 Monate reichen.*

b *Er wollte was Sinnvolles tun; er kann abends nach Hause gehen.*

c *Henning: negativ — viele sehen die Zeit beim Bund als verlorene Zeit; positiv — er kann in seinem Beruf weiterarbeiten. Ivo: negativ — Arbeit hart und nicht immer angenehm; positiv — hat vielen Leute geholfen; hat eine Beziehung zu den alten Leuten aufgebaut.*

Further questions to use if time:

a *Wer hat sich schneller entschieden — Ivo oder Henning?*

b *Wie findet Henning Ivos Entscheidung für Zivildienst?*

c *Warum haben viele Wehrpflichtige keine Lust zu dienen?*

d *Welches negative Beispiel für die Folgen von Langeweile nach Dienstschluss liefert Henning?*

Grammatik

Students pick out examples of the use of *seit*.

Answers:

2b *Ich arbeite seit 1. September im Altenheim.* I have been working in the old people's home since 1 September. *Ich bin jetzt seit 8 Monaten beim Bund.* I have been doing military service for 8 months.

3a *Seit ich im Altenheim arbeite, sehe ich die Welt mit anderen Augen.* Since I have been working at the old people's home, I have begun to see life differently.

4a Students prepare a short talk, having first read the advice in the *Tipp* box.

4b Students use their notes to give a short talk.

5 Students write a summary of their views in German. This could be done for homework.

A 11 Students do the activities on *Arbeitsblatt 11*.

Zur Auswahl

Skill focus

◆ Pronunciation of *-ei*, *-ie*

Materials

◆ Students' Book page 34
◆ Solo Cassette side 1

1 In pairs students use the photo to answer the questions.

 2 Students read the text aloud and then listen to the correct pronunciation on the cassette.

---

p 34, activity 2
eins, zwei, drei
Eintracht und Zwietracht
Dienstag, Mittwoch und Freitag
schwierig
der Schweiß
Die Arbeit ist nicht schwierig, aber schweißtreibend.
Ich schreibe. Ich schrieb. Ich habe geschrieben.
Er muss sich entscheiden. Er hat sich entschieden.
Liebeslieder von Liebe und Leiden

 3a Students take notes as they listen and then answer the questions.

Answers:

a *Nazi-Graffiti ist an der Sporthalle aufgetaucht.*

b *Die Graffitisprüher sollen vor der ganzen Schule erklären, warum sie das gemacht haben.*

c *Ihr Bruder war dabei.*

---

	p 34, activity 3a
A.:	Leonie, du siehst so nachdenklich aus. Was ist los?
Leonie:	Ach, mir geht was im Kopf rum und ich weiß nicht richtig, was ich machen soll. Es hat mit den Graffiti-Schmierereien in der Schule zu tun.
A.:	Diese blöden, ausländerfeindlichen Nazi-Graffiti, die letzte Woche aufgetaucht sind an der Sporthalle?
Leonie:	Ja, genau die.
A.:	Weißt du, wer die Graffiti gesprüht hat? Dann musst du es auf jeden Fall Frau Melchior oder dem Direktor sagen, finde ich. Das ist nämlich eine echte Schweinerei. Und wenn es solche Neo-Nazis an unserer Schule gibt, dann sollen alle wissen, wer sie sind. Heimlich Graffiti sprühen ist feige. Da hat der Direktor Recht. Ich finde, er hat eine gute Rede gehalten gestern.
Leonie:	Ja, das finde ich auch. Er hat gesagt, wer weiß, wer die Täter sind, soll es melden. Und die Graffitisprüher sollen dann vor der ganzen Schule erklären, warum sie das gemacht haben.
A.:	Natürlich gibt es keine intelligente Erklärung dafür. Das sind irgendwelche blöden Typen, die Unsinn daherreden, um sich wichtig zu machen und anderen blöden Typen zu imponieren. Leonie, weißt du, wer sie sind? Hast du sie gesehen?
Leonie:	Ja, aber …
A.:	Dann sag dem Direktor die Namen. Komm, wir gehen jetzt gleich hin. Ich gehe mit dir!
Leonie:	Es ist nicht so einfach, wie du denkst.

A.:   Warum nicht?

Leonie: Das kann ich dir nicht sagen.

A.:   Wieso? Willst du jemanden schützen? So einen blöden Nazi? Weißt du, die sind gegen alle, die anders sind: gegen Ausländer, gegen Schwule, auch gegen Leute im Rollstuhl … Leonie, du musst uns sagen, wer die Graffiti gesprüht hat.

Leonie: Aber wenn es doch mein eigener Bruder ist!

A.:   Was? Der kleine Max? Der ist doch erst 14 und kein Neo-Nazi!

Leonie: Klar ist er kein Neo-Nazi! Er hat ja auch nur mitgemacht, er ist in so einer blöden Clique im Moment …

A.:   Oje, jetzt verstehe ich. Hast du schon mit ihm oder mit deinen Eltern darüber gesprochen?

Leonie: Nein …

3b Students discuss the issues raised in the text.

4 This gives practice in writing a letter and could be done for homework.

Answers for Copymasters

Arbeitsblatt 9

1 *Inga c, Willi d, Curd b, Miriam a*

2 **1** *Gesetz* **2** *Berufswahl* **3** *Pflichten* **4** *Führerschein* **5** *Verantwortung; horizontal word: Erwachsen*

3 *wirst, musst, möchte, kannst, sollst [solltest], sollen [sollten], wollt, wollen, könnt, willst, wollen, dürft, muss*

Arbeitsblatt 10

No answers – writing activities

Arbeitsblatt 11

1 *Die Bewerberin — Kandidatin für eine Position; Das Grundgesetz — Verfassung des Landes, Prinzipien der Bundesrepublik Deutschland; Der Sanitätsdienst — Abteilung für medizinische Versorgung; Die Pflegerin - Krankenschwester, medizinische Helferin; Die Ärztin — Medizinerin, „Frau Doktor"; Die Instandhaltung — Wartung von technischen und anderen Geräten; Das Urteil — gerichtliche Entscheidung; Der Krieger — Soldat im Kampf; Die Gleichbehandlung — gerechtes Verhalten verschiedenen Menschen gegenüber*

2 **a** *R* **b** *F (Im Artikel 12a steht es, dass Frauen auf keinen Fall Dienst mit der Waffe leisten dürfen.)* **c** *R* **d** *R* **e** *F (Sie meint, dass diese Vorstellung veraltet sei.)* **f** *F (Seit 2000 dürfen Frauen in aktiven Einheiten der Bundeswehr arbeiten.)* **g** *R*

3a *Pro: Frauen sind nicht nur Mütter, sondern auch die „Pfleger" in den meisten Familien; Frauen verlieren sowieso genug Zeit mit Kinderkriegen …; Krieg ist Männersache* **Contra:** *Man könnte ein soziales Jahr als Pflicht für die Frauen einführen; Frauen können selbst entscheiden, ob Sie Kinder haben wollen oder nicht.*

Wiederholung Einheit 1–2

1a Students read letters A and B.

1b Students choose the appropriate heading for each letter.

Answers:
A a   B e (2 marks)

1c Students read texts C and D which answer letters A and B.

1d Students match the appropriate letter and answer.

Answers:
AC, BD (2 marks)

2 Students read the sentences and correct them.

Answers:
a *Boris statt Martin, 18 statt 17*
b *mit seiner Freundin*
c *eine Party zu feiern*
d *sind zufrieden*
e *Migräne*
f *nur leise, in ihrem Zimmer*
g *Vater statt Mutter, auf Partys statt auf Klassenfahrt*
h *samstags, nur in Ausnahmefällen* (12 marks)

3 Students re-read letters C and D and find expressions with the same meanings.

Answers:
a *es gut meinen*
b *jemanden zu seinem Glück zwingen*
c *ein Türchen offen lassen*
d *die „beleidigte Leberwurst" spielen*
e *so viel Kontrolle und Einschränkungen sind übertrieben*
f *Eltern sollten anerkennen, dass junge Menschen auch selbst Verantwortung für ihr eigenes Handeln übernehmen können*
g *Vielleicht kannst du mit deiner Klassenlehrerin sprechen oder einer anderen Autoritätsperson, die Einfluss auf deine Eltern hat.* (7 marks)

4 Students write a reply to either Annika or Boris. (20 marks)

5 Students look at the picture and answer the questions.

6 Answering these questions enables students to revise many of the topics from Units 1–2.

7 Students listen to the interview and then put the events a–d in the correct order.

Answers:

c a d b (4 marks)

---

p 36, activity 7

Reporter: Kathrin, du warst an der Aktion „Sport macht stark" maßgeblich beteiligt. Kannst du uns zunächst einmal erklären, was das für eine Aktion war und wer sie organisiert hat?

Kathrin: „Sport macht stark" war das Motto für einen gemeinsamen Sporttag, an dem Behinderte und Nichtbehinderte teilnehmen konnten. Organisiert haben das meine Schule und die Behindertenschule Würzdorf zusammen.

Reporter: Wer hatte die Idee für den gemeinsamen Sporttag?

Kathrin: Also, das ist eine lange Geschichte. Meine Freundin Susi hat einen Bruder, der im Rollstuhl lebt und die Behindertenschule Würzdorf besucht. Er heißt Lars und ich verstehe mich gut mit ihm. Lars findet es sehr schade, dass er an der Behindertenschule fast nur Kontakt mit anderen Behinderten hat, und möchte nicht in einem Ghetto leben, wie er es nennt. Obwohl er im Rollstuhl sitzt, ist er sehr sportlich und trainiert für Behinderten-Wettkämpfe. Und eines Tages haben Lars und ich die Idee gehabt, einen Wettkampf zu organisieren, an dem nicht nur Behinderte teilnehmen, sondern Jugendliche ohne Behinderung. Das klappt zum Beispiel prima bei einem Staffellauf. Es gibt gemischte Teams mit jeweils zwei Behinderten und zwei Nichtbehinderten in der Mannschaft. Sie laufen immer abwechselnd und das beste Team gewinnt. Das ist ein fairer Wettkampf.

Reporter: Und ihr habt eure Schulen überzeugen können, das tatsächlich zu organisieren?

Kathrin: Na ja, es war nicht so einfach. Als unsere Klassenlehrerin uns nach Ideen für einen Wandertag gefragt hat, haben Susi, das ist die Schwester von Lars, und ich unseren Plan vom gemeinsamen Sporttag vorgetragen. Es hat dann nicht geklappt für den nächsten Wandertag, aber die meisten in unserer Klasse haben die Idee gut gefunden. Und unsere Lehrerin hat den Vorschlag bei einer Lehrerkonferenz erwähnt. Der Direktor fand die Idee so toll, dass er gleich die Direktorin der Behindertenschule kontaktiert hat.

Reporter: Und was wolltet ihr mit der Aktion erreichen?

Kathrin: Einfach zeigen, dass Behinderte und Nichtbehinderte Spaß miteinander haben können. Viele denken, Behinderte sind arme Würstchen, die sich nicht einmal selber eine Suppe kochen können. Aber das stimmt nicht. Und durch den Sporttag haben manche in meiner Klasse zum ersten Mal einen behinderten Menschen persönlich kennen gelernt. Und jetzt haben sie nicht mehr so viele Vorurteile wie früher. Für Lars und seinen Freund Andi war es klasse, denn ihr Team hat den 400m-Staffellauf gewonnen. So konnten sie zeigen, dass auch Behinderte körperlich fit und stark sein können. Das ist ja gut für das Selbstbewusstsein.

Reporter: Sport macht also stark, nicht nur körperlich, sondern auch moralisch.

Kathrin: Richtig.

Reporter: Weißt du von ähnlichen Aktionen anderswo?

Kathrin: Im Moment nicht, aber es gibt eine nationale Organisation in Deutschland, die die Interessen Behinderter vertritt und viele verschiedene Aktionen initiiert. Die Organisation hieß früher „Aktion Sorgenkind" und nennt sich seit kurzem „Aktion Mensch". Das klingt besser, nicht so von oben herab „Ach, die armen Behinderten!" Da könnte man mal anrufen oder auf der Website nachschauen …

Reporter: Kathrin, vielen Dank für das Interview.

---

8 Students listen to the interview again and then choose the correct sentences.

Answers:

a 2   b 2   c 2   d 1   e 2 (5 marks)

9 Students answer further questions on the listening passage.

Answers:

a *Lars ist der Bruder ihrer Freundin Susi.*

b *Es gibt gemischte Teams mit jeweils zwei Behinderten und zwei Nichtbehinderten.*

c *Sport macht (also) stark – körperlich und moralisch*

d *zeigen, dass Behinderte und Nichtbehinderte Spaß miteinander haben können*

e *Aktion Sorgenkind*

f *Es klingt besser, nicht so von oben herab „Ach, die armen Behinderten".*

(12 marks)

Kontrollen Einheit 1–2

Arbeitsblatt 39

The activities on this copymaster follow the style of the AQA Unit 1 assessment 'Young People Today'. The mark scheme is shown in brackets for each activity.

Answers

 1 a ii, b iii, c i

(Mark scheme: 3 marks available.)

Answers

2 a *18* **b** *Schweden* **c** *wer kein Alkohol trinkt, ist kein richtiger Mann* **d** *auf dem Kinderspielplatz hinter ihrem Haus*

(Mark scheme: 4 marks available.)

A39, activity 1

Int.: Einige Leute, darunter Vertreter von Jugendorganisationen, fordern eine Verschärfung der Gesetze, was den Alkoholkonsum von Jugendlichen angeht. Unser Reporter befragt Eltern: Was meinen Sie dazu?

Int.: Anke Helfrich

A.H.: Ich finde, die Gesetze sind streng genug. Nach dem Jugendgesetz dürfen alkoholische Getränke wie Bier und Wein nur an Jugendliche ab 16 abgegeben werden und schärfere Getränke wie Whisky, Schnaps usw. nur an Erwachsene. Das ist meiner Meinung nach richtig. Wenn die Gesetze zu streng sind bzw. der Alkohol durch Steuern unmöglich teuer gemacht wird, dann hat das genau die falsche Wirkung. Das sieht man zum Beispiel in Schweden: Sobald junge Schweden das Land verlassen, besaufen sie sich hoffnungslos.

Int.: Peter Ensslin

P.E.: Gesetze haben relativ wenig Einfluss auf das Verhalten von jungen Menschen. Meiner Meinung nach ist es wichtig, dass Jugendliche rechtzeitig lernen, mit Alkohol umzugehen. Das heißt, sie sollen möglichst im Elternhaus Bier und Wein kosten – natürlich in kleinen Mengen – und lernen, dass man nicht zu viel trinkt. Alkohol ist eine Droge, die in unserer Gesellschaft überall präsent ist. Man kann nicht so tun, als gäbe es keinen Alkohol. Wichtig ist jedoch auch, die allgemeine Macho-Trinkkultur zu ändern, die besagt, dass wer keinen Alkohol trinkt, kein richtiger Mann ist.

Int.: Gudrun Bader

G.B.: Ich bin schon dafür, die Gesetze zu verschärfen. Meiner Meinung nach ist es zu einfach für Jugendliche, sich nach Strich und Faden zu betrinken. Sie können überall Alkohol kaufen. In den meisten Geschäften fragt doch keiner nach dem Personalausweis. Und auf dem

---

Kinderspielplatz hinter unserem Haus treffen sich regelmäßig Banden von Jugendlichen. Dort sieht man sogar schon 14-Jährige mit der Bierflasche. Für Kinder ist der Spielplatz völlig ungeeignet. Und sobald mehr als zwei oder drei zusammen sind, gibt es Streit und Schlägereien. Wenn die Verkäufer von Alkohol mehr Angst vor schweren Geldstrafen hätten, hätten wir vielleicht weniger Alkoholismus und vor allem auch weniger Gewalt unter Jugendlichen.

---

3 NB. Quality of language will be taken into account when awarding marks.

Suggested answer:
Anke Helfrich *thinks that the law is harsh enough; if it were made any stricter it would create irresponsible drinking habits amongst young people.*
Peter Ensslin *thinks that changing the law won't make any difference; it is important to educate young people from an early age how to treat alcohol in a responsible manner.*
Gudrun Bader *thinks that the law should be made stricter; it is too easy to buy alcohol; there should be stricter penalties for people who sell alcohol to minors.*
(Mark scheme: 7 marks available.)

Arbeitsblatt 40

The activities on this copymaster follow the style of the AQA Unit 1 assessment 'Young People Today'. The mark scheme is shown in brackets for each activity.

Answers
1 1 b **2** a **3** a **4** a
(Mark scheme: 4 marks)

Arbeitsblatt 41

The activities on this copymaster follow the style of the AQA Unit 3 assessment 'People and Society'.

See the assessment criteria tables for Unit 3 provided in the AQA specification for how to allocate marks to the activities on this copymaster.

1 This activity provides an opportunity for students to practise responding to questions on a piece of stimulus material. Allow students 20 minutes to prepare answers to the prompt questions.

2 This activity provides an opportunity for students to practise the presentation aspect of this assessment unit.

Freizeit Einheit 3

Unit objectives

By the end of this unit students will:

- Discuss weekend and leisure activities
- Compare and discuss sporting trends
- Discuss different types of holiday
- Discuss reasons for choosing a holiday destination
- Gain an insight into German culture
- Describe different aspects of culture

Grammar

- Use subordinate clauses
- Use relative pronouns
- Use indefinite pronouns

Skills

- Understand and interpret statistics
- Pronounce long and short vowels accurately

page 37

1 Students match the sentence halves.

Answers:

a 4/1 **b** 1/4 **c** 3 **d** 2 **e** 5

2 Students brainstorm ideas and vocabulary on the theme of holidays.

3 Students use the questions as cues to describe the photos.

Freizeit und Wochenende

Grammar focus

- subordinating conjunctions

Materials

- Students' Book pages 38–39
- Cassette 1 side 2 CD 1
- *Arbeitsblatt* 12
- Grammar Workbook page 75

1a Students brainstorm vocabulary for leisure activities.

1b This survey enables students to add to their own list of vocabulary.

2a Students read the three texts about leisure activities.

2b Students find the end of each sentence from the texts on the page.

Answers:

a *wenn das Wetter schön warm und sonnig ist*
b *der durch ihre Stadt fließt*
c *weil es zusammen einfach mehr Spaß macht*
d *und er sammelt sie auch*
e *weil man sich nicht so sehr konzentrieren muss*
f *hört sie unheimlich gern Musik*
g *nachdem sie die Hausaufgaben gemacht hat*

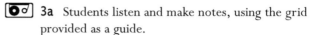 **3a** Students listen and make notes, using the grid provided as a guide.

Answers:

Nicki Job: Restaurant; Arbeitszeiten / Wann: samstags 12–14 Uhr, 17–23 Uhr; Meinung: total gut, lernt so viele verschiedene Leute kennen, kann Englischkenntnisse anwenden; Hobbys: Lesen, Einkaufen, Tennis
Markus Job: Skilehrer, hilft Bademeister im Freibad; Arbeitszeiten / Wann: Winter Ski, Sommer Freibad; Meinung: macht Spaß, toller Job (kostenlos im Schwimmbad); Hobbys: Musik, Fernsehen, Computer, Wintersport (Skilaufen und Snowboarding)

---

p 38, activity 3

Interview 1

Int.: Nicki, du machst dieses Jahr dein Abitur. Bleibt da überhaupt Zeit für Hobbys und Freizeit?

N: Ja, die Prüfungen im Sommer bedeuten schon, dass ich sehr viel lernen muss. Aber es bleibt doch noch etwas Zeit für meine Hobbys. Wenn man nämlich nur den ganzen Tag paukt und nichts anderes macht, ist das auch nicht gut.

Int.: Also, was machst du denn so in deiner Freizeit?

N: Obwohl ich Taschengeld bekomme, habe ich beschlossen, noch etwas Geld dazu zu verdienen, damit ich nächstes Jahr, wenn ich auf die Uni gehe, genug Geld habe. Deshalb arbeite ich jeden Samstag in einem Restaurant hier in der Stadt.

Int.: Wie sind deine Arbeitszeiten?

N.: Zwischen 12 Uhr und 14 Uhr servieren wir Mittagessen. Dann habe ich frei bis 17 Uhr und am Abend arbeite ich dann bis 23 Uhr. Da ist man anschließend ganz schön geschafft.

Int.: Und macht die Arbeit Spaß?

N.: Ja, ich finde meinen Job total gut, besonders weil man so viele verschiedene Leute kennen lernt. Manchmal kann ich sogar meine Englischkenntnisse anwenden, da wir öfter Gäste aus England oder Amerika haben. Ich hoffe auch, während der Sommerferien zu arbeiten, bevor ich mit meinen Freunden in Ferien fahre.

Int.: Und Hobbys? Hast du auch Zeit dafür?

N.: Eigentlich nicht besonders viel. Ich lese sehr gern, besonders als Entspannung, sobald ich meine Schularbeiten gemacht habe. Ansonsten gehe ich gern einkaufen, mit einer Freundin oder so, besonders im Schlussverkauf. Und samstags spiele ich ganz gern Tennis, um fit zu bleiben.

Int.: Vielen Dank, Nicki und viel Glück fürs Abitur.

Interview 2

Int.: Und jetzt zu dir, Markus. Du bist siebzehn, stimmt das? Wie sieht das bei dir aus? Hast du Zeit für Hobbys oder hast du zu viele Hausaufgaben?

M.: Ich habe zwar Hausaufgaben, aber ich finde es wichtig, dass man auch Interessen außerhalb der Schule hat. Also, sobald ich von der Schule nach Hause komme, muss ich zuerst mein Mittagessen kochen, weil meine Mutter arbeitet und erst abends um fünf Uhr nach Hause kommt. Während ich esse, höre ich Musik und dann schaue ich, ob etwas Interessantes im Fernsehen kommt. Meistens aber läuft nichts und ich setze mich an den Computer. „Bundesliga Manager" finde ich nicht schlecht, obwohl ich mich eigentlich nicht so sehr für Fußball interessiere.

Int.: Interessierst du dich überhaupt für Sport?

M.: Ja, sehr, aber am liebsten Wintersport, wie Skifahren und Snowboarding. Das ist echt cool.

Int.: Und am Wochenende? Hast du einen Samstagsjob?

M.: Also, meine Jobs sind saisonbedingt. Im Winter bin ich Skilehrer. Das macht echt Spaß, besonders natürlich, weil ich selbst so gern Ski fahre. Im Sommer helfe ich unserem Bademeister im Freibad. Ich habe letztes Jahr meinen Rettungsschwimmer gemacht, damit ich dazu qualifiziert bin. Das ist auch ein toller Job, finde ich, man kommt kostenlos ins Schwimmbad und wird dafür noch bezahlt.

Int.: Du bist ja ganz schön aktiv. Dann weiterhin viel Vergnügen.

3b Students listen to the interview with Nicki again and match the sentence halves.

Answers:
a 4 **b** 3 **c** 2 **d** 5 **e** 1

3c Students listen to the interview with Markus again and do the true/false activity to test listening comprehension.

Answers:
a F *(zuerst kocht er sein Mittagessen)*
b R
c F *(er interessiert sich eigentlich nicht so sehr für Fußball)*
d F *(letztes Jahr hat er seinen Rettungsschwimmmer gemacht)*
e R

4 Students practise the vocabulary they have learnt by interviewing their partner about preferred leisure activities.

5 Students write an account of what they do in their free time. This could be a homework activity.

A 12 **Extra!** Students complete the activities on *Arbeitsblatt* 12.

Grammatik

A Students pick out subordinating clauses at the beginning of the sentences in the texts on page 38.

Answers:
Ruth: *Damit ich nicht immer so laute Musik höre, haben mir meine Eltern einen CD-Walkman gekauft.*
Anne: *Also, wenn das Wetter schön warm und sonnig ist, fahre ich meistens mit dem Rad zu meiner Freundin.*
Philipp: *Obwohl ich nicht alle Asterix-Comics habe, habe ich alle gelesen.*
The verbs are at the end of the subordinate clause and then immediately following the comma.

B Students practise forming sentences from subordinate clauses.

Answers:
a 3 **b** 4 **c** 1 **d** 2

C Students select subordinating conjunctions to link the clauses.

Possible answers:
a *obwohl* **b** *Wenn* **c** *Wenn/nachdem* **d** *Nachdem*
e *wenn*

Sport: gestern und heute
Materials
◆ Students' Book pages 40–41
◆ Cassette 1 side 2 CD 1

1a Students match the photos to the appropriate sport from the list.

Answers:
1 b/k **2** e **3** g **4** d **5** h **6** c

1b Students divide the sports listed into modern and traditional sports.

2a Students tell a partner which of the listed sports they have tried.

2b A whole-class activity to brainstorm reasons for doing sport.

3a Students read the information about sport today.

3b Students match the appropriate heading to each text.

Answers:
a 1 **b** 4 **c** 5 **d** 2 **e** 3 **f** 6

4a Students match the summaries to the appropriate text.

Answers:
a 4 **b** 1 **c** 6 **d** 3 **e** 5 **f** 2

4b Students find the ending for each sentence from the texts on page 42.

Possible answers:

a *muss man zwischen rund 136–272 Euro pro Monat bezahlen*

b *ist Basketball die beliebteste Sportart unter Jugendlichen*

c *ist eine der zehn Top-Sportarten*

d *macht mehr Umsatz als die Chemieindustrie und die Bauwirtschaft zusammen / bietet für 4,9 Millionen Menschen einen Arbeitsplatz*

e *rund 1564 Euro für die Freizeitgestaltung ausgab, gab man im Osten rund 1270 Euro aus*

f *sollte man ganz einfach Fußball spielen / braucht man sich weder eine teure, moderne Sportausrüstung kaufen noch einem Verein beitreten*

5a Students listen to the cassette and find the right words to fill the gaps. The following is a list of vocabulary that would be useful to go through with students before they listen to the cassette.

die Konkurrenz – competition
das Gesprächsthema – topic of conversation
das Ergebnis – result
die Haltung – attitude
der Wettkampf – contest, competition, challenge
die Lebenseinstellung – here: life-style
der Zweck – purpose
teilnehmen an – to take part in
etwas aufgeben – to give up something
unter sich bleiben – to keep themselves to themselves

Answers:

a *keine* **b** *zehn Prozent* **c** *Protesthaltung* **d** *große Medieninteresse* **e** *Spaß, Action*

---

p 41, activity 5

Bedeuten moderne Trendsportarten das Ende des traditionellen Vereinssports?
    Ungefähr die Hälfte aller Sporttreibenden in Deutschland sind in Vereinen oder Sportclubs organisiert. Die Konkurrenz: Individualsportarten von Paragliding bis Inline-Skating. Doch um echte Konkurrenz geht es eigentlich nicht, denn nur ungefähr

---

zehn Prozent aller Sporttreibenden nehmen aktiv daran teil.
    Es handelt sich bei diesen Trendsportarten eher um ein Gesprächsthema als um tatsächliche Freizeitbeschäftigung. Sie laufen parallel zu dem traditionellen Mannschafts- oder Vereinssport. Junge Leute interessieren sich für diese neuen Sportarten, geben aber nicht unbedingt ihre alten auf.
    Trendsportarten sind das Ergebnis einer Protesthaltung gegenüber der Industrie, also der kommerziellen Vermarktung. Auch wollen die Trendsetter nicht bei internationalen und nationalen Wettkämpfen teilnehmen. Trendsportarten wollen kein Massensport werden. Snowboarder, zum Beispiel, lieben das große Medieninteresse gar nicht. Sie wollen unter sich bleiben, und eine gewisse Atmosphäre, ihre eigene Lebenseinstellung und Mode behalten. Aus diesem Grund wollen die Snowboarder, dass ihr Sport eine olympische Disziplin wird.
    Zweck der Trendsportarten im Vergleich zu traditionellen Sportarten ist nicht Fitness und Wettkampf, sondern Spaß, Thrill und Action, Sport also als eine Möglichkeit, an unsere Grenzen zu stoßen. Und wie sah der Fun-Sport Boom in Deutschland aus?
    1993 gab es Bungeejumping, 1994 Inline-Skating, 1995 war Beach Volleyball im Trend und 1996 Kangoo-Jumping. Man wird sehen, welche neuen Sportarten das 21. Jahrhundert bringen wird.

5b A true/false activity to test listening comprehension.

Answers:

a F *(ungefähr die Hälfte aller Sporttreibenden sind in Vereinen organisiert)*

b F *(Junge Leute interessieren sich für diese neuen Sportarten, geben aber nicht unbedingt ihre alten auf.)*

c R

d F *(Trendsportarten wollen ihre gewisse Atmosphäre und Mode behalten)*

e F *(Zweck der Trendsportarten ist Fitness und Wettbewerb)*

6 Students listen and make notes, using the questions in the grid as a guide. Useful vocabulary to go through with students first:
das Übergewicht – excess weight, overweight
vernachlässigen – to neglect

Answers:

Daniela: *Warum? für die Karriere, um sich gesünder zu fühlen und sich körperlich fit zu halten; Was halten Sie von Sport? unbedingt nötig im modernen Leben*

Florian: *Warum? um „in" zu sein; Was halten Sie von Sport? echt cool*

Jens: *Warum? schöne Landschaft, teure Ausrüstung; Was halten Sie von Sport? das Prestige gefällt ihm*

<table>
<tr><td colspan="2" align="right">p 41, activity 6</td></tr>
</table>

	Warum treiben Sie Sport? Was halten Sie von Sport?
Int.:	Wir haben einige junge Deutsche zu diesem Thema befragt: Daniela meint.
Daniela:	Übergewicht und eine schlechte Figur sind heute schlecht für die Karriere. Ich möchte Karriere machen und darf daher meinen Körper nicht vernachlässigen. Ich fühle mich auch viel gesünder, wenn ich fit bin. Die Manager von meiner Firma, zum Beispiel, treffen sich im Fitnesscenter zu Besprechungen, nicht in Restaurants. Wer sich nicht körperlich fit hält, hat keine Chance in modernen Firmen oder Geschäften. Sport ist unbedingt nötig im modernen Leben.
Int.:	Florian, der Trendsetter:
Florian:	Ich finde Trendsportarten echt cool. Deshalb hatte ich als Erster in unserer Straße ein Mountainbike. Auf meinen Inlinern war ich schneller als jedes Fahrrad. Das Geld für die neuen Kangoo-Skates hat mir mein Bruder geliehen. Ich gebe mein ganzes Taschengeld für Fun-Sport aus, „in" sein ist für mich alles.
Int.:	Bei Jens geht es mehr um das Prestige:
Jens:	Golf ist der Sport für mich: schöne Landschaft, teure Ausrüstung, anschließend einen Drink in einer exquisiten Bar mit Freunden. Hier kann man nur Mitglied werden, wenn man ein paar zehntausend Mark auf den Tisch legen kann. Andere Sportarten wie Segeln oder Reiten haben auch ein gewisses Prestige. Das gefällt mir.

7a Students practise the ideas and vocabulary they have learnt by summing up the pros and cons of new and traditional sports.

7b Students practise expressing their opinions with a partner.

8a Further practice in the form of an interview.

8b Students sum up their ideas in a written report. This could be a homework activity.

Extra! Students prepare notes about their favourite sport and then use them to take part in a class discussion.

Urlaubstrends

Grammar focus
◆ Relative pronouns

Materials
◆ Students' Book pages 42–43

◆ Cassette 1 side 2 CD 1
◆ *Arbeitsblatt* 13
◆ Grammar Workbook pages 34–35

1   Each student writes their own list of preferred holiday destinations. The teacher sums up the results from the whole class and students practise using phrases from the *Tipp* box to compare the results.

2a   Students read the text about where the Germans go on holiday.

2b   Students pick out the relevant figures from the text.

Answers:
a 13   **b** 9   **c** 8   **d** 7   **e** 5

3a   Students re-read the text and make notes to answer the questions.

Answers:
a *das verlockende Angebot, die günstigeren Preise, der Mangel an Sonnenschein in Deutschland*
b *Ruhe, gute Luft, Wellen und Meer*
c *Senioren: Skandinavien; kinderlose Ehepaare: Israel, Kenia, Hongkong; Familien mit Geld und Kindern: die Malediven; Singles: die Karibik, die Dominikanische Republik, Südafrika; die 14- bis 17-Jährigen: Kalifornien, Australien, Neuseeland; 18- bis 24-Jährige: die Südsee, Thailand, China, Japan*

3b   A true/false activity to test reading comprehension.

Answers:
a F *(Die Deutschen, die Urlaub im Ausland machen, planen meistens schon in Januar)*
b R
c R
d F *(Beliebteste Auslandsferienziele sind Spanien, die Balearen und die Kanarischen Inseln)*
e F *(Das Alter spielt auch eine Rolle bei der Wahl des Ferienziels)*
f F *(Kinderlose Ehepaare interessieren sich für Israel, Kenia oder Hongkong)*
g F *(Singles wählen die Karibik, die Dominikanische Republik und Südafrika als Ferienziel)*

 **4**   Students listen and make notes.

Answers:
Ehepaar Mayer: *ländliche Idylle; 3 Wochen; weg von Verkehr und Hektik, mehr Zeit, Gastlichkeit; Waldau im Schwarzwald*
Familie Klein: *Familienurlaub; 2 Wochen; Platz zum Spielen ohne Verkehr, Tiere, Ruhe, bessere Luft, kein Auto nötig; Bauernhof*
Birgit: *Singles; 3 Wochen; Sonne und Meer, fernöstliche Kultur; exotische Urlaubsziele*
Holger: *Kurz- oder Aktiv-Urlaub; eine Woche; vielseitig, bleibt fit, lernt nette Leute kennen; Atlantik*

p 43, activity 4

Int.:	Die Mayers: 40 Mal Ferien in Waldau Auch in diesem Jahr ist es der Neustädter Ortsteil Waldau, der die treusten Feriengäste in der Gegend vorzeigen kann. Herr und Frau Mayer, Sie machen schon seit 40 Jahren Urlaub im Schwarzwald. Was bringt Sie immer wieder zurück in den Schwarzwald?
Frau M.:	Ich liebe einfach die ländliche Idylle, weg von Verkehr und Hektik des Alltags. Die Leute haben hier mehr Zeit und dann hat es einfach mit der Gastlichkeit zu tun, für die die Gegend bekannt ist. Alle sind so freundlich, man fühlt sich einfach wohl.
Herr M.:	Selbst Bürgermeister Schmitt, der meiner Frau und mir einen Blumenstrauß überreichte, freute sich darüber, dass wir unsere „besten drei Wochen des Jahres" immer in Waldau bei der Familie Winterhalter verbringen. Die freundliche Unterkunft im Haus, die gute Luft und die vielen Wandermöglichkeiten sind es, die mich immer wieder in den Schwarzwald ziehen.
Int.:	Und als Dank überreichte ihnen der Bürgermeister außer den Blumen auch ein Geschenk, das die Mayers an ihre Ferien in Waldau erinnern soll. Eine Urkunde mit den Wünschen, dass sie noch oft bei der Familie Winterhalter Ferien machen werden, bekamen sie auch. Und wo werden Sie nächstes Jahr Ihre Ferien verbringen?
Die Mayers:	Natürlich hier in Waldau im Schwarzwald!
Int.:	Die Kleins – Familienurlaub auf dem Bauernhof. Nun begrüße ich die Familie Klein. Wo machen Sie normalerweise Urlaub?
Herr K.:	Wir haben zwei kleine Kinder, Uli ist vier und Simone sechs Jahre alt. Wir wählen unser Urlaubsziel so, dass die Kinder auch Spaß haben. Sie brauchen Platz, wo sie spielen können, ohne Angst vor Autos und Verkehr.
Frau K.:	Ja, und deshalb haben wir uns für Ferien auf dem Bauernhof entschieden. Die Kinder können dem Bauer zuschauen und manchmal ein bisschen helfen, zum Beispiel beim Hühnerfüttern. Unsere Kinder genießen das. Wir wohnen nämlich in einer Stadt in einer Dreizimmerwohnung im 3. Stock und da können sie nicht so frei spielen. Und die Tiere auf dem Bauernhof faszinieren die beiden Kleinen.
Herr K.:	Aber auch meiner Frau und mir gefällt der Urlaub auf dem Lande. Ich genieße die Ruhe, keine Hektik, kein Handy – zwei herrliche Wochen!
Frau K.:	Das stimmt und die Luft hier ist auch viel besser als in der Stadt. Vom Bauernhof aus kann man schöne Spaziergänge machen. Man braucht das Auto überhaupt nicht. Das finde ich toll.
Int.:	Birgit und Holger – Urlaub für Singles Birgit Engels und Holger Schwarz, Sie sind beide nicht verheiratet, also beide Singles. Ist es manchmal nicht schwer, allein in Urlaub zu fahren?
Birgit:	Nee, finde ich nicht. Es gibt da wirklich gute Angebote und Möglichkeiten. Ich gehe immer mit einer Reise-Organisation. Die haben eine große Auswahl an Reisen für 20- bis 30-Jährige. Ich interessiere mich für exotische Urlaubsziele. Ich liebe die Sonne und das Meer, aber auch die fernöstliche Kultur. Meistens buche ich zwei Wochen Strandurlaub und danach eine Woche Kultur und Sehenswürdigkeiten.
Int.:	Herr Schwarz, wie ist das bei Ihnen?
Holger:	Ja, also ein Problem ist das wirklich nicht. Ich buche auch immer bei einer Reise-Organisation für junge Leute, aber interessiere mich mehr für einen Kurz-Urlaub oder Aktiv-Urlaub. Da gibt es immer so viel zu tun. Das Programm ist vielseitig und man bleibt fit. Letzten Sommer war ich eine Woche segeln am Atlantik. Es war einmalig. Ich habe sehr viele nette Leute kennen gelernt. Meistens fahre ich nur eine Woche in Urlaub, denn ich mache auch gern noch eine Woche Ferien zu Hause.

Grammatik

A Students pick out the relative clauses.

Answers:

Die Deutschen, die Urlaub im Ausland machen; die Kanarischen Inseln, wo insgesamt 13% ihren Urlaub verbringen; die Deutschen, die dennoch ihre Ferien im Inland verbringen; das, was sie sich erträumen; Singles, die keine Geldprobleme haben.

B Students translate the relative clauses.

Answers:

The Germans who holiday abroad; the Canary Isles, where a total of 13% spend their holidays; the Germans who holiday within the country; what they dream of; singles, who have no money problems.

C Students re-listen to the interview with the Mayers and pick out the relative pronouns to fill the gaps.

Answers:

a *der* **b** *die* **c** *der* **d** *die* **e** *das*

5 Students write about their preferred holiday destinations. This could be a homework activity.

6 Students choose a holiday from the list and put forward reasons to convince their partner to come with them.

 Extra Students complete the listening activities on *Arbeitsblatt* 13.

Kultur-Szene

Grammar focus
◆ Indefinite pronouns

Materials
◆ Students' Book pages 44–45
◆ Cassette 1 side 2 CD 1
◆ *Arbeitsblatt* 14
◆ Grammar Workbook page 37

1 Students decide which category each word fits into. This could lead to a class discussion since some items (*Filme*) could fit into more than one category.

2a Students read what the teenagers say about culture.

2b Students find the appropriate German equivalents in the text.

Answers:

a *Berlin bietet für jeden etwas*
b *wenn es um Kultur geht*
c *was mir an Berlin so gut gefällt*
d *mein Geschmack ist das nicht so*
e *es kommt darauf an*
f *auf … steh' ich nicht so sehr*
g *zu anstrengend*
h *bodenständig*
i *die Stimmung ist spitze*
j *total doof finden*

2c Students re-read the text and make notes about what each teenager regards as culture.

Answers:

Gabi: *experimentelles Theater und Filme der Avantgarde, Literatur, Kunst, Musik und Jazz aus aller Welt.*
Thomas: *Komödien, Unterhaltungsfilme, Stadtfest – Musik zum Tanz und zur Unterhaltung.*
Karina: *Goethe, Klassische Musik, Schauspiele (Brecht), Oper.*

 3a Students listen and note down the events.

Answers:

eine Ausstellung über zeitgenössische Internationale Kunst, eine Ausstellung mit Gemälden und Werken von Monet, Klee, Kandinsky und Rodin, die musikalische Aufführung im deutschen Nationaltheater: „ein deutsches Requiem" von Johannes Brahms, ein Openairkonzert mit dem London Philharmonic Youth Orchestra – „Last Night of the Proms", Künstler aus dem In- und Ausland gestalteten ihren Garten

---

p 45, activity 3

Weimar – Kulturstadt Europas 1999
Wie Sie wissen, war Weimar die europäische Kulturstadt 1999.

1999 war auch das Jahr des 250. Geburtstags von Johann Wolfgang von Goethe und die Stadt feierte mit mehr als 300 Veranstaltungen. Es gab ein Programm, das für jeden etwas bot.

Für Kunstliebhaber gab es im neuen Museum Weimar eine Ausstellung über zeitgenössische Internationale Kunst. Diese Ausstellung ist ganzjährig geöffnet.

Auch im Schlossmuseum wurde Kunst geboten mit Gemälden und Werken von Monet, Klee, Kandinsky und Rodin. Man konnte diese Ausstellung vom 9. Mai bis zum 1. August sehen.

Einer der Höhepunkte des Programms war die musikalische Aufführung im deutschen Nationaltheater: „ein deutsches Requiem" von Johannes Brahms. Es war ein wunderbares Konzert für Musikfreunde.

Nichts fehlte in diesem Programm, denn das London Philharmonic Youth Orchestra trug zu der internationalen Atmosphäre bei mit „Last Night of the Proms". Es war ein Openairkonzert, also unter freiem Himmel. Die Sonne schien und niemand wurde nass!

Insgesamt war das Programm sehr vielseitig und keiner wurde enttäuscht.

Selbst für Gartenfreunde gab es etwas zu sehen: Künstler aus dem In- und Ausland gestalteten ihre Gärten.

3b A true/false activity to test listening comprehension.

Answers:

a F *(ein Programm, das für jeden etwas bot)*
b F *(man konnte die Austellung vom 9. Mai bis zum 1. August sehen)*
c R
d F *(nichts fehlte in diesem Programm)*
e F *(die Sonne schien, niemand wurde nass)*
f R

4a Students list cultural events or places where they live.

4b Students plan a cultural weekend with a partner, making use of the help given.

5 Students write a summary of cultural events and places in their own area, using expressions from the texts on page 44. This could be a homework activity.

A 14 **Extra!** Students do the activities on *Arbeitsblatt* 14.

Grammatik

A Students translate the sentences to test their comprehension of indefinite pronouns.

Answers:

a *We/They had not expected so many visitors.*
b *Somebody showed me the picture in the paper.*
c *No one has read the new book yet.*
d *But one of us must read it.*
e *Nobody likes the new underground cinema.*

B Students select the appropriate pronoun.

Answers:

a *Jeder* **b** *keiner* **c** *man* **d** *Man* **e** *jemanden*
f *jeden*

C Students practise writing sentences with indefinite pronouns.

Answers:

a *Jeder findet etwas zu tun oder zu sehen.*
b *Niemand hat das neue Film gesehen.*
c *Benjamin Lebert schreibt für jeden.*
d *Es gab nichts für Kinder.*

D Further practice with indefinite pronouns.

Zur Auswahl

Skill focus

◆ Understand and interpret statistics
◆ Pronounce long and short vowels accurately

Materials

◆ Students' Book page 46
◆ Solo Cassette side 1

1a A revision activity where students use the points given to write a summary of what Germans do in their free time. This could be a homework activity.

1b Students use the points given to write about German holiday trends. Referring to the *Tipp* box will help them use statistics to make comparisons. This could be a homework activity.

2 Students discuss with a partner the differences between what Germans and the English do in their free time and holidays.

S 🔘 3 Students listen and pick out the missing information.

Answers:
a 1 63% **2** 25% **3** 25%
b 1 *Spanien* **2** *Italien*
c 1 *mehr als* 12% **2** 7.5%
d *die Niederländer*

---

p 46, activity 3

„Urlaubseuropameister" sind die Niederländer und die Skandinavier. Rund 60 Prozent von ihnen haben vor, in diesem Jahr in die Ferien zu fahren.

Bei der Wahl ihres Ziellandes folgen die Europäer dem Duft nach Meer, Wellen und Strand und natürlich der Sonne. Für Ferien am Meer entscheiden sich 63 Prozent der Befragten. Die Berge und Städte mit je 25 Prozent sind auch beliebte Reiseziele.

Auch in Deutschland steht das Meer als Urlaubsziel an erster Stelle. Besonders gern fahren die Deutschen nach Spanien und Italien. Umgekehrt scheinen diese Länder ferien in Deutschland zu wollen. Hotels und Ferienzentren sprachen davon. Hotels und Ferienzentren, dass sich die Zahl der Übernachtungen von Spaniern um mehr als 12 Prozent und die Zahl der Übernachtungen von italienischen Urlaubern um 7,5 Prozent erhöhte. Die Niederlande blieben jedoch der wichtigste Markt für die deutsche Tourismusindustrie.

S 🔘 4a Students practise pronouncing long and short vowels.

---

p 46, activity 4a

Prater, mag, Straße, Abend, sagen
hallo, etwas, Geschmack, Tanz, Stadt
Meer, Berlin, sehr, jedes, modern
Brecht, essen, echt, Welt, fest
mir, bietet, hier, Musik, Spiel

gibt, sich, immer, finden, Wirkung
Oper, oder, Prost, so, wohne
komme, Schloss, Zerbrochene besonders, Onkel
Literatur, Fuß, Humor, Jugendliche, zu
Kunst, Fluss, Kumpels, muss, Mutter

S 🔘 4b Students try to say the listed words from the unit and then they listen to the correct pronunciation.

---

p46, activity 4b

Radfahren, Thema, Geburtstag, schon, Erholung, Nation, Urlaub, Lieblingsschloss, Rummel, Besucher, Sonnenstrahl, Strecke, Fitness.

Answers for Copymasters

Arbeitsblatt 12

1a *diese Marktlücke beheben; sich begeistern für; beheben; was Mädchen besonders anspricht; Websites entwickeln; Konkurrenz machen; einen augenzwinkernden Blick*

1b *ständig; austauschen; abschrecken; Kontakte schliessen; plaudern*

2 **a** *mit gewaltfreien, interaktiven Spielen*
   b *Kommunikation*   **c** *Programmieren*   **d** *Know-How*
   e *wirft einen augenzwinkernden Blick auf die Welt der Mädchenzeitschriften (mit einer Foto-Love-Story)*

3 **a** *dass*   **b** *weil*   **c** *obwohl*   **d** *während*   **e** *wenn*

Arbeitsblatt 13

> See recording for page 43 activity 1 for transcript.

1 **a** *nicht erwähnt*   **b** *R*   **c** *F (der Bürgermeister gab ihnen eine Urkunde)*   **d** *nicht erwähnt*

2 *zwei, Spaß, Verkehr, dritten Stock, frei, Tiere, Ruhe, Spaziergänge*

3 **a** *Auswahl*   **b** *ungewöhnliche*   **c** *fernöstliche*   **d** *halben*
   e *Fitness*

Arbeitsblatt 14

1 **a** *der Grund dafür*   **b** *seine Beziehung zu den Werken von Schriftstellern*   **c** *diesmal war es auch bei den anderen so*
   d *einen Anstieg um*   **e** *auf der Strecke*   **f** *durch die Geschwindigkeit*

2 **a** *C*   **b** *A*   **c** *C*   **d** *C*   **e** *C*   **f** *C*   **g** *A*

3 **a** *ein Schriftsteller / Dichter*
   b *wegen seines 50. Geburtstag*
   c *die verschiedene Aspekte seiner Persönlichkeit — Goethe der Europäer, seine Beziehung zu den Werken von Schriftstllern verschiedener Nationen, Goethe der Pazifist*
   d *einen Anstieg um 76 000 Besucher*
   e *es gibt nur Beton un graue Wände zu sehen*
   f *das erste U-Bahn Kino*

Gesundes Leben Einheit 4

Unit objectives

By the end of this unit students will be able to:

- Talk about healthcare in Germany
- Compare different lifestyles
- Give their opinion on what constitutes a healthy lifestyle
- Discuss the consequences of drug-taking
- Debate whether smoking in public should be banned

Grammar

- Use adverbs
- Use comparatives and superlatives
- Use the imperfect tense
- Use synonyms and antonyms

Skills

- Structure a debate
- Pronounce vowels with umlauts accurately

page 47

1a A quiz for each student to explore their own attitude to food.

1b Students add up the number of As, Bs and Cs they have scored and read the key.

Gesundheit und Fitness

Grammar focus

- adverbs

Materials

- Students' Book pages 48–49
- Cassette 1 side 2 CD 2
- *Arbeitsblatt* 15
- Grammar Workbook page 27

1 A whole-class activity where students guess what the letters stand for and discuss what services health insurance companies offer.

Answers:
AOK = Allgemeine Ortskrankenkasse, DAK = Deutsche Angestellten Krankenkasse, PbeaKK = Postbeamtenkrankenkasse

2a Students listen to find the answers.

Answers:
a *Sie war Fremdsprachenassistentin.*
b *krank werden oder zum Zahnarzt müssen*

c *ganz starke Halsschmerzen*
d *Sie rief eine andere englische Assistentin an.*
e *einen so genannten E111-Schein*
f *nichts*
g *einen Hals-Nasen-Ohrenarzt, einen Dermatologen, einen Augenarzt*

CD2.1

p 48, activity 2

Jessica:
Ich heiße Jessica Long, und ich war letztes Jahr Fremdsprachenassistentin an der Marienschule in Saarbrücken im Saarland. Nur nicht krank werden oder zum Zahnarzt müssen, hoffte ich. Doch dann ist es passiert. Eines Morgens wachte ich auf und hatte ganz starke Halsschmerzen. Ich konnte kaum schlucken! In meiner Angst rief ich eine andere englische Assistentin an. „Wenn man in Deutschland auf Urlaub ist, oder wie wir hier ein Jahr verbringen, ist krank sein kein Problem", sagte sie. „Du hast doch einen E111, oder?"

Also, keine Panik! Was man aber wirklich braucht, ist ein so genannter E111-Schein. Vor meinem ersten Arztbesuch bin ich dann einfach zu der örtlichen Krankenkasse, das ist also die ortsansässige AOK, gegangen. Dort habe ich einen Krankenschein für den entsprechenden Arzt erhalten. Der Arzt, oder vielmehr die Sprechstundenhilfe, bekommt dann den Krankenschein und ich bekomme meine Behandlung. Die Kosten regelt die AOK mit dem NHS direkt. Die ärztliche Behandlung ist kostenlos.

Was in Deutschland ganz anders als in England ist, sind die vielen verschiedenen Fachärzte. In gewöhnlichen Krankheitsfällen geht man zu einem Hausarzt. Für spezifische Probleme wie Ohrenschmerzen, Hautausschläge oder so etwas muss man zu dem entsprechenden Facharzt gehen, also einem Hals-Nasen-Ohrenarzt, einem Dermatologen, einem Augenarzt und so weiter. Wie gesagt: ganz einfach. Übrigens sind in Deutschland knapp 90% der Bevölkerung in der gesetzlichen Krankenversicherung versichert.

2b Students will probably need to listen to the cassette again to find the missing words.

Answers:
a *einen E111-Schein*   **b** *einen Krankenschein*   **c** *dem Arzt*
d *ärztliche Behandlung*   **e** *Hausarzt, Facharzt*
f *gesetzlichen Krankenversicherung*

3a Students read the advert.

3b Students find the German equivalents from the advert.

Answers: **a** *abgespannt*   **b** *wir empfehlen*   **c** *Badezusatz*
d *eine erfahrene Ärztin*   **e** *wir stehen gern zu Ihrer Verfügung*
f *Beratung*   **g** *termingeplagten Alltag*

4   Students listen to the pros and cons of going to the
Wellness-Center. Students then compare their lists and
express their own opinions in a whole-class discussion.
The *Hilfe* section on page 54 lists ways to express opinions.

Possible answers:

a *wieder fit werden; Alternativmedizin; Tests und
Trainingseinheiten; Entspannung in der Dampfsauna und im
Pool; kosmetische Beratung; termingeplagte Tage vergessen;
gesunde Delikatessen; gut für die Seele*

5a   Students guess the translations of the listed words as
preparation for activity 5b.

Answers: **a** *clenched fists*   **b** *frown*   **c** *insomnia*
d *craving*   **e** *treatment*   **f** *circulation*   **g** *to digest food*

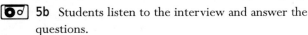 **5b**   Students listen to the interview and answer the
questions.

Answers:

a *geballte Fäuste, häufiges Stirnrunzeln, Appetitlosigkeit, ein
starkes Verlangen nach Anregungsmitteln wie Schokolade oder
Zigaretten, nachts die Zähne zusammenbeißen, Schlaflosigkeit*

b *Spazierengehen, Radfahren, Schwimmen*

c *vor dem Schlafengehen alle Muskeln im Körper entspannen,
Spaziergänge in der Natur, ein duftendes Bad mit
aromatischen Ölen*

---

p 49, activity 5b

Int.:   Frau Dr. Ritter, Sie sind Expertin für Stress und
die so genannte Managerkrankheit. Viele
Menschen merken oft nicht, dass sie gestresst
sind. Was sind Ihrer Meinung nach die ersten
Anzeichen von Stress?

Dr. R.:   Ja, es ist äußerst wichtig, dass man die
Symptome erkennt. So sind zum Beispiel
geballte Fäuste oder häufiges Stirnrunzeln
Anzeichen, ebenso wie Appetitlosigkeit oder ein
starkes Verlangen nach Anregungsmitteln wie
Schokolade oder Zigaretten. Menschen, die
besonders nachts die Zähne zusammenbeißen
oder an Schlaflosigkeit leiden, stehen auch oft
unter Stress.

Int.:   Gibt es einfache Dinge, die man tun kann, um
Stress im Alltagsleben abzubauen? Oder
empfehlen Sie nur eine Behandlung im
Therapie-Center?

Dr. R.:   Ein Aufenthalt in einem Wellness-Center ist
natürlich besonders intensiv und wirkungsvoll.
Aber jeder kann sehr gut auch zu Hause mit
dem Stressabbau beginnen. Spazierengehen,
Radfahren, Schwimmen regelmäßig gemacht, ist
gesund und fördert die Durchblutung. Der

Blutdruck normalisiert sich und das Essen wird
besser verdaut.

Int.:   Was können Sie gegen Schlaflosigkeit
empfehlen?

Dr. R.:   Vor dem Schlafengehen sollte man systematisch
alle Muskeln im Körper entspannen. Beginnen
Sie mit den Zehen und gehen Sie allmählich
nach oben bis zur Nase. Außerdem entspannen
Spaziergänge in der Natur oder ein duftendes
Bad mit aromatischen Ölen.

---

6   Students use the advert and the notes they have made
from the listening passages to discuss with a partner how
to recognise stress and measures to reduce stress.

Grammatik

A   Students locate the adverbs listed and provide the
translations.

Answers:

a *daily*   **b** *at once, immediately*   **c** *gradually*
d *just under, not quite*

B   Students find out where the adverbs come in the
sentences.

Answer: after the verb

C   Students practise writing sentences including adverbs.

7   Students write up the advantages of a stress-
management centre, using as many adverbs as possible.
This could be done for homework.

A 15   **Extra!** Students read about other alternative therapies on
Arbeitsblatt 15 and then do a role-play.

Lebensstile

Grammar focus
◆ Comparative and superlative

Materials
◆ Students' Book pages 50–51
◆ Cassette 1 side 2 CD 2
◆ *Arbeitsblatt* 16
◆ Grammar Workbook page 28-29

1   Students match the words to their English
translations as preparation for reading the text.

Answers: **a** 1   **b** 6   **c** 3   **d** 5   **e** 2   **f** 4

2a   Students read about Annika's lifestyle.

2b   Students fill in the table to test their reading
comprehension.

Answers:

Tagesanfang: zirka sechs Uhr; Tagesende: halb elf; Arbeitszeiten / Hausaufgaben: morgens; Mahlzeiten / Ernährung: mehrere kleine Mahlzeiten, Salate, frisches Gemüse und Obst, frisch gepresste Fruchtsäfte; Einstellung zu Stress: steht unter Druck wegen Schularbeit; Einstellung zu Entspannung: entspannt sich regelmäßig, fühlt sich dann ausgeglichener und lernt intensiver, entspannt sich am besten mit Musik oder einem langen Bad

2c Students find the German equivalents in the text.

Answers:

a *einen höheren Notendurchschnitt … als für die meisten anderen Studienfächer*

b *ich fühle mich ausgeglichener und lerne intensiver*

c *Am besten entspanne ich mich mit Musik*

d *Fastfood kann ich nicht ausstehen*

3 A true/false activity to further test reading comprehension.

Answers: a R **b** R **c** R **d** F *(sie entpannt sich regelmäßig)* **e** R

4a Students guess the English meanings of the words listed as preparation for activity 4b.

Answers: a *food* **b** *well-balanced* **c** *diet* **d** *relaxed* **e** *cultivation* **f** *harmful chemicals* **g** *full, adequate, nourishing* **h** *food*

4b Students listen to the interview and fill in the table.

Answers:

Marika: *sich entspannen: meditieren; warum Bioprodukte? sie enthalten keine chemischen Schadstoffe und schmecken einfach besser; warum Vegetarier? man weiß heute nie, was die Tiere als Nahrung bekommen, Hormone oder so; Beruf: Künstlerin; warum? kreativer und flexibler als viele andere Jobs*

Silvio: *sich entspannen: Yogaübungen; warum Bioprodukte? eine ausgewogene Ernährung mit Vitaminen und Mineralstoffen ist ebenso wichtig wie ein ausgeglichenes Leben ohne Stress; warum Vegetarier? moralische Gründe, man sollte Tiere nicht töten, um sie als Nahrungsmittel zu verwenden; Beruf: arbeitet in einem Kindergarten; warum? arbeitet lieber mit Kindern als mit Erwachsenen. Die Arbeitsatmosphäre ist lockerer und entspannter.*

---

p 50, activity 4b

Moderator: Marika und Silvio, beide 19, haben sich für einen alternativen Lebensstil entschieden.

Silvio: Wir wohnen mit drei anderen Jugendlichen in einer Wohngemeinschaft in München. Wir teilen uns die Mietkosten, die Kosten für die Lebensmittel und kochen gemeinsam. Für uns ist eine ausgewogene Ernährung mit Vitaminen und

---

Mineralstoffen ebenso wichtig wie ein ausgeglichenes Leben ohne Stress.

Marika: Ich bin Künstlerin und organisiere auch Workshops für Jugendliche und Erwachsene. Die Arbeit macht mir Spaß, weil es kreativer und flexibler als viele andere Jobs ist. Silvio arbeitet in einem Kindergarten.

Silvio: Ich arbeite lieber mit Kindern als mit Erwachsenen. Die Arbeitsatmosphäre ist lockerer und entspannter. Das ist für mich wichtiger, als viel Geld zu verdienen. Abends nach der Arbeit mache ich meine Yogaübungen. So bleibe ich ausgeglichen und fit.

Marika: Ich mache nicht jeden Abend Yoga, aber ich meditiere regelmäßig. Da für alle in unserer Wohngemeinschaft eine gesunde Ernährung wichtig ist, kaufen wir nur Nahrungsmittel aus ökologischem Anbau. Sie enthalten keine chemischen Schadstoffe und schmecken einfach besser. Natürlich sind sie teurer als Lebensmittel aus dem Supermarkt. Außerdem sind wir Vegetarier. Man braucht meiner Meinung nach kein Fleisch, um sich vollwertig zu ernähren. Man weiß heute nie, was die Tiere als Nahrung bekommen, Hormone oder so.

Silvio: Bei mir spielen moralische Gründe auch eine Rolle. Man sollte Tiere nicht töten, um sie als Nahrungsmittel zu verwenden. Es gibt genug Alternativen wie zum Beispiel Sojaprodukte.

Tipp

1 Students find antonyms in Annika's text.

Answers:

a *stressig* **b** *höhere* **c** *gesund* **d** *regelmäßig*

2 Students find synonyms in the text.

Answers:

a *Fastfood* **b** *zirka* **c** *Bioladen* **d** *normalerweise* **e** *Stress*

5a Students compare the opinions of Annika, Marika and Silvio by making notes under the given headings.

5b Students use comparatives and superlatives to describe the three teenagers' opinions. The *Hilfe* shows them how to express opinions. This could be done in pairs, as a whole-class activity or even written for homework.

6 Students write about their own lifestyle, using as many superlatives and comparatives as possible. This could be done for homework.

Grammatik

A   Students pick out the comparatives and superlatives from the text.

Answers:
comparatives: *besser, höher, älter, ausgeglichener, intensiver, mehr*   **superlatives:** *die meisten, am besten*

B   Students pick an appropriate adjective and put it into the superlative or comparative.

Answers: **a** *besser*   **b** *am besten*   **c** *kreativer*
d *wichtiger*   **e** *lockerer, entspannter*   **f** *teurer*

 Extra! Students do the listening and writing activities on *Arbeitsblatt 16.*

A 16

Drogen – warum?

Grammar focus
◆ the imperfect

Materials
◆ Students' Book pages 52–53
◆ Cassette 1 side 2 CD 2
◆ Grammar Workbook pages 54–55

1   A whole-class activity to discuss the different types of drugs.

Possible answers: *Haschisch – Schokolade – Tee – Ecstasy – Kokain – Kaffee – Schnaps – Bier – Tabak – Heroin – Wein – Morphin – Aspirin – Amphetamine*

2   Students match the German words to their English equivalents as preparation for activity 3a.

Answers:
quatschen / to chat, echt / really, tote Hose / dead boring, sich etwas trauen / to dare to do something, Kumpel / mate, sich voll laufen lassen / to get drunk, unreif / immature, Abhängigkeit / dependence, Abschreckung / deterrent, spritzen / to inject, Zeug / stuff, Eindruck / impression

3a   Students read the three texts.

3b   Students fill in the table to summarise the contents of the three texts.

Answers:
Anja: *Droge: Zigaretten; wo: im Jugendclub; warum: weil sie nicht blöd aussehen wollte; wie gefühlt: nicht gesagt; Wirkung: sie hat das Rauchen nie richtig angefangen, aber ihre Freundin ist total abhängig*
Michael: *Droge: Alkohol; wo: bei Partys; warum: einfach tote Hose ohne Alkohol; wie gefühlt: gut, entspannt, traut sich Mädchen anzuquatschen; Wirkung: Abhängigkeit*

Fabian [eigentlich sein Freund Martin]: *Droge: Heroin; wo: in einer Disko, bei einer Party; warum: ein Typ hat ihn überredet, einen Joint mitzurauchen; wie gefühlt: total wohl, Probleme vergessen; Wirkung: Abhängigkeit*

4a   A true/false activity to test reading comprehension.

Answers:
a F *(ihre Freundin ist heute Kettenraucherin)*   **b** R   **c** R
d F *(er trinkt nicht zu viel)*   **e** R   **f** F *(er hatte schon mit Drogen experimenherf)*

4b   Students find synonyms in the texts.

Answers:
a *wir quatschten*
b *man will akzeptiert werden*
c *Kettenraucherin*
d *eine Party ohne Alkohol ist tote Hose*
e *du traust dich ein Mädchen anzuquatschen*
f *man hat sich voll laufen lassen*
g *unreif*
h *Abschreckung*
i *man kann nicht von dem Zeug loskommen / Drogenabhängige*

5   Students listen to the interview with the drugs counsellor and put the symptons a–g into the appropriate category.

Answers:
Rauchen: e; *übermäßiger Alkoholgenuss:* a, c, f; *Drogenmissbrauch:* g, b, d

	p 53, activity 5
Reporter:	Frau Dr. Müller, Sie sind Beraterin hier in dieser Beratungsstelle für Drogenabhängige. Für welche Abhängigkeiten sind Sie zuständig?
Dr. M.:	Zu uns kommen Leute mit verschiedenen Problemen. Wir beraten also nicht nur Leute, die von harten Drogen abhängig sind, sondern auch solche, die vielleicht Probleme mit Alkohol haben oder das Rauchen aufgeben wollen.
Reporter:	Es wird ja sehr viel über die Auswirkungen von allen möglichen Drogen gesprochen. Könnten Sie vielleicht die häufigsten Auswirkungen hier für unsere Zuhörer zu Hause kurz erläutern?
Dr. M.:	Ja, natürlich. Ich möchte dabei zuerst auf die Auswirkungen von Alkoholabhängigkeit eingehen. Die ersten Anzeichen oder Symptome sind meistens eine gewisse Reizbarkeit, eine Unsicherheit. Man versucht das Problem zu vertuschen, wenn man merkt, dass man z.B. einen ganzen Morgen in der

Schule nicht mehr aushalten kann, ohne irgendwo einen Schluck Alkohol zu trinken. Die späteren Auswirkungen sind dann Appetitlosigkeit, die Haut im Gesicht rötet sich und schließlich wird die Leber krank.

Reporter: Und wie sieht das bei Benutzern von harten Drogen aus?

Dr. M.: Nun, die ersten Anzeichen sind oftmals ein grundloser Stimmungsumschwung, Händezittern und die Pupillen erweitern sich. Die Auswirkungen gehen von Lustlosigkeit, Konzentrationsmangel bis – bis man körperlich abgewrackt ist, wie man so sagt. Die Folgen einer Überdosis sind ja allgemein bekannt.

Reporter: Können Sie zum Schluss noch etwas zu den Folgen des Rauchens sagen?

Dr. M.: Die Auswirkungen zu starken Tabakgenusses zeigen sich zum Beispiel daran, dass sich die Zähne dunkel verfärben, die Haut wird gelblich, der Geschmackssinn verschlechtert sich und im schlimmsten Fall kann Rauchen, wie Sie ja wissen, zu Lungenkrebs führen.

Reporter: Frau Dr. Müller, herzlichen Dank für unser Gespräch.

5b Students write a summary of what the drugs counsellor said, using the bullet points as starters.

6 A role-play where students try to convince one another to stop drinking/smoking.

Grammatik

A Students pick out examples of the imperfect from the texts.

Answers:

Anja: war, rauchte, schmeckte, standen, quatschten, zog, bot, hatte, wollte

Michael: wollte, zeigte, war

Fabian: hatte, war/en, wusste, sah, konnte, gab zu, ging, blieb, enthielt, fühlte sich, erzählte

B Students practise the correct forms of the imperfect.

Answers: **a** war **b** rauchte **c** wollte **d** sah **e** rauchten **f** anfing

7 Students write an interview with a former drug addict using the imperfect. They should make use of the bullet points and the *Hilfe* on the page.

Eine Welt ohne Drogen?

Materials

◆ Students' Book pages 54–55

◆ Cassette 1 side 2 CD 2

1 A whole-class discussion on which of the items a–l are concerned with preventing drug abuse and which involve treating drug abuse.

2a Students read the information from the ministry of health.

2b Students pick out the appropriate words and phrases from the text.

Answers:

a *Strafverfolgung des kriminellen Drogenhandels*

b *Lebensstile und Arbeitsbedingungen vermeiden, die krank machen*

c *eine Beratungsstelle*

d *rauchfrei*

e *Aufklärung*

3 Students work with a partner to discuss the statements given.

 4a Students listen to the discussion and follow the transcript on page 55.

---

p 55, activity 4

Anita: Ich bin total für ein Rauchverbot. Passives Rauchen ist genauso gefährlich wie selber zu rauchen. Im Zug sind Raucher und Nichtraucher Gott sei Dank getrennt und so sollte es auch in Straßenbahnen und Bussen sein.

Tanja: Ja schon, aber ein allgemeines Rauchverbot in der Öffentlichkeit finde ich doch etwas übertrieben. Getrennte Abteile für Raucher und Nichtraucher finde ich gut.

Jens: Ich meine, es kommt darauf an. Ein Rauchverbot ist im Prinzip ziemlich undemokratisch. Wenn Raucher und Nichtraucher gegenseitig Rücksicht nehmen, braucht man kein Rauchverbot.

Stefan: Ich sehe das auf keinen Fall so. Rauchen ist doch total ungesund und macht außerdem süchtig. Ich stimme Anita zu. Passives Rauchen ist auch schädlich für die Gesundheit. Raucher sollten sich das Rauchen abgewöhnen.

Jens: Trotzdem gibt es Leute, die ihr ganzes Leben lang rauchen und keinen Lungenkrebs oder Raucherhusten bekommen. Mein Opa raucht jeden Tag seine zwei oder drei Pfeifchen, und das seit über vierzig Jahren. Also wäre Rauchverbot doch eine Beschränkung seiner Freiheit und seiner kleinen Alltagsfreuden.

Tanja: Wenn man sich an das Nikotin in Zigaretten und so gewöhnt hat, ist es gar nicht einfach aufzuhören. Und manche wollen es auch nicht. Ich habe einige Freunde, die ein ziemlich hektisches Leben führen und oft unter Stress stehen. Für sie ist es so, dass sie auf den Nikotingenuss weder verzichten können noch wollen.

> Stefan: In den meisten Büros darf man heute nicht mehr rauchen, nur in Restaurants gibt es das noch nicht. Meiner Meinung nach wäre das sehr wichtig. Ich möchte nicht von Zigarettenrauch eingequalmt werden, wenn ich essen gehe.

4b Students select which of the opinions a–f were cited in the discussion they have just listened to.

Answers: a, c, f

5a Students split into two groups: those for a ban on smoking in public and those against. In their groups they prepare their arguments.

5b Students use their notes and have a debate. Refer them to the *Tipp* box and the *Hilfe* section.

Tipp

1 Students read the debate again and answer the questions.

Answers:

a *in gewissen Abteilen im Zug, in Straßenbahnen und Bussen; in Restaurants*

b *Sie sollten gegenseitig Rücksicht nehmen.*

c *gefährlich, ungesund, süchtig, schädlich, Nichtraucher werden eingequalmt*

d *undemokratisch, etwas übertrieben, eine Beschränkung der Freiheit und der kleinen Alltagsfreuden, unter Stress kann man nicht aufgeben*

6 Students write an article about smoking at school. This could be done for homework.

Extra! Students research additional information on smoking, drugs or alcohol and produce a collage of pictures and information.

Zur Auswahl

Skill focus
◆ debating skills
◆ pronunciation of vowels with umlauts

Materials
◆ Students' Book page 56
◆ Solo Cassette side 1
◆ Arbeitsblatt 17

1 Students describe the characters illustrated.

 2a Students listen to find the words and phrases to fill the gaps.

Answers:

a *das Drogenproblem lösen will* b *mehr junge Leute zu Drogen greifen werden* c *keine Angst zu haben* d *harten Drogen, Schnaps* e *sie verboten sind*

---

p 56, activity 2

Heiko: Um das Drogenproblem zu lösen, muss man meiner Meinung nach alle Drogen legalisieren.

Anna: Also, das sehe ich auf keinen Fall so. Wenn man Drogen legalisiert, werden mehr junge Leute zu Drogen greifen.

Franjo: Das finde ich auch, da stimme ich dir total zu. Man hat keine Angst vor der Polizei oder so. Also probiert man vielleicht harte Drogen oder trinkt Schnaps mit 12 oder 13 Jahren.

Ivana: Nee, im Gegenteil. Meines Erachtens sind Drogen und natürlich auch Alkohol für viele, besonders jüngere Jugendliche attraktiver, wenn sie verboten sind. Sie wollen zeigen, dass sie gegen die Eltern oder Regeln, Gesetze und so rebellieren und ...

Heiko: Ja, genau. Sie wollen gerade das machen, was verboten ist.

Anna: Drogen zu legalisieren ist für mich keine Antwort auf das Drogenproblem. Ich bin einfach dagegen. Außerdem, finde ich, brauchen wir viel mehr Beratungsstellen, um Drogen- und Alkoholabhängigen zu helfen.

Ivana: Ja, schon. Beratung ist auf jeden Fall wichtig. Aber um den Abhängigen zu helfen, sollte man vor allem eine Therapie anbieten. Und dann brauchen diese Leute auch Hilfe bei der Reintegration in die Gesellschaft.

Franjo: Das stimmt. Meiner Ansicht nach ist es besonders wichtig, dass man denjenigen hilft, von der Sucht loszukommen, die Hilfe suchen. Sie müssen etwas Positives in ihrem Leben haben, eine interessante Arbeit, oder mit anderen zusammen in einer Wohngemeinschaft wohnen, zum Beispiel.

Heiko: Doch, ich sehe das auch so. Wenn man ein Ziel im Leben hat, dann hat man kein Interesse an Drogen mehr.

2b Students do the anagrams which are the solutions suggested on the cassette.

Answers:

a *Beratungsstellen* b *Therapie* c *Reintegration* d *Ziel im Leben*

3 Students divide into two groups for a debate: those for banning all drugs (including alcohol) and those against. They prepare their arguments, have the debate and then summarise the debate in English. Refer them to the *Hilfe* section on page 54.

4a Students form the comparatives and superlatives of the five adjectives given and then listen to the answers on the cassette.

---
p 56, activity 4a

gesund – gesünder – am gesündesten
jung – jünger – am jüngsten
alt – älter – am ältesten
groß – größer – am größten
hübsch – hübscher – am hübschesten

4b Students try the tongue twister and then listen to it.

---
p 56, activity 4b

Der Mondschein schien schon schön.

Extra! Students do the additional listening activities on Arbeitsblatt 17.

Answers for Copymasters

Arbeitsblatt 15

1 a *Erkränkungen* b *von Jahr zu Jahr* c *weniger skeptisch*
d *gewöhnlich* e *Medizin* f *Heilpratiker*
g *holistische Behandlung* h *eine bedeutende Rolle*

2 a *beliebter, am beliebsten* b *aufgeschlossener, am aufgeschlossensten* c *erfolgreicher, am erfolgreichsten*
d *sicherer, am sichersten* e *bedeutender, am bedeutendsten*

3 a *Ärtze betrachten die alternative Medizin oft als Ergänzung zur traditionellen Behandlung (nicht als Ersatz).*
b *Es gibt Kügelchen, Tropfen und Crème.*
c *Versuche haben gezeigt, dass eine homoeopathische Behandlung bei gewissen Gesundheitsproblemen erfolgreicher als traditionelle Medikamente sein kann.*
d *Heilpratiker behandeln den Patienten als Ganzes.*

Arbeitsblatt 16

1 *Order of pictures:* d, f, a, e, b, c

A16, activity 1

Stellen Sie aus 500g Mehl, drei Eiern, 2 Teelöffeln Salz und 1/4 Liter Wasser einen festen, glatten Teig her. Diesen Teig schnell durch ein großlöcheriges Sieb in viel kochendes Wasser drücken. Lassen Sie die Spätzle aufkochen und gießen Sie das Wasser ab. Die Butter erhitzen und 100g Käse reiben, eine Schicht Spätzle, eine Schicht geriebenen Käse und so weiter zufügen. Geröstete Zwiebelstückchen darüber geben und sofort heiß servieren.

---

2 *500g Mehl, 3 Eier, 100g geriebener Käse, 2 Teelöffel Salz, geröstete Zwiebel, ein Viertel Liter Wasser*

4a a *Hefe mit etwas Zucker und lauwarmer Milch verrühren*
b *in der Mitte des Mehls eine Vertiefung machen*
c *warmstellen* d *wenn der Vorteig 'gegangen' ist*
e *zerlassene Butter* f *bis er Blasen zeigt* g *den Teig auswellen* h *Vierecke ausschneiden*

4b *500g Mehl, 15g Hefe, etwas Zucker, lauwarmer Milch, 50g Zucker, 1 Teelöffel Salz, ¹/₄ Liter Milch, 2 Eier, 50-80g Butter, Milch, 500g Fett*

Arbeitsblatt 17

1a 1 b 2 d 3 a 4 c

1b a *R* b *F (sie aß weniger und nahm ab)* c *R*
d *F (es geht Jutta jetzt besser und sie kann wieder essen)*

A17, activity 1a

Als ich mit elf in die Realschule kam, war ich ein ziemlich pummeliges Kind. Ich habe mich aber wohl gefühlt und meine Eltern nannten mich liebevoll „Pummelchen".

In meiner Klasse begannen dann einige Mädchen hinter meinem Rücken zu kichern. Sie lachten mich aus und nannten mich „fette Kuh". Von diesem Zeitpunkt an wollte ich dünner werden. Ich fing an, weniger zu essen. Meine Eltern machten sich Sorgen, aber ich sagte nichts. Jeden Tag schaute ich mindestens zehn Mal in den Spiegel und stellte mich auf die Waage. Obwohl ich auch abnahm und alle meine Kleider zu weit waren, sah ich mich immer noch als die „fette Kuh". In den Zeitschriften und in der Fernsehwerbung sah ich nur schlanke Mädchen. Zum Schluss konnte ich fast gar nichts mehr essen, ich hatte keine Energie mehr und konnte auch nicht mehr in die Schule gehen. Meine Eltern brachten mich zu einer Ärztin, die lange mit mir redete und dann eine Therapie und Medikamente vorschlug. Jetzt bin ich dreizehn und wiege 25 kg. Aber es geht mir schon besser. Ich kann wieder alleine laufen und habe durch die Therapie eine neue Freundin gefunden.

2a *50 000, 2,5, 33, drei, vier*

2b a *Kondome benutzen, sterile Nadeln verwenden*
b *ganz normalen Körperkontakt wie Händeschütteln oder Umarmungen und Küsse*

In einigen afrikanischen Ländern ist Aids bereits die häufigste Todesursache. Weltweit sind bereits mehr als 2,5 Millionen Menschen daran gestorben und über 33 Millionen sind mit dem Aids-Virus infiziert. Auch in Deutschland gibt es schon über 50 000 Menschen, die an Aids erkrankt sind.

Während ursprünglich Homosexuelle als die größte Risikogruppe galten, weiß man heute, dass drei von vier Aids-Fällen aus heterosexuellen Beziehungen kommen.

Drogenabhängige, die Nadeln teilen, zählen auch zu den Risikogruppen.

Wenn man sich vor Aids schützen will, muss man Kondome benutzen und nur sterile Nadeln verwenden. Durch ganz normalen Körperkontakt wie Händeschütteln oder Umarmungen und Küsse kann man sich nicht anstecken.

Wiederholung Einheit 3–4

1a Students carry out a survey of favourite holiday destinations and then describe their results. Refer them to the *Tipp* box on page 43 which gives help with statistics.

1b Students write a report comparing the results of their own survey with the results of the survey on page 42. (20 marks)

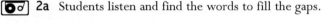 **2a** Students listen and find the words to fill the gaps.

Answers:

a *Architekten* **b** *Buchdorf* **c** *Kunstschätze* **d** *Künstler* (1 mark each)

---

p 57, activity 2

Ausstellungskalender
Unser kulturelles Angebot im Juni/Juli umfasst unter anderem:

Eine Ausstellung über Architekten als Designer. Sie findet im Kunstgewerbemuseum der Stadt Berlin statt und ist geöffnet bis 28. Juni.

Bücher: jeder, der sich für alte Bücher interessiert, findet in Sachsen-Anhalt genau das Richtige. In Sachsen-Anhalt liegt Deutschlands erstes Buchdorf. Andere Buchdörfer gibt es auch in Wales, Frankreich und Belgien. Auf diese literarische Weise möchte man Sachsen-Anhalt für Touristen interessant machen.

Kunst und Kultur der Karolingerzeit. In dieser großen Schau zeigt die Stadt Paderborn ab 23. Juli Kunstschätze aus europäischen Museen. Einer dieser Gegenstände ist der Sarkophag Karls des Großen.

Pop-Art: das Kölner Museum Ludwig zeigt eine einmalige Retrospektive des Werks von Pop-Artist Robert Rauschenberg. Rauschenberg, der 1925 in Texas geboren wurde, ist einer der bekanntesten Künstler der Gegenwart.

2b Students listen again and answer the questions.

Answers:

a *In Berlin* (1 mark)
b *in Wales, Frankreich und Belgien* (3 marks)
c *In Paderborn* (1 mark)
d *In Köln* (1 mark)

3a Students read the advert.

3b Students choose the four sentences which best reflect the content of the advert.

Answers:
a, e, f, h (1 mark for each sentence correctly listed or omitted, total 8)

4 Students work in pairs and use appropriate arguments to convince their partner to become a vegetarian. Pages 50–51 of the unit contain the vocabulary the students will need for this.

5a Students revise the effects of different drugs by filling in the answers. The information and vocabulary needed for this are on pages 52–53.

Answers:
Alkohol: *Wirkung: 2 from: man fühlt sich gut; mehr entspannt; der Stress geht weg; man traut sich, Mädchen anzuquatschen. Folgen: 2 from: Reizbarkeit; Unsicherheit; man versucht, seine Probleme zu vertuschen; rotes Gesicht; Leberkrankheit; Abhängigkeit*
Zigaretten: *Wirkung: man wird akzeptiert, man sieht cool aus. Folgen: 2 from: gelbliche Haut; kein Geschmackssinn; Abhängigkeit (Kettenrauchen)*
Drogen: *Wirkung: man fühlt sich total wohl, alle Probleme sind vergessen. Folgen: 2 from: erweiterte Pupillen; Händezittern; Lustlosigkeit; Konzentrationsmangel; Stimmungsumschwung* (12 marks)

5b Students write down five ways of helping people with drug addiction. Pages 54–55 have the information they need.

Answers:
Beratungsstellen, gemeinsames Leben in einer Wohngemeinschaft, eine sinnvolle Beschäftigung, ein Entziehungskurs, Therapie, ein positives Selbstwertgefühl (10 marks)

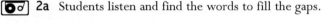 **6** Students listen and find the words to fill in the gaps.

Answers:
a *ihre Unabhängigkeit*
b *verantwortlich*
c *die Hausaufgaben machen*
d *Naturkost / frisches Gemüse und Getreideprodukte aus dem Bioladen*
e *selbst* (5 marks)

p 58, activity 6

Lisa
Hallo, ich bin die Lisa. Ich bin seit Oktober Studentin im ersten Semester an der Uni Freiburg. Und ich muss sagen, es macht echt Spaß. Am meisten genieße ich meine Unabhängigkeit. Niemand sagt: „Jetzt mach endlich dein Bett!" oder „Hast du deine Hausaufgaben schon gemacht?" Ich finde es besser, wenn man selbst für diese Dinge verantwortlich ist. Zu viel Freiheit ist natürlich auch nicht ideal. Ich gehe zum Beispiel lieber mit Freundinnen einkaufen, als in die Uni-Bibliothek. Wenn man das aber jeden Tag macht, wird der Druck größer und das kann zu Stress führen. Die Folge ist genauso negativ wie zu viel oder übermäßiges Pauken.

Ich studiere am effektivsten am späten Nachmittag und zwischen neun Uhr abends und Mitternacht. Als ich noch zu Hause wohnte, musste ich mich gleich nach der Schule an die Hausaufgaben setzen. Das war für mich unangenehmer.

Wie sich mein Lebensstil sonst noch verändert hat? Also, ich esse jetzt viel gesünder. Zu Hause gab es immer nur Pommes, gebackenen Fisch oder fettige Würstchen aus dem Supermarkt. Ich mag Fastfood genauso wenig wie Süßigkeiten. Ich koche gern selbst, am liebsten mit frischem Gemüse und Getreideprodukten aus dem Bioladen. Naturkost finde ich echt cool.

 7 Students listen again and choose the correct answers.

Answers: **a** 2 **b** 3 **c** 2 (3 marks)

8a Students read the text about modern-day stress.

8b Students answer the questions.

a *Man muss bereit sein, seinen ungesunden Lebensstil zu ändern.*

b *Weil es den Cholesterinspiegel reduziert und vor Herzinfarkt schützen kann.*

c *Weil man seine Tage mit mehr Aktivitäten füllt, sich aber nicht mehr Zeit dafür nimmt.*

d *Durch Entspannung, Yoga und Meditation.*

e *„Stopping" gibt praktische Ratschläge, wie man die Dinge erkennen kann, die wirklich wichtig sind.*

(2 marks each)

Kontrollen Einheit 3–4

Arbeitsblatt 42

The activities on this copymaster follow the style of the AQA Unit 1 assessment 'Young People Today'. The mark scheme is shown in brackets for each activity.

Answers

 1 a ii, b i, c iii, d iii
(Mark scheme: 4 marks)

A42, activity 1

Entspannen in der Badewanne
Für die meisten Deutschen bedeutet ein schönes, warmes Bad die beste Entspannung. Ein Tausend Bundesbürger hatte man in einer repräsentativen Umfrage befragt. Mit 71% ist der Anteil an Frauen, die sich in der Wanne entspannen, höher, als der an Männern. Der größte Teil der Badewannen-Fans genießt die Entspannung am liebsten allein. Aber immerhin steigen 31% gern zu zweit ins Bad. Das Baden darf aber nicht allzu lange dauern. Sonst ärgern sich die Partner. Es nervt nämlich ein Viertel der Befragten, wenn das Badezimmer lange Zeit blockiert ist.

Answers

2 *ergab, finden, bleibt, mag, baden, steigen*
(Mark scheme: 6 marks)

Arbeitsblatt 43

The activities on this copymaster follow the style of the AQA Unit 1 assessment 'Young People Today'. The mark scheme is shown in brackets for each activity.

Answers

1 a, b, d, e, g
(Mark scheme: 5 marks)

Answers

2 **a** *Sie schmecken total fade und sind zu teuer.*

b *Er arbeitet von Montag bis Freitag von 9 bis 5 Uhr.*

c *Er betrachtet zwei oder drei Uhr als früh.*

d *Er braucht sich nicht extra zu entspannen. Er mag Ruhe und langsam gehen.*

(Mark scheme: 20 marks. 10 marks for answering the questions correctly. 10 marks for accuracy of language.)

Arbeitsblatt 44

The activities on this copymaster follow the style of the AQA Unit 3 assessment 'People and Society'.

See the assessment criteria tables for Unit 3 provided in the AQA specification for how to allocate marks to the activities on this copymaster.

1 This activity provides an opportunity for students to practise responding to questions on a piece of stimulus material. Allow students 20 minutes to prepare answers to the prompt questions.

2 This activity provides an opportunity for students to practise the presentation aspect of this assessment unit.

3 This activity provides an opportunity for students to practise the general conversation aspect of this assessment unit.

Bildung und Ausbildung Einheit 5

Unit objectives

By the end of this unit students will be able to:

◆ Compare the British and German education systems
◆ Describe a German school career
◆ Discuss how useful exams are
◆ Summarise tips on how to prepare for exams
◆ Discuss the pros and cons of training and study
◆ Summarise the arguments for and against co-education

Grammar
◆ Use the imperative
◆ Use impersonal verbs

Skills
◆ Adapt a text
◆ Translate into English
◆ Pronounce the letter *z* and *zw* accurately

Page 59

1a The graffiti should get students thinking about their own opinions of school.

1b Students write their own graffiti.

Das deutsche Schulsystem

Grammar focus
◆ Revision of perfect tense

Materials
◆ Students' Book pages 60–61
◆ Cassette 1 side 2 CD 2
◆ *Arbeitsblatt* 18

1 A whole-class activity for students to brainstorm the differences between German and British schools which they know from GCSE.

 2 Students listen and note down the differences that the German students notice and their opinions about the differences.

Answers:

1 *Unterschied: Schuluniform; Meinung: sehr schlechte Idee (man kann seine Individualität nicht ausdrücken, unbequem)*
2 *Unterschied: Schultag; Meinung: nicht sehr gut gefallen (konnte mich/sich nachmittags überhaupt nicht konzentrieren)*

3 *Unterschied: Kantine; Meinung: tolle Idee (nicht so toll, Brote mitzunehmen)*
4 *Unterschied: nicht sitzen bleiben; Meinung: gut (deutsche Schüler haben sehr viel Stress dadurch)*
5 *Unterschied: wenig Fächer in der Oberstufe; Meinung: erstaunt (gut, dass man Fächer nicht studieren muss, die man hasst, aber die Deutschen bekommen eine bessere Allgemeinbildung)*

---

p 60, activity 2

1 Ich fand die Schuluniform eine sehr schlechte Idee. Man kann seine Individualität nicht ausdrücken und außerdem sieht sie voll unbequem aus. Ich bin froh, dass wir so was in Deutschland nicht haben.
2 Der Schultag hat mir nicht sehr gut gefallen. Ich fand es gut, dass ich morgens länger schlafen konnte, da meine Schule um 7.45 beginnt, aber ich konnte mich nachmittags überhaupt nicht konzentrieren.
3 Ich fand die Kantine eine tolle Idee. Ich bleibe oft nachmittags in der Schule, weil ich in AGs bin, und muss immer Brote mitnehmen – nicht so toll, besonders im Winter.
4 Ich fand es gut, dass britische Schüler nicht sitzen bleiben müssen. Deutsche Schüler haben dadurch sehr viel Stress.
5 Es hat mich erstaunt, dass die Briten in der Oberstufe so wenig Fächer haben. Einerseits ist es gut, weil wir immer noch Fächer lernen müssen, die wir hassen, aber andererseits bekommen wir in Deutschland bestimmt eine bessere Allgemeinbildung.

3a Students read the text which explains the German education system.

3b A matching activity to test understanding.

Answers:

a 2 **b** 7 **c** 3 **d** 5 **e** 4 **f** 6 **g** 8 **h** 1

4 A true/false activity to further test understanding.

Answers:

a F *(manche Kinder besuchen freiwillig den Kindergarten)* **b** R **c** R **d** F *(die Eltern entscheiden, auf welche Sekundarschule ihr Kind geht)* **e** R **f** F *(nach dem Gymnasium können Schüler auf die Uni gehen)* **g** R **h** F *(die Noten von allen Fächern zählen für das Abitur)* **i** R **j** R

5 Students take out the list they drew up for activity 1 and add to it the extra information the have now learnt.

A 18 **Extra!** Students complete the activities on *Arbeitsblatt* 18.

6 Students work with a partner and do a role-play. Partner A prefers the British system, while partner B prefers the German system. Refer students to the *Hilfe* on the page.

7 A written activity which practises both the information learnt about German schools and the perfect tense. Refer students to the *Tipp* box before they start this activity. This activity could be done for homework.

Spaß oder Stress?

Grammar focus
◆ the imperative

Materials
◆ Students' Book pages 62–63
◆ Cassette 1 side 2 CD 2
◆ Grammar Workbook page 66

1 A whole-class activity to brainstorm opinions about exams.

2a Students read the texts about the stress of exams and the Steiner school system. Vocabulary help is given on the page.

2b Students match the sentence halves to test their comprehension of the texts.

Answers:

a 5 **b** 7 **c** 1 **d** 2 **e** 3 **f** 8 **g** 4 **h** 6

Extra! Students imagine they have been to a Steiner school and write about their experiences.

Grammatik

A Students practise forming imperatives.

Answers:

a *Beginnen Sie rechtzeitig!*
b *Mach einen Plan!*
c *Seid realistisch!*
d *Arbeiten Sie mit anderen!*
e *Denk nicht nur an Prüfungen!*
f *Denkt positiv!*

 3 An activity to test gist comprehension. Students match the appropriate sentence a–e to each opinion in the recording.

Answers:

a 4 **b** 5 **c** 3 **d** 1 **e** 2

> **p 63, activity 3**
>
> 1 Ich finde, dass Schüler wegen Noten unter zu viel Stress stehen. Zu viele haben Angst vor dem Zeugnis am Schuljahresende.
> 2 Es gibt Wichtigeres im Leben als Noten. Klar müssen Kinder auf die Schule gehen, aber mir gefallen die Ideen der Waldorfschulen. Kinder sollen ihre Kindheit genießen können.
> 3 Natürlich sind Prüfungen sehr stressig, aber leider ist es nötig, die Leistungen des Schülers zu beurteilen, und dafür braucht man Noten.
> 4 Eine Schule ohne Noten kann die Schüler schlecht motivieren. Wenn sie keinen Druck haben, werden sie bestimmt weniger arbeiten.
> 5 Ich bin prinzipiell nicht gegen Waldorfschulen, aber heutzutage braucht jeder was Festes, wenn er sich um einen Arbeitsplatz bewirbt, und das heißt Zeugnisse mit Noten.

4 A whole-class discussion about exams, their necessity (or not) and the stress they can cause. Encourage students to cite their own experiences.

5 Students listen to the exam tips and choose the correct word from the box to fill each gap.

Answers:

a *beginnen* **b** *einteilen* **c** *realistisch* **d** *beherrschen*
e *Aktives* **f** *schreiben* **g** *bearbeiten* **h** *Wissen*
i *entspannen* **j** *ausgeruht* **k** *positiv* **l** *Erfolg*

> **p 63, activity 5**
>
> Sie sollen Ihre Vorbereitungen rechtzeitig beginnen. Es ist nützlich einen Plan zu machen, damit Sie die vorhandene Zeit gut einteilen. Sie müssen realistisch sein – es ist nicht möglich, alles zu lernen. Sie müssen entscheiden, welche Themen Sie am wenigsten beherrschen. Notizen lesen heißt nicht Lernen – es ist besser, etwas Aktives zu tun, z.B. Vokabellisten schreiben oder alte Prüfungsaufgaben bearbeiten. Es kann auch helfen, mit anderen zu arbeiten – Sie können sich gegenseitig abfragen und Ihr Wissen ergänzen. Vor allem ist es wichtig, sich zu entspannen und nicht nur an Prüfungen zu denken. Man konzentriert sich viel besser, wenn man ausgeruht ist. Und nicht vergessen – Sie müssen positiv denken. Selbstbewusstsein kann zum Erfolg viel beitragen.

6 This activity gives students practice in the new vocabulary they have learnt and in forming the imperative. This could be done for homework.

Schule ... und was dann?

Grammar focus
◆ impersonal expressions

Materials
◆ Students' Book pages 64–65
◆ Cassette 1 side 2 CD 2
◆ *Arbeitsblatt* 19
◆ Grammar Workbook page 42

1 A whole-class activity to list students' ideas about what they will do after school.

2 Students draw spider plans to show the pros and cons of the three options given.

 3 A true/false activity to test listening comprehension.

Answers:
a R **b** R **c** F *(er muss zuerst zur Bundeswehr)* **d** F *(er würde gern in einem Büro arbeiten)* **e** R **f** R **g** F *(sie will an der Uni studieren)* **h** F *(sie glaubt, dass man mit einem Uni-Abschluss bessere Berufsaussichten hat)* **i** F *(um als Umweltforscher zu arbeiten, braucht sie einen Uni-Abschluss)*

---

p 64, activity 3

Interviewer:	Thorsten, was sind deine Pläne für die Zukunft?
Thorsten:	Ja, ich bin mir noch nicht ganz sicher ... ich wollte eigentlich nach dem Abi auf die Uni gehen, aber eigentlich habe ich gar keine Lust mehr. Das dauert so lange und kostet auch so viel Geld. Ich möchte nicht erst in zehn Jahren ins Berufsleben einsteigen. Ich verliere sowieso ein Jahr, da ich nach der Schule zuerst zur Bundeswehr muss. Ich denke eigentlich daran, eine Berufsausbildung zu machen, vielleicht als Bankkaufmann oder so. Ich war in der Schule immer gut in Mathe und würde gern in einem Büro arbeiten. Oder vielleicht werde ich irgendetwas mit Computern machen.
Interviewer:	Glaubst du nicht, dass es besser ist, einen Uni-Abschluss zu haben?
Thorsten:	Das kommt darauf an. Wenn man Arzt oder so etwas werden will, dann muss man natürlich auf die Uni, aber das ist nichts für mich. Als Bankkaufmann kann ich ziemlich gut verdienen und außerdem muss ich nicht mit 30 Jahren beginnen, die ganzen Studiumsschulden zurückzuzahlen. Auf so was habe ich gar keine Lust.
Interviewer:	Und Susi, was wirst du machen?

Susi:	Ich interessiere mich vor allem für Umweltschutz und mache nach dem Abitur ein freiwilliges ökologisches Jahr beim Naturschutzbund. Ich möchte ein Jahr Pause machen und auch neue Erfahrungen sammeln. Dann werde ich Biologie oder Ökologie an der Uni studieren.
Interviewer:	Die Kosten und die lange Studiendauer schrecken dich also nicht davon ab?
Susi:	Nein, eigentlich nicht, weil es wirklich vorteilhaft ist, ein Diplom von der Uni zu haben. Man hat in der Zukunft viel mehr Chancen, einen guten oder einen interessanten Beruf zu bekommen. Ich würde sehr gern als Umweltforscher arbeiten und dafür braucht man unbedingt einen Uni-Abschluss.

4a Students read the four texts about what four people have chosen to do after school.

4b A gap-filling activity to test comprehension of the four texts.

Answers:
a *Berufausbildung* **b** *Betrieb* **c** *das duale System* **d** *länger* **e** *kostenlos* **f** *BAföG* **g** *Fachrichtung*

 A 19 **Extra!** Students listen to two further people and do the activities on *Arbeitsblatt* 19.

5 Students use the vocabulary from the texts and *Arbeitsblatt* 19 to do a role-play about the pros and cons of vocational training and studying at university.

Extra! Students prepare a short talk about either vocational training or studying at university. Encourage them to use the help given on the page.

Grammatik

A Students practise using impersonal expressions.

Answers: **a** *Es fehlt mir an Geld.* **b** *Werde ich studieren? Es kommt darauf an, ob ich gute Noten bekomme.* **c** *Es gelingt mir, ein bisschen zu sparen.*

6 Students write a letter describing either vocational training or being a student. Refer them to the help on the page. This could be done for homework.

Zusammen oder getrennt?

Materials
◆ Students' Book pages 66–67
◆ Cassette 1 side 2 CD 2
◆ *Arbeitsblatt* 20

1   A whole-class activity to brainstorm occupations or subjects which are still dominated by men or women.

2a   Students read the text about segregated education (women on their own). Refer students to the vocabulary listed on the page.

2b   Students choose words or phrases from the text with the same meaning.

Answers: **a** *getrennte Schulen*   **b** *besser abschneiden*
c *wenig zu Wort kommen*   **d** *unterstützen*

3   Students choose the correct word to go in each gap.

Answers: **a** *genauso viele*   **b** *positiv*   **c** *bessere*
d *halten Frauen davon ab*   **e** *mehr*   **f** *für*

4   Students listen and make notes about Britta's experiences at a girls' school and a mixed school.

Answers:
Warum: Mädchenschule: diese war eben bei ihr in der Nähe; gemischte Schule: ihre Eltern sind umgezogen
Vorteile: Mädchenschule: die Klassengemeinschaft war sehr eng; auch kann man sich in der Schule nur aufs Lernen konzentrieren; gemischte Schule: es ist normaler, Jungen als Kumpels zu haben, als nur Kontakt zu Mädchen zu haben, eine bessere Vorbereitung aufs Leben
Nachteile: Mädchenschule: kannte fast keine Jungen und hatte auch fast Angst vor Jungen; gemischte Schule: die Jungen haben im Unterricht mehr gestört und sie trauen sich schon mehr, im Unterricht etwas zu sagen

---

p 67, activity 4

Interviewer: Also, Britta, du warst zuerst in einer reinen Mädchenschule und dann in einer gemischten Schule, nicht wahr?

Britta: Ja, ich bin nach der Grundschule auf ein Mädchengymnasium gekommen. Es gibt nicht mehr so viele getrennte Schulen in Deutschland, aber diese war eben bei mir in der Nähe und hatte einen sehr guten Ruf. So haben meine Eltern mich dorthin geschickt, aber eher weil es praktisch war als aus irgendwelchen ideologischen Gründen.

Interviewer: Und hat es dir dort gefallen?

Britta: Ja, ich hatte dort sehr viele Freundinnen und die Klassengemeinschaft war sehr eng. Mit Jungen in der Klasse gibt es eine andere Atmosphäre.

Interviewer: Und wieso bist du auf eine gemischte Schule gekommen?

Britta: Meine Eltern sind umgezogen, als ich in der 10. Klasse war, und ich bin halt auf eine neue Schule gegangen und das war eben eine gemischte Schule.

Interviewer: Und wie hast du diese Schule gefunden?

Britta: Ich muss sagen, ich finde es schon besser, wenn Jungen und Mädchen zusammen in einer Klasse sind. Sie lernen besser miteinander umzugehen. Als ich in der Mädchenschule war, kannte ich fast keine Jungen und ich hatte auch fast Angst vor Jungen. Jetzt habe ich eben viele Jungen als Kumpels und ich finde das halt normaler als nur Kontakt zu Mädchen zu haben.

Interviewer: Und wie ist es im Unterricht?

Britta: Naja, es stimmt schon, dass die Jungen mehr Aufmerksamkeit bekommen. Als wir jünger waren, haben sie im Unterricht mehr gestört und sie trauen sich schon mehr, im Unterricht etwas zu sagen. Es ist natürlich nicht immer der Fall, aber in der Regel stimmt es schon.

Interviewer: Studien haben bewiesen, dass Mädchen in getrennten Schulen mehr Fortschritte machen. Glaubst du auch, dass das stimmt?

Britta: Ja, das kann ich schon glauben. Auch kann man sich in der Schule nur aufs Lernen konzentrieren. Wenn man Liebeskummer hat oder so, ist das in der Schule kein Thema, weil der Freund eben nicht da ist, aber die Schule soll uns aufs Leben vorbereiten und deshalb finde ich es besser, in einer gemischten Schule zu sein.

5   Students translate the last paragraph of the text on page 66. Go through the *Tipp* section with them first.

Suggested answer:
In the USA women's universities have a very good reputation. Students from these colleges, for example Hillary Clinton, are twice as successful as other female graduates. In Wilhelmshaven the women's course is still an experiment, but industry is showing great interest. Firms such as Volkswagen and Telekom want to support the students. Since in industry 'typically feminine' characteristics such as sensitivity, teamwork and the ability to listen are increasingly often sought after.

6   A whole-class debate about the pros and cons of mixed schooling. Refer students to the *Tipp* section on page 55 and also to the text on page 66 and activity 3 on page 67.

A 20   Extra! *Arbeitsblatt 20* gives students practice in reading and memorising longer and more sophisticated texts.

7   Students write a letter expressing their opinion about the women-only education in Wilhelmshaven. Refer them to the help on the page.

Zur Auswahl

Skill focus
◆ pronunciation of *z* and *zw*

Materials
◆ Students' Book page 68
◆ Solo cassette side 1

S[cassette] 1a Students listen and repeat the words.

	p 68, activity 1a
zusammen	zwischen
Zeit	zwölf
fortsetzen	gezwungen
sitzen	zwanzig

S[cassette] 1b Students try the tongue twister and then listen to it.

> p 68, activity 1b
>
> Zwanzig Zwillinge sitzen zusammen zwischen zwei zischenden Schlangen.

2a/2b Students either write a letter expressing their opinion about single sex schools or compare the German and British schooling systems.

3a Students prepare a radio programme about student life. They make notes and then use them to do a role-play.

3b Students record their dialogue.

S[cassette] 4 Students listen to the interview and answer the questions

Answers:

a *ein Austauschprogramm für Studenten* **b** *180 000 Studenten pro Jahr nehmen an dem Programm teil.* **c** *er möchte in Zukunft bei einer internationalen Firma arbeiten* **d** *es war eine gute Möglichkeit, mal ins Ausland zu kommen und etwas Neues zu erleben* **e** *man ist weit weg von zu Hause und kennt niemanden* **f** *er hat ein Zimmer in einem Studentenwohnheim bekommen* **g** *ERASMUS-Studenten müssen die üblichen Studiengebühren nicht bezahlen.* **h** *er hat Auslands-BAföG erhalten*

---

p 68, activity 4

Interviewerin:	Also Jens, du studierst zur Zeit in England, nicht wahr? Wie hast du das organisiert?
Jens:	Ja, ich bin durch das ERASMUS-Programm nach England gekommen und zwar an die Universität in Leeds.

Interviewerin:	Was ist das ERASMUS-Programm?
Jens:	Das ist ein Austauschprogramm für Studenten. Es wird von der Europäischen Union organisiert und es ermöglicht Studenten aus allen europäischen Ländern, eben einige Zeit in einem anderen Land zu verbringen.
Interviewerin:	Und machen das viele Studenten?
Jens:	Ja schon, ich glaube ungefähr 180 000 Studenten pro Jahr nehmen an dem Programm teil.
Interviewerin:	Und warum wolltest du das machen?
Jens:	Erstens wollte ich meine Englischkenntnisse verbessern. Ich studiere Betriebswirtschaft und möchte in der Zukunft bei einer internationalen Firma arbeiten, wo es wichtig sein wird, gute Englischkenntnisse zu haben. Auch war es eben eine gute Möglichkeit, mal ins Ausland zu kommen und etwas Neues zu erleben.
Interviewerin:	Und war es bis jetzt eine gute Erfahrung?
Jens:	Ja, sehr gut. Die Stadt Leeds selbst gefällt mir sehr, auch habe ich das Glück gehabt, ein Zimmer in einem Studentenwohnheim zu bekommen. So konnte ich ziemlich schnell Leute kennen lernen. Ich glaube, dass das für viele ausländische Studenten das größte Problem ist: man ist weit weg von zu Hause und kennt niemanden, aber ich habe mich wegen dieses Platzes im Wohnheim sehr schnell eingelebt.
Interviewerin:	Und wie läuft es finanziell ab?
Jens:	ERASMUS-Studenten müssen die üblichen Studiengebühren nicht bezahlen. In Deutschland gibt es natürlich keine Gebühren, aber die gibt es schon seit ein paar Jahren hier in England und es ist toll, dass ich davon befreit werde. Von ERASMUS bekomme ich nichts für meine Lebenshaltungskosten, aber ich habe Auslands-BAföG erhalten und das reicht.
Interviewerin:	Schön. Das war also für dich die richtige Entscheidung, nach England zu kommen?
Jens:	Auf jeden Fall. Ich habe nicht nur meine Englischkenntnisse verbessert, dieses Semester hat mir auch persönlich viel gebracht. Ich würde es jedem empfehlen.

Answers for Copymasters

Arbeitsblatt 18

3 *Belastung, belasten, lästig; Vergleich, vergleichen, vergleichbar; Nötigung, benötigen, nötig; Miete, mieten, zu vermieten; Kosten, kosten, kostbar; Lösung, lösen, lösbar; Dauer, dauern, dauernd*

4 a *die finanzielle Belastung nicht in jeder Stadt gleich hoch ist*
  b *Studenten in München zahlen doppelt so viel Geld für die
    Miete OR weil die Lebenskosten in München höher als in
    Oldenburg sind*
  c *Miete*
  d *weil er nicht genug für alle Lebenskosten ist*
  e *sie arbeiten / suchen einen Job*
  f *Studenten haben weniger Zeit zu Studieren*

Arbeitsblatt 19

 1 a *Realschule*
  b *weil seine Noten nicht sehr gut waren*
  c *er hatte einen Samstagsjob in einem Hotel*
  d *er arbeitet gern mit anderen Leuten zusammen und will
    etwas Praktisches lernen*
  e *Einstell und Bestellwesen, Finanzbuchhaltung und
    Personalverwaltung*
  f *an der Rezeption, in Restaurant, in der Wäscherei*
  g *weil viele ausländische Touristen nach Oberaummergau
    kommen*
  h *er will in einem großen interntionalen Hotel arbeiten*

A19, activity 1

Presenter: Stefan ging nach Abschluss der Realschule
auf das Gymnasium. Dort waren seine
Noten aber nicht sehr gut und er verließ die
Schule ein Jahr vor dem Abitur. Sein
Samstagsjob in einem Hotel in seiner
Heimatstadt Oberammergau hatte ihm aber
seinen künftigen Beruf gezeigt und es ist
ihm gelungen einen Ausbildungsplatz als
Hotelkaufmann zu bekommen.

Stefan: Ich arbeite gern mit anderen Leuten
zusammen und ich wollte einfach etwas
Praktisches lernen. Dieser ist also der
richtige Beruf für mich.

Presenter: In der Berufsschule lernt Stefan alle
Bereiche eines kaufmännischen Betriebes,
zum Beispiel Einkauf und Bestellwesen,
Finanzbuchhaltung und Personalverwaltung.
Im Hotel sitzt er aber nicht nur im Büro.

Stefan: Ich sollte Einblick in alle Bereiche des Hotels
gewinnen und habe an der Rezeption und im
Restaurant gearbeitet und habe sogar ein
paar Tage in der Wäscherei verbracht!

Presenter: Da die Berufsschule allgemein bildet, kann
Stefan auch seine Sprachkenntnisse
weiterpflegen.

Stefan: Wegen des Passionsspiels kommen sehr viele
ausländische Touristen nach Oberammergau,
es ist also wichtig für mich, dass ich gut
Englisch kann. Ich möchte in einem großen
internationalen Hotel arbeiten, vielleicht in
München oder sogar Berlin – es kommt
darauf an, wo ich einen Arbeitsplatz finde.

Answers:

2 a *seit drei Semestern*
  b *ein bißchen verloren*
  c *es ist keine Großstadt und man kriegt schnell den
    Überblick*
  d *man sollte gut organisiert sein, sich schnell entscheidet
    welche Seminare man belegen will and soll immer zu den
    richtigen Vorlesungen gehen*
  e *weil es teuer ist / aus finanziellen Gründen*
  f *sie hat einen Job*
  g *10 Semester (und 2 Jahre Referendarszeit aufs Lehramt)*
  h *sie bekommt eine gute Ausbildung und es macht ihr Spaß*

A19, activity 2

Presenter: Anja ist jetzt im dritten Semester ihres
Studiums an der Universität in Tübingen
und hat sich gut eingelebt.

Anja: Es ist sehr anders als die Schule. Ich habe
mich am Anfang ein bißchen verloren
gefühlt. Aber Tübingen ist keine Großstadt
wie Berlin oder so ... hier kriegt man schnell
den Überblick. Ich studiere Englisch und
Germanistik als Hauptfächer; Wichtig ist,
dass man sich gut organisiert und sich
schnell entscheidet, welche Seminare man
belegen will, und dass man immer zu den
richtigen Vorlesungen geht. Ich will aus
finanziellen Gründen mein Studium so
schnell wie möglich fertigmachen. So darf
ich keine Zeit verschwenden.

Presenter: Der Studienplatz selber ist frei, aber Anja
muss noch ihre Lebenskosten finanzieren.
Wie viele Studenten jobbt sie nebenbei, um
nicht nur vom BAföG leben zu müssen. Sie
rechnet mit einer Studiendauer von 10
Semestern, aber da sie aufs Lehramt
studiert, kommen die zwei Jahre lange
Referendarzeit dazu.

Anja: Ich weiß, dass ich erst mit 29 oder 30
finanziell unabhängig sein werde und dann
werde ich einen Haufen Schulden haben. Es
fehlt mir an Geld aber wir sind alle in
derselben Lage. Ich bereue es nicht, dass
ich an die Uni gekommen bin. Ich bekomme
eine gute Ausbildung und außerdem macht
es hier echt Spaß.

Answers:

3 a *Als* **b** *weil* **c** *Da* **d** *weil* **e** *sodass* **f** *weil*

Arbeitsblatt 20

Answers

The text on page 66 of the Students' Book shows the
correct order of text.

Die Arbeitswelt Einheit 6

Unit objectives

By the end of this unit, students will be able to:

◆ Research and deliver a presentation on a chosen career
◆ Write a job application
◆ Prepare for a job interview
◆ Discuss equality in the workplace
◆ Discuss whether mothers should go out to work
◆ Discuss possible future careers

Grammar

◆ Use the future tense
◆ Use prepositions accurately
◆ Use conjunctions to form longer sentences

Skills

◆ Write a formal letter
◆ Structure an effective oral presentation
◆ Pronounce *pf* accurately

Page 69

1   The photos are cues for students to discuss their job aspirations and then to discuss the jobs depicted on the page.

Was soll ich werden?

Grammar focus

◆ future tense

Materials

◆ Students' Book pages 70–71
◆ Cassette 1 side 2 CD 2
◆ Grammar Workbook page 57

1   Students order the list of reasons for choosing jobs according to their own priorities and then the teacher draws together the results and compares students' lists.

 2a Students listen and note down which jobs the teenagers plan to do and the reasons for their choices. Point out the vocabulary listed on the page.

Answers:
Sybille: Beruf: Fernsehproduzentin; Gründe: abwechslungsreich, spannend, interessante Leute kennenlernen, kreativ
Gerd: Beruf: Krankenpfleger; Gründe: Zivildienst hat Spaß gemacht, würde gern anderen Leuten helfen und was Nützliches machen.

Kirsten: Beruf: Lehrerin; Gründe: arbeitet gern mit Kindern, guter Lebensstandard, Respekt
Sebastian: Beruf: Staatsanwalt; Gründe: interessant, verdient gut, gute Aufstiegschancen, viel Verantwortung
Carina: Beruf: Stewardess; Gründe: reist gern, interessante Länder besuchen, Vergünstigungen, kontaktfreudig, arbeitet gern mit anderen Leuten zusammen

	p 70, activity 2a
Interviewer:	Sybille, was sind Ihre Pläne für die Zukunft?
Sybille:	Ich möchte in den Medien arbeiten.
Interviewer:	Als Journalistin?
Sybille:	Nee, ich würde lieber irgendwas mit dem Fernsehen machen, vielleicht als Produzentin oder so.
Interviewer:	Und warum interessieren Sie sich dafür?
Sybille:	Ich stelle es mir sehr abwechslungsreich und spannend vor. Man macht immer was Neues. Auch kann man viele interessante Leute kennen lernen und es ist ziemlich kreativ. Das ist sehr wichtig für mich. Ich möchte keine Routinearbeit machen – ich würde mich zu Tode langweilen.
Interviewer:	Und Gerd, haben Sie sich für einen Beruf entschieden?
Gerd:	Ja, ich möchte Krankenpfleger werden.
Interviewer:	Und warum?
Gerd:	Ich habe meinen Zivildienst in einem Krankenhaus gemacht und es hat voll Spaß gemacht. Ich würde gern anderen Leuten helfen und irgendwas Nützliches machen.
Interviewer:	Und Kirsten, was werden Sie machen?
Kirsten:	Ich werde zuerst auf die Uni gehen und Deutsch und Sport aufs Lehramt studieren.
Interviewer:	Sie werden also Lehrerin. Warum haben Sie diesen Beruf gewählt?
Kirsten:	Ich arbeite gern mit Kindern und ich glaube auch, dass Lehrer einen sehr guten Lebensstandard haben – lange Ferien und so. In Deutschland ist der Lehrerberuf auch gut angesehen. Es ist wichtig, dass ich Respekt bekomme.
Interviewer:	Und Sebastian, was werden Sie machen?
Sebastian:	Ich werde Jura an der Uni studieren, um dann später Staatsanwalt zu werden.
Interviewer:	Warum wollen Sie das machen?
Sebastian:	Also, ich stelle es mir recht interessant vor, obwohl es natürlich sehr stressig sein kann. Man verdient auch gut und hat gute

Aufstiegschancen. Man hat natürlich sehr viel Verantwortung, aber das ist für mich eigentlich ein Vorteil.

Interviewer: Und Carina, was werden Sie machen?

Carina: Ich würde sehr gern als Stewardess arbeiten.

Interviewer: Und warum?

Carina: Ich reise sehr gern und ich hätte die Möglichkeit, interessante Länder zu besuchen. Die Vergünstigungen für eine Stewardess sind prima, da kann man auch privat billiger fliegen. Ich bin auch sehr kontaktfreudig und ich arbeite gern mit anderen Leuten zusammen. Ich glaube also, dass der Job gut zu mir passen würde.

2b Students match the sentence halves to test their listening comprehension.

Answers:

1 d   2 c   3 b   4 e   5 a

Grammatik

A Students pick four sentences in the future tense (all sentences 1–5 are in the future tense).

B Students practise conjugating *werden*.

Answers:

a *werde*   b *werden*   c *werden*   d *wirst*

C Students write sentences in the future tense describing what their classmates intend to do.

D Students translate the sentences using *werden*.

3a Students read the text about a mortuary assistant.

3b Students note down the details for Brigitta.

Answers:

Beruf: Sektionsassistentin;

Ausbildung: 1 Jahr, ½ Praktikum;

Arbeitsstunden: 7.30–16.00;

Aufgaben: Neuankömmlinge registrieren, feststellen, ob der Tod natürlich war, die Leichen wiegen und messen und die Organe untersuchen;

Berufsaussichten: Chefin; Vorteile: Medizin, aber braucht weniger Geduld;

Nachteile: es kann ein Schock sein, mit Leichen umzugehen

3c Students listen to Thomas' description of his job as a media production assistant and note down details for him.

Answers:

Beruf: Mediengestalter;

Ausbildung: drei Jahre und man braucht entweder die Fachoberschulreife oder das Abitur;

Arbeitsstunden: keine festen Arbeitszeiten;

Aufgaben: einen Drehtag organisieren, sorgen, dass genügend Kameras am Set sind, die Kosten kalkulieren und auch das Personal organisieren;

Berufsaussichten: an immer größeren Projekten arbeiten oder sich auf ein bestimmtes Gebiet zu spezialisieren;

Vorteile: spannend, die Kombination von Technik und Kreativität, macht Spaß, Stars kennen zu lernen, kann dann auch sehr gut verdienen;

Nachteile: nicht unbedingt glamourös, muss gut organisiert und flexibel sein, schwierig, einen Ausbildungsplatz zu bekommen, kann von 9 Uhr bis Mitternacht arbeiten.

p 71, activity 3c

Thomas:

Guten Morgen. Ich möchte Ihnen heute kurz die Arbeit eines Mediengestalters schildern und Ihnen ein paar Tipps geben, wie Sie am besten einen Arbeitsplatz finden, wenn Sie sich für einen solchen Beruf interessieren. Dann können Sie am Ende gerne Fragen stellen.

Als Mediengestalter bin ich für die elektronische Produktion von Werbespots, Lehrfilmen oder Musikvideos verantwortlich. Eine meiner Hauptaufgaben besteht darin, einen Drehtag zu organisieren, das heißt sorgen, dass genügend Kameras am Set sind, die Kosten kalkulieren und auch das Personal organisieren. Die Arbeit ist nicht unbedingt glamourös. Man muss sehr gut organisiert und flexibel sein, obwohl es schon recht spannend ist, an einer großen Filmproduktion zu arbeiten. Die Ausbildung dauert drei Jahre und man braucht entweder die Fachoberschulreife oder das Abitur, um einen Ausbildungsplatz zu kriegen. Jedoch ist es sehr schwierig, einen Ausbildungsplatz zu bekommen und es hilft, wenn man schon ein Praktikum gemacht hat oder sonstige Erfahrung hat. Es gibt keine festen Arbeitszeiten – ein Nachteil an dem Job ist, dass man manchmal morgens um 9 anfängt und erst um Mitternacht heimgeht. Auf der anderen Seite gefällt mir die Kombination von Technik und Kreativität und es macht auch Spaß, ab und zu ein paar Stars kennen zu lernen. Als Mediengestalter sind die Berufsaussichten gut. Man kann sich raufarbeiten, um an immer größeren Projekten zu arbeiten, oder man kann sich auf ein bestimmtes Gebiet spezialisieren, beispielsweise auf Digitalmedien. Man kann dann auch sehr gut verdienen.

Tipp

1 Students re-listen to Thomas' talk and list the themes.

Answers:

was er macht; wie er die Arbeit findet; Ausbildung; Nachteile; Vorteile

2 Students listen to pick out words and phrases.

Answers:

a *Ich möchte Ihnen … schildern / ein paar Tipps geben.*
b *das heißt*   **c** *obwohl, jedoch, auf der anderen Seite*

4 Students choose a job to research and prepare a short talk about it. To research the job, they could use the Internet or talk to relations or the careers advisor. Encourage students to use the expressions listed under *Hilfe* on page 70.

5 Students write up their talk in the form of an article. This could be done for homework.

Auf der Jobsuche

Grammar focus
◆ conjunctions

Materials
◆ Students' Book pages 72–73
◆ Cassette 2 side 1 CD 2
◆ *Arbeitsblätter* 21–23
◆ Grammar Workbook pages 74–75

1 Use the two quotes to discuss student attitudes to work – do they perceive it as something positive or negative?

2a Students read the text about unemployment. Use the vocabulary given on the page.

2b Students pick out the equivalent German words and phrases from the text.

Answers:

a *sich bewerben*   **b** *sich auf etw. freuen*
c *die Arbeitslosenquote*   **d** *die Einheit*   **e** *veraltet*
f *Perspektive*   **g** *zweifeln an*   **h** *leiden unter*

2c Students match sentence halves to test their reading comprehension.

Answers:

a 3   **b** 5   **c** 1   **d** 4   **e** 6   **f** 2   **g** 8   **h** 7

A 21 **Extra!** Students listen to the text detailing initiatives to help unemployed young people and then do the activities on *Arbeitsblatt* 21.

4 A whole-class activity to discuss what should be included in a letter of application and a CV.

A 22 **5** Students do the activities on *Arbeitsblatt* 22 and then write a letter of application based on the advert on the page.

Grammatik

A Students compare the texts and should conclude that the conjunctions in the second one make it more interesting to read.

B The grammar section on page 39 will remind students of the conjunctions they should know. Students then re-read the text on page 72 and list the conjunctions used.

Answers:

nachdem als dass denn aber wenn weil obwohl damit und

C Students practise linking the sentences with conjunctions.

6a A whole-class activity to brainstorm questions which students would expect to answer and ask at an interview.

6b Students listen and note down first all the questions and then they listen again and note down all the answers.

Answers:

Fragen: Warum wollen Sie … werden? Haben Sie schon (andere) Erfahrung gehabt? Und Sie haben jetzt das Abitur, stimmt das? Und was waren Ihre Leistungskurse? Haben Sie auch ein paar Fragen für mich? Macht man die ganze Ausbildung hier im Krankenhaus? Gibt es Weiterbildungsmöglichkeiten? Und wie viel Geld bekomme ich? Wann werden Sie mir Bescheid geben, ob ich angenommen werde?
Antworten: see tapescript

---

p 73, activity 6b

Herr Wolf: Guten Morgen, Frau Hell.

Frau Hell : Guten Morgen.

Herr Wolf: Also, danke für Ihre Bewerbung. Ich möchte zuerst fragen, warum Sie Krankenschwester werden wollen?

Frau Hell: Ich habe mich immer für Medizin interessiert und suche einen Job, wo ich anderen helfen kann. Ich habe ein Praktikum hier im Robert-Bosch-Krankenhaus gemacht und es hat wirklich Spaß gemacht. Daher habe ich mich bei Ihnen beworben.

Herr Wolf: Haben Sie schon andere Erfahrung gehabt?

Frau Hell: Ja, ich habe während der Schulzeit in einem Altenheim gearbeitet. Ich habe dort den Pflegern geholfen, beispielsweise habe ich das Essen verteilt oder aufgeräumt.

Herr Wolf: Und Sie haben jetzt das Abitur, stimmt das?

Frau Hell:	Ja, ich habe letzte Woche die Ergebnisse bekommen. Ich habe einen Schnitt von 2,2.
Herr Wolf:	Und was waren Ihre Leistungskurse?
Frau Hell:	Biologie und Chemie.
Herr Wolf:	Haben Sie auch ein paar Fragen für mich?
Frau Hell:	Ja, macht man die ganze Ausbildung hier im Krankenhaus?
Herr Wolf:	Fast. Als Auszubildende besucht man verschiedene Stationen, alle in unserem Krankenhaus. Auch wenn man Blockunterricht hat, macht man die Seminare hier.
Frau Hell:	Und gibt es Weiterbildungsmöglichkeiten?
Herr Wolf:	Ja, Sie können sich zur Stationsschwester raufarbeiten oder sich auf ein bestimmtes Gebiet spezialisieren.
Frau Hell:	Und wie viel Geld bekomme ich?
Herr Wolf:	Als Auszubildende bekommen Sie zunächst 600 DM im Monat. Sie können aber hier im Schwesternwohnheim wohnen, Sie müssen also sehr wenig für die Unterkunft zahlen.
Frau Hell:	Das ist prima. Wann werden Sie mir Bescheid geben, ob ich angenommen werde?
Herr Wolf:	Nächste Woche werden Sie einen Brief von uns bekommen.
Frau Hell:	Danke und auf Wiedersehen.
Herr Wolf:	Auf Wiedersehen.

7   Students use the questions and answers they have noted down as a basis to role-play an interview.

 Extra! Students use *Arbeitsblatt* 23 to write their own CV.

Männer- und Frauenberufe

Grammar focus
♦ prepositions

Materials
♦ Students' Book pages 74–75
♦ Cassette 2 side 1 CD 2
♦ Grammar Workbook pages 11–13

1   A whole-class activity to list jobs which are stereotypically male or female.

2a   Students read the texts about whether equality exists in the workplace.

2b   Students match the statements to the appropriate speaker.

Answers:
a *Arndt*   **b** *Thomas*   **c** *Eike*   **d** *Carsten*   **e** *Arndt*

 3   Students listen to the interviews and then complete the sentences.

Answers:
a *Ingenieurin*   **b** *akzeptiert*   **c** *Anerkennung*
d *durchzusetzen*   **e** *zu Hause bleiben würde*   **f** *Erzieher*
g *er kleine Kinder gern hat*   **h** *ein bisschen seltsam*   **i** *ein Vorbild zu haben*   **j** *unmännlich*   **k** *die Arbeit voll Spaß macht*

---

	p 74, activity 3
Interviewer:	Also Franziska, Sie arbeiten als Ingenieurin bei der Lufthansa. Wie ist es denn, in einer Männerwelt zu arbeiten?
Franziska:	Also, ich bin die einzige Frau in der Abteilung und die Männer haben mich nicht sofort akzeptiert. Ich glaube, dass sie es ein bisschen komisch fanden, eine Frau im Team zu haben. Inzwischen geht's, aber ich habe immer noch das Gefühl, dass ich um Anerkennung kämpfe, dass ich alles besser als die Männer machen muss.
Interviewer:	Haben Sie vielleicht ein paar Tipps für andere Frauen in dieser Situation?
Franziska:	Man muss lernen, sich durchzusetzen und auch nicht zu empfindlich zu sein.
Interviewer:	Sie haben jetzt zwei Kinder. War das kein Problem?
Franziska:	Einerseits nein, weil ich natürlich bestimmte Rechte habe. Ich habe Erziehungsurlaub genommen und so, aber mein Chef war ganz überrascht, dass ich wieder arbeiten wollte. Er hat gedacht, dass ich zu Hause bleiben würde.
Interviewer:	Werner, Sie arbeiten als Erzieher in einem Kindergarten. Warum haben Sie diesen Beruf gewählt?
Werner:	Tja, ich habe kleine Kinder gern und wollte mit ihnen arbeiten.
Interviewer:	Sie sind aber der einzige Mann im Kindergarten. Ist das nicht problematisch?
Werner:	Eigentlich nicht. Am Anfang haben die Frauen es ein bisschen seltsam gefunden, aber sie haben bald gesehen, dass ich viel zu bieten habe. Jungen brauchen ein Vorbild und es hilft, Stereotypen abzubauen, wenn auch ein Mann sich um Kinder kümmert. Es sind eher andere Leute, die meine Berufswahl als unmännlich betrachten.
Interviewer:	Sie bereuen Ihre Berufswahl also nicht?
Werner:	Nein, keineswegs. Die Arbeit macht voll Spaß. Es ist jeden Tag anders und man hat das Gefühl, etwas Nützliches zu tun – es ist viel besser als in einem Büro zu sitzen.

4a Students read about the challenges that working mothers face.

4b Students find the equivalent German words or phrases.

Answers:
a *verzichten auf* **b** *gesetzlich* **c** *Erziehungsurlaub*
d *in Anspruch genommen* **e** *sich leisten* **f** *Kompromisse schließen* **g** *ein schlechtes Gewissen* **h** *vorwerfen*

4c A true/false activity to test their comprehension of the text.

Answers:
a R **b** F *(Frauen haben Recht auf Erziehungsurlaub)*
c F *(Sabine wollte nicht zu Hause bleiben)* **d** R **e** R

5 Before students translate the first section of the text, go through the tips on page 67.

Suggested translation:
There are more and more well qualified women in Germany, but in most professions men still hold the top positions. This is because it is still difficult for many women to combine a career and having children. Many mothers decide to work part-time or to give up time-consuming work responsibilities in order to have more time for their family. If a woman wants to combine a career and a family, she needs the support of her partner, and this is still quite rare.

 6 Students listen and note down the opinions of the four youngest people.

Answers:
Peter: *ja, wenn die Kinder älter sind (5 oder 6 Jahre alt)*
Susannah: *ja, Teilzeit*
Elke: *ja, meine Mutter hat immer gearbeitet, ich bin selbständiger geworden*
Friedrich: *nein, sie sollen sich um die Kinder kümmern*

---

	p 75, activity 6
Moderator:	Sollen Mütter arbeiten? Wir haben vier junge Leute um ihre Meinung gefragt. Zuerst Peter.
Peter:	Ich finde nicht, dass Mütter arbeiten sollen, wenn die Kinder noch sehr klein sind. Kinder brauchen dann einfach ihre Mütter. Eine Tagesmutter kann sie nicht ersetzen. Ich finde es aber ganz in Ordnung, dass Mütter wieder arbeiten, wenn die Kinder ein bisschen älter sind, sagen wir mal fünf oder sechs Jahre alt.
Moderator:	Dann kam Susannah.
Susannah:	Das ist eine schwierige Frage. Ich möchte bald Kinder bekommen, aber ich habe keine Lust, auf meine Karriere zu

---

	verzichten. Ich glaube nicht, dass Mütter Vollzeit arbeiten sollten, aber Teilzeit, das ist ganz in Ordnung.
Moderator:	Und Elke.
Elke:	Meine Mutter hat immer gearbeitet und das hat mir nicht geschadet. Ich bin sogar dadurch selbständiger geworden. Wiederum, warum müssen es immer die Mütter sein, die auf ihre Karriere verzichten? Männer können sich genauso gut um Kinder kümmern.
Moderator:	Und, last, not least, Friedrich.
Friedrich:	Nein, sie sollen nicht arbeiten. Sie sollen zu Hause bleiben und sich um die Kinder kümmern. Wozu Kinder haben, wenn man gleich wieder arbeiten geht?

7 Students use ideas and vocabulary from activity 2 and the texts to discuss whether mothers should go out to work.

8 Students practise the new vocabulary and also conjunctions by writing up their opinion about working mothers. This could be done for homework.

Grammatik

A Students pick out the prepositions from the text.

Answers:
Für viele Frauen …; Sabine Bayer hat nach der Geburt ihres Sohnes …; … dass man nach der Pause; Bis er in den Kindergarten ging …; zu Hause bleiben, das ist nichts für mich

B Students practise filling in the correct articles and prepositions.

Answers:
a *die* **b** *der* **c** *das, ihrem* **d** *dem*

Der neue Arbeitsmarkt

Grammar focus
◆ prepositions with the accusative and dative

Materials
◆ Students' Book pages 76–77
◆ Cassette 2 side 1 CD 2
◆ Grammar Workbook pages 14–15

1 Discuss statements a–h with the whole class as an introduction to the subject of today's labour market.

2a Students read the texts about working in another EU country and working from home.

2b Students find the equivalent German phrases from the texts.

Answers:

a *vorausgesetzt*

b *gut ausgebildet sein*

c *die Niederlassungsfreiheit*

d *die Fortbildung*

e *vergebens*

f *sich mit etwas abfinden*

g *sich in Verbindung setzen mit*

3 A true/false activity to test students' reading comprehension.

Answers:

a R **b** R **c** F *(ihre Berufsaussichten werden sich verbessert haben)* **d** F *(sie hatten keine Wahl)* **e** F *(Katharina hatte eine Stelle gesucht)* **f** R **g** F *(sie vermisst es, im Büro zu arbeiten)*

4 Students listen to the interviews and finish off the sentences.

Answers:

a *Möglichkeiten mit sich gebracht*

b *eine Stelle suchen*

c *von zu Hause aus arbeiten*

d *und das Familienleben zu trennen*

e *nach Deutschland kommen und Arbeitsplätze annehmen*

f *Frauen mit Kindern*

g *sind die flexiblen Arbeitszeiten*

---

p 77, activity 4

Jens: Karl, denkst du, dass du in Zukunft in einem anderen europäischen Land arbeiten wirst?

Karl: Ja, ich glaube dass die EG in dieser Hinsicht sehr viele Möglichkeiten mit sich gebracht hat. Man kann sich jetzt eine Stelle suchen, wo man leben möchte, und ich finde das ganz toll.

Jens: Würdest du gern von zu Hause aus arbeiten?

Karl: Nein, ich möchte mein Berufsleben und mein Familienleben trennen. Auch stelle ich mir das sehr einsam vor, alleine zu Hause zu arbeiten.

Jens: Was meinst du, Daniela?

Daniela: Ich würde schon gern im Ausland arbeiten, aber die EG hat auch Nachteile mitgebracht – Ausländer können jetzt genauso gut nach Deutschland kommen und Arbeitsplätze nehmen. Es gibt also mehr Konkurrenz.

Jens: Was hältst du von Telejobs?

Daniela: Das könnte ganz toll sein, besonders für Frauen mit Kindern. Man hat auch flexible Arbeitszeiten, aber ich finde, dass es einfach zum Berufsleben gehört, dass man ins Büro geht und zusammen mit anderen Leuten arbeitet.

5a Students use the questions to carry out a survey.

5b Discuss the results of the survey as a class. Encourage students to use the expressions in the *Hilfe* section.

Grammatik

A Students read the second text again and note the use of accusative or dative case following prepositions.

B Students practise using the correct articles after prepositions.

Answers:

a *den, seinem* **b** *dem* **c** *der* **d** *der, dem, dem* **e** *den, der*

6 Students sumarise their own answers to the questions in activity 5a. Remind them to think about the appropriate case after prepositions. This could be done for homework.

Zur Auswahl

Skill focus
◆ pronunciation of *pf*

Materials
◆ Students' Book page 78
◆ Solo Cassette side 2

1a Students read the poem.

1b Use the questions to get students to think about the issues raised by the poem.

2a Students listen and repeat the words with *pf*.

---

p 78, activity 2a

Krankenpfleger	Pfeffer
Pflanze	Wehrpflicht
verpflichtet	Rheinland-Pfalz
Pfarrer	Pflaster

2b

p 78, activity 2b

Ein Pfarrer aus Rheinland-Pfalz hat sich verpflichtet, eine Krankenpflegerin aus Pfarrkirchen zu heiraten, die voll auf Pfeffer abfährt.

3a Use the picture to discuss with students whether the old male/female stereotypes still exist.

3b Students work in small groups and prepare an answer to one of the questions.

 4a Students listen to the interview with Eva and answer the questions.

Answers:

a *Mindestens ein halbes Jahr.*

b *Sie wollte nach dem Abi ein Jahr Pause machen und ihre Sprachkenntnisse verbessern.*

c *Sie hat sich bei einer Agentur beworben.*

d *20 Stunden in der Woche arbeiten und dann noch ein- oder zweimal in der Woche Babysitting machen.*

e *Die Kinder von der Schule holen, ein paar Brote machen, ihnen beiden Hausaufgaben helfen, sich einfach um sie kümmern, bis die Eltern nach Hause kamen, auch ein bisschen kochen.*

f *Weil die Eltern beide gearbeitet haben.*

g *Sie war sehr lieb und die Kinder total süß.*

h *Wenn man Probleme mit der Familie hat, kann man Unterstützung bekommen oder sogar die Familie wechseln.*

---

p 78, activity 4

Moderator/in:	Guten Abend, liebe Zuhörer. Das Thema von heute ist im Ausland jobben. Für Jugendliche, die im Ausland arbeiten wollen, gibt es eine Vielfalt an Angeboten. Einer der beliebtesten Wege, besonders für Mädchen, die einen Aufenthalt von mindestens einem halben Jahr wünschen, ist als Aupairmädchen. Eva hat gerade ein Jahr als Aupairmädchen in Frankreich verbracht. Guten Abend, Eva.
Eva:	Guten Abend.
Moderator/in:	Warum wollten Sie also au pair arbeiten?
Eva:	Tja, nach dem Abi wollte ich ein Jahr Pause machen und da ich eben Französisch studieren wollte, war es eine Möglichkeit, meine Sprachkenntnisse zu verbessern.
Moderator/in:	Wie haben Sie also die Aupairstelle gefunden?
Eva:	Ich habe mich bei einer Agentur beworben und sie hat mir die Familie vermittelt.
Moderator/in:	Und was waren Ihre Aufgaben in der Familie?
Eva:	Als Aupairmädchen soll man 20 Stunden in der Woche arbeiten und dann noch ein- oder zweimal in der Woche Babysitting machen. Ich habe erst um 15 Uhr angefangen, da ich die Kinder von der Schule holen sollte. Sie waren 7 und 9 Jahre alt. Ich habe sie

---

	dann nach Hause gebracht und habe ein paar Brote gemacht, ihnen mit Hausaufgaben geholfen, mich einfach um sie gekümmert, bis die Eltern nach Hause kamen. Das war meistens gegen 19 Uhr. Ich habe gegen 17 Uhr mit den Kindern gegessen, so habe ich auch ein bisschen gekocht.
Moderator:	Und wie war es in der Familie? Man hört so oft Horrorgeschichten von Aupairmädchen.
Eva:	Die Familie war sehr lieb und die Kinder total süß, ich habe also Glück gehabt. In meinem Sprachkurs gab es aber schon ein paar Mädchen, die von den Familien ausgenutzt wurden und alles im Haushalt machen mussten.
Moderator/in:	Würden Sie das also anderen Mädchen empfehlen?
Eva:	Auf jeden Fall, aber ich glaube, dass es wichtig ist, eine Agentur zu haben. Dann, wenn man doch Probleme mit der Familie hat, kann man Unterstützung bekommen oder sogar die Familie wechseln.
Moderator/in:	Danke für das Gespräch.

Answers for Copymasters

Arbeitsblatt 21

 1 **a** *junge Arbeitslosen ins Berufsleben einzusteigen*

b *Jugendliche können per Internet mit Beratern in Kontakt treten.*

c *nichts (kostenlos)*

d *seine Berufsperspektiven mit dem Berater diskutieren*

e *Umgang mit dem Internet*

f *von dem USA*

g *es ist das einzige bisher in der Bundesrepublik*

h *Mentor und Mentee können unabhängig von Zeit und Ort in Kontakt treten*

i *ein schnelles, einfaches und priswertes Kommunikationsmedium*

j *miteinander chatten*

A21, activity 1

In Nordrhein-Westfalen hat das Arbeitsministerium einen neue Initiative gegründet, die jungen Arbeitslosen helfen soll, ins Berufsleben einzusteigen – Telementoring. Jugendliche können in Internet-Cafés kostenlos per Internet mit Beratern, den so genannten Telementoren, in Kontakt treten. Per E-Mail kann der Jugendliche seine Berufsperspektiven mit dem Berater diskutieren, Auskunft über mögliche Berufe und Tipps für die Bewerbung bekommen. Dabei wird ein anderes wichtiges Ziel erreicht – Medienkompetenz im alltäglichen Umgang mit dem Internet. Die Idee des Mentoring hat bereits seit Anfang der 90er Jahre Tausende von erfolgreichen Kontakten zwischen Mentoren und Mentees in den USA vermitteln können. Das Projekt in Nordrhein-Westfalen ist das einzige bisher in der Bundesrepublik und verbindet das klassische Mentoring mit dem Internet. Der Vorteil ist, dass Mentor und Mentee unabhängig von Zeit und Ort regelmäßig in Kontakt treten können. E-Mail ist weiterhin ein schnelles, einfaches und preiswertes Kommunikationsmedium. Auch können die Jugendliche unter einander Kontake knüpfen und Erfahrungen austauschen. Das Forum auf der Webseite bietet einen virtuellen Treffpunkt für Berater und Arbeitssuchende, die miteinander chatten können.

Arbeitsblatt 22

1 *geehrter, Arbeitsamt, einstellen, bewerben, verlassen, erledigt, informiert, zuverlässig, Teams, interessiere, sportlich, freuen, Grüssen, Lebenslauf*

Arbeitsblatt 23

Written tasks – various possibilities.

Wiederholung Einheit 5–6

1a Students read the text about how some students relaxed after their exams.

1b The words numbered 1–6 appear in the text. Students have to match them to words with the same meaning (a–f).

Answers:

a 4 **b** 5 **c** 1 **d** 6 **e** 2 **f** 3 (1 mark each)

2a Students put the sentences in the correct order.

Answers:

c b f d a e (6 marks)

2b To further test comprehension, students answer the questions.

Answers:

a *Die Feier hat nach dem Abi 1999 stattgefunden.* (2 marks)
b *Sie haben die Schule zu einem Himmel umgestaltet.* (2 marks)
c *Die Lehrer haben Karaoke gesungen.* (2 marks)
d *Die anderen Schüler haben in der Aula getanzt.* (2 marks)

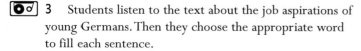 **3** Students listen to the text about the job aspirations of young Germans. Then they choose the appropriate word to fill each sentence.

Answers:

a *immer noch* **b** *der Medizin* **c** *populärer* **d** *sehr wichtig* **e** *Sowohl die Kinder als auch die Geschäftsführer* **f** *die mit anderen gut zusammenarbeiten* **g** *die eine Allgemeinbildung haben* (1 mark each)

---

p 80, activity 3

Immer mehr Jungen wollen Fußballer werden, Mädchen träumen dagegen von einer Karriere als Ärztin. In einer Umfrage des Münchener Instituts für Jugendforschung erklärten 14,5% der Jungen, Kicker sei ihr Traumjob. Auf Platz zwei kam Polizist, gefolgt von Pilot und Kfz-Mechaniker. Bei Mädchen steht der Umfrage zufolge Helfen hoch im Kurs. Mehr als ein Viertel möchten Tierärztin, Ärztin oder Krankenschwester werden. Model oder Schauspielerin liegen bei den Berufswünschen der Mädchen erst hinter Polizistin oder Lehrerin. Zum ersten Mal tauchten Computerberufe auf der Liste von Jungen (4,1 Prozent) und Mädchen (1,0%) auf. Und welche Kompetenzen werden sie in der künftigen Arbeitswelt brauchen? Die meisten nannten eine gute Ausbildung, Computer- und Sprachkenntnisse als wichtige Eigenschaften, Kompetenzen, die auch in der Wunschliste von Geschäftsführern auftauchen. Die Umfrage nannte auch gute Kommunikationsfähigkeit, Flexibilität und Teamfähigkeiten als wichtige persönliche Eigenschaften. Auch sucht die Wirtschaft Mitarbeiter, die fließend Englisch sprechen und eine gute Allgemeinbildung haben – „Bloß keine Fachidioten, die nichts anderes im Kopf haben", meinte der Direktor eines großen Kölner Medienhauses.

---

4 Discussing these questions with a partner gives students the opportunity to revise the vocabulary and information they have learnt in this unit.

 5 Students listen to what the people interviewed say about tuition fees and answer the questions in English.

Answers:

a *Because fewer young people would become students and society needs as many well educated young people as possible.* (2 marks)
b *By cutting the length of courses.* (1 mark)
c *Her parents cannot support her financially and she will have a lot of debts at the end of her studies.* (2 marks)
d *People like her will be afraid of the financial consequences and won't be able to study any more.* (2 marks)
e *That only rich people will be able to study.* (1 point)
f *They will have much better jobs than people who have not studied.* (2 marks)
g *She doesn't want her taxes to pay for them to study.* (1 mark)
h *He is totally against them.* (1 mark)
i *They hang around at university and don't do anything, or interrupt their studies several times.* (2 marks)

j *He suggests fees should be performance-related: people who study properly pay nothing, and those who waste tax-payers' money are financially penalised.* (2 marks)

	p 80, activity 5
Moderatorin:	Guten Tag. Heute geht es um Studiengebühren: sollten Studenten Gebühren zahlen? Unsere Reporter auf der Straße haben Sie gefragt. Zuerst hören wir von Herrn Professor Dr. Jürgen Lenz.
Prof. Lenz:	Ich halte die Erhebung von Studiengebühren für falsch. Es würde sicher bedeuten, dass weniger junge Leute studieren würden, die Gesellschaft braucht aber so viele gut ausgebildete junge Menschen wie möglich. Wenn es nötig ist, Geld zu sparen, sollte man die Studiendauer verkürzen. In anderen Ländern dauert das Studium drei oder vier Jahre, in Deutschland dagegen fünf oder sechs, was wirklich nicht nötig ist.
Moderatorin:	Und was sagen die Studenten selbst? Hier Anne-Marie Frister dazu.
Anne-Marie Frister:	Meine Eltern können mich finanziell sehr wenig unterstützen und ich werde sowieso am Ende meines Studiums einen Haufen Schulden haben. Wenn die Regierung Studiengebühren einführt, werden Leute wie ich nicht mehr studieren können, weil wir zu viel Angst vor den finanziellen Folgen haben. Im Endeffekt werden nur reiche Leute studieren können. Das finde ich total unfair.
Moderatorin:	Aber nicht alle wollen studieren. Sara Lindemann ist Verkäuferin.
Sara Lindemann:	Studenten werden in der Zukunft viel bessere Jobs bekommen als Leute, die nicht studiert haben. Wieso soll ich mit meinen Steuern dafür bezahlen, dass sie studieren? Ich finde es schon gerecht, dass Studenten einen bestimmten Anteil von den Kosten ihres Studiums übernehmen.
Moderatorin:	Alfred Heym dagegen ist Informatiker und hat studiert.
Alfred Heym:	Ich habe selbst studiert und bin prinzipiell gegen Studiengebühren. Es stimmt jedoch, dass viele junge Leute an der Uni rumhängen und nicht viel machen oder auch mehrmals ein Studium abbrechen. Ich glaube, die Erhebung von Gebühren sollte leistungsbezogen sein. Wer sein

> Studium ordentlich durchführt, muss nichts zahlen, wer jedoch nichts schafft und das Geld der Steuerzahler verschwendet, sollte finanziell bestraft werden.

6 Students write about their plans for the future and give reasons for their choice. This could be done for homework.

Kontrollen Einheit 5–6

Arbeitsblatt 45

The activities on this copymaster follow the style of the AQA Unit 1 assessment 'Young People Today'. The mark scheme is shown in brackets for each activity.

Answers

🔊 1 1 a 2 a 3 a 4 b 5 b
(Mark scheme: 5 marks)

	A45, activity 1
	Als Führungskräfte haben es Frauen nach wie vor in allen EU-Staaten schwer – auch wenn sie in einzelnen Ländern Erfolge haben. In Großbritannien sitzt jede zehnte Frau in einem Chefsessel. In Deutschland wird mit knapp 4% nicht einmal der EU-Durchschnitt erreicht. Obwohl mehr Frauen in höheren Positionen sind als vor 10 Jahren, bleiben die Männer meistens noch an der Spitze. Mutterschaft bleibt der Hauptgrund für diesen Trend. Manche Frauen behaupten, dass sie bei ihrer Rückkehr vom Mutterschutz weniger Chancen haben, mit der Karriere weiterzugehen. Andere entscheiden sich einfach, nicht weiter nach oben zu steigen, damit sie der Familie mehr Zeit widmen können.

Answers:

🔊 2 a, b, c, e
(Mark scheme: 4 marks)

	A45, activity 2
	Nuria des Saz ist Nachrichtensprecherin bei dem spanischen Fernsehsender Canal 2. Eigentlich nichts Ungewöhnliches, aber Nuria ist seit ihrem 13. Lebensjahr blind. Nach einem erfolgreichen Schulabschluss studierte die 24-Jährige Journalistik und ging auf eine Talkshow, um von ihrem Studium zu erzählen. Eigentlich wollte sie zeigen, dass auch Blinde an der Uni erfolgreich sein können. Der Chef des Senders hat sie dann zum Casting eingeladen. Seit Herbst letzten Jahres ist sie bei der Sendung. War es

> für sie als Blinde schwer, für ein visuelles Medium zu arbeiten? „Nein," behauptet sie, „am Anfang hatte ich Angst, dass ich vergesse, wo die Kamera steht, aber inzwischen denke ich, dass ich nur einen Job mache und das ist schließlich das Normalste der Welt." Und wie haben die Kollegen reagiert? „Sie sind alle sehr hilfsbereit. Ich glaube, sie vergessen sogar ab und zu, dass ich blind bin. Nur meinem Hund gefällt die Arbeit nicht so gut – er darf nicht ins Studio rein." Nuria sieht auch gern fern. „Hell und dunkel, das kann ich noch unterscheiden", sagt sie. „Und die Nachrichten verpasse ich nie."

(Mark scheme: 20 marks. 10 marks for answering the questions correctly. 10 marks for accuracy of language.)

 3

> A45, activity 3
>
> Für Reinhard Zeisler, Praktikumsleiter des Gymnasiums Laurentanium, geht eine hektische Woche gerade zu Ende. Wie eine immer größere Anzahl an Gymnasien in Deutschland bietet das Laurentanium den Schülern die Möglichkeit, eine Woche in einem Betrieb zu verbringen. Sinn und Zweck des Praktikums – den Schülern einen Einblick in die Arbeitswelt zu geben. Die Schüler suchen selbst die Stelle aus und müssen danach eine Dokumentation über die Woche schreiben. Das Praktikum wird auch vorher in den Fächern vorbereitet. Wie die meisten Schüler bewertete Kathrin Kröger die Erfahrung als durchaus positiv. Sie hat eine Stelle in einem Kindergarten ausgesucht, weil sie später einen Beruf ausüben möchte, der etwas mit Kindern zu tun hat. Mit den Kindern, die zwischen vier und sechs Jahre alt waren, hat sie gespielt, zu essen gegeben und ihnen Geschichten vorgelesen. Die einzige Regel – eine Betreuungsperson musste immer dabei sein. Auch die Betriebsbetreuer waren größtenteils mit der Arbeit der Praktikanten zufrieden. Den Schülern hat es nur nicht gefallen, dass sie nachmittags keine Freizeit hatten.

Arbeitsblatt 46

The activities on this copymaster follow the style of the AQA Unit 1 assessment 'Young People Today'. The mark scheme is shown in brackets for each activity.

Answers

1 a, b, e
(Mark scheme: 3 marks)

2 *Suggested answers*
  a *Er hat eine Fünf in Englisch und eine Vier in Sozialwissenschaften bekommen.*
  b *Er kann eine Nachprüfung schreiben.*
  c *Eine Woche vor Ferienbeginn*

  d *in den ersten Tagen des neuen Schuljahrs*
  e *Er meldete sich zu einem Ferienkurs an*
  f *Er will nicht eine Klasse wiederholen; auch wegen seiner Freunde will er in der Jahrgangstufe bleiben*
  g *Mathematik, Deutsch, Fremdsprachen*
  h *67% der Studenten bestanden letztes Jahr die Nachprüfung*
  i *Er wird keine Angst haben, wenn er gut vorbereitet ist.*

(Mark scheme: 20 marks. 10 marks for answering the questions correctly. 10 marks for accuracy of language.)

Arbeitsblatt 47

The activities on this copymaster follow the style of the AQA Unit 3 assessment 'People and Society'.

See the assessment criteria tables for Unit 3 provided in the AQA specification for how to allocate marks to the activities on this copymaster.

Both *Karte* A and B activities provide an opportunity for students to practise responding to questions on a piece of stimulus material. Allow students 20 minutes to prepare answers to the prompt questions given for each stimulus piece.

Die Medien Einheit 7

Unit objectives

By the end of this unit students will be able to:

◆ Discuss the way that advertising influences us
◆ Compare different types of newspaper
◆ Discuss the role of the press in society
◆ Discuss violence on television
◆ Compare the Internet with older media

Grammar focus

◆ Use the conditional tense
◆ Recognise the subjunctive in reported speech
◆ Use the genitive case

Skills

◆ Write a newspaper report
◆ Produce a longer piece of structured writing

Page 81

1 A survey to get students thinking about how they are influenced by the media.

2 Students find out the names of German newspapers/magazines and TV programmes.

Die Werbung

Grammar focus

◆ the conditional

Materials

◆ Students' Book pages 82–83
◆ Cassette 2 side 1 CD 2
◆ *Arbeitsblatt* 24
◆ Grammar Workbook page 58

1a/b A whole-class discussion to get students thinking about advertising which has influenced them.

2a/b Use the two adverts on the page as well as more adverts from German publications. The questions should start off a class discussion.

 3 Students listen to the adverts and decide what type of product they are for.

Answers:

1 *Kosmetik* **2** *Auto* **3** *Essen* **4** *Urlaubsziel*

---

p 82, activity 3

1
Stefan, herzlich willkommen!
Ich wusste nicht, dass Verena eine große Schwester hat.
Hat sie auch nicht – ich bin ihre Mutter.
Jeden Morgen und Abend benutzen und auch Ihre Falten vermindern sich. Unser neue Formel lässt ihre Haut jung und frisch aussehen. Jetzt muss man vor dem Älterwerden keine Angst mehr haben!

2
Was ist wichtig für Sie – Platz, Sicherheit, Luxus und alles zu einem günstigen Preis? Dann suchen Sie nicht weiter – Sie haben es schon gefunden. Spaß am Fahren gibt es am besten bei uns.

3
Noch nie war ein Nachtisch so lecker, noch nie so gesund – aus frischer Alpenmilch gemacht mit einem Geschmack für jeden Tag – Erdbeer-, Pfirsich- oder Vanille-. Und jetzt mit weniger Kalorien. Verwöhnen Sie sich!

4
Entdecken Sie neue einsame Strände, entdecken Sie andere Kulturen, entdecken Sie eine neue Großstadt, entdecken Sie das Paradies, entdecken sie alles, von dem Sie bis jetzt nur geträumt haben – bei uns.

 Extra! Students listen again and do the activities on *Arbeitsblatt* 24.

4a Students read three opinions about whether advertising should be restricted.

4b Students find the equivalent German words and phrases in the texts.

Answers:

a *Werbung, die an … gerichtet ist* **b** *leicht zu beeinflussen*
c *verfestigen* **d** *die Werbung verführt uns zum Kauf*
e *Konsumzwang*

4c Students attribute each statement to the appropriate person.

Answers:

a *Jessica* **b** *Peter* **c** *Marianne* **d** *Jessica* **e** *Peter*
f *Jessica*

5 Students list the pros and cons of advertising. They use the texts and their own ideas.

6 Students discuss the opinions a–e in small groups and then discuss their own opinions with the whole class.

Grammatik

A   Students pick out examples of the conditional from the texts on page 82.

Answers:

Marianne: *Ich würde also ... verbieten.*
Jessica: *Ich würde sehr gern Werbung im Fernsehen verbieten.*
Peter: *Ich würde gern solche Werbespots verbieten.*

B   Students practise filling in the correct forms of the conditional.

Answers:

a *Renate würde Werbung für Zigaretten verbieten.*
b *David und Maria würden die Menge an Werbung verringern.*
c *Wir würden die Qualität von Werbung verbessern.*
d *Wie würdest du die Werbung ändern?*

C   Students pick out sentences with verbs in the imperfect subjunctive.

Answers:

Jessica: *ich möchte einmal in Ruhe fernsehen*
Peter: *ohne Werbung hätten Firmen Schwierigkeiten ... Es wäre aber schon gut, den Inhalt ...*

7   Students chose two of the statements from activity 6 and write their opinion about them. They should use the conditional and also the expressions in the *Hilfe* section.

Extra!   Students write two paragraphs about how the world would be without any advertising. Remind them to use the conditional.

Was in der Zeitung steht

Grammar focus
◆ the subjunctive

Materials
◆ Students' Book pages 84–85
◆ Cassette 2 side 1 CD 2
◆ *Arbeitsblatt* 25
◆ Grammar Workbook page 69

1   A whole-class activity to see how often students read different publications.

2   Students decide which of the words and phrases listed refer to tabloid newspapers and which refer to broadsheets. They can add their own ideas.

3   Students listen to the four interviews and note down the interviewees' choice of newspapers and reasons for their choice.

Answers:

1 *die „Süddeutsche Zeitung", gut geschrieben, Auskunft über nationale und internationale politische Ereignisse, keine Sensationsmache, Kulturseiten*
2 *das „Schwäbische Tagblatt", Auskunft über regionale nationale und internationale Ereignisse, nicht so kompliziert geschrieben, aber hat die wichtigsten Neuigkeiten*
3 *die „BILD-Zeitung", lustig, Klatsch und Tratsch, nicht so kompliziert geschrieben*
4 *der „Spiegel", keine Zeit, jeden Tag eine Zeitung zu lesen, informativ und interessant über Politik und Wirtschaft, interessante Kommentare, objektiv geschrieben*

---

p 84, activity 3

1
Interviewer: Welche Zeitung lesen Sie?
Frau: Ich lese die „Süddeutsche Zeitung".
Interviewer: Und was für eine Zeitung ist das?
Frau: Das ist eine überregionale Zeitung.
Interviewer: Und was ist wichtig für Sie bei einer Zeitung?
Frau: Die Artikel sollen gut geschrieben sein und ausführliche Auskunft über nationale und internationale politische Ereignisse geben. Das ist sehr wichtig für mich. Ich will keine Sensationsmache in meiner Zeitung – so etwas wie die BILD-Zeitung würde ich nie lesen. Ich finde auch, dass die Kulturseiten sehr interessant sind – es gibt oft gute Artikel über neue Veranstaltungen und Kommentare über neue Filme und Theaterstücke.

2
Interviewer: Welche Zeitung lesen Sie?
Mann: Ich lese das „Schwäbische Tagblatt".
Interviewer: Was für eine Zeitung ist das?
Mann: Das ist meine regionale Zeitung.
Interviewer: Und warum lesen Sie das „Schwäbische Tagblatt"?
Mann: Es gibt Auskunft sowohl über regionale als auch über nationale und internationale Ereignisse. Ich finde die Kombination gut. Es ist nicht so kompliziert geschrieben wie die „Süddeutsche", aber die wichtigsten Neuigkeiten sind darin. Auch kann ich mich gut darüber informieren, was in meiner Gegend passiert.

3
Interviewer: Welche Zeitung lesen Sie?
Mann: Ich lese die BILD-Zeitung.
Interviewer: Und was für eine Zeitung ist das?
Mann: Das ist eine so genannte Boulevardzeitung.

Interviewer:	Und warum lesen Sie das?
Mann:	Zuerst finde ich es lustig. Es gibt viel Klatsch und Tratsch darin, aber was soll's – das gefällt den Leuten. Es ist auch nicht so kompliziert geschrieben wie die großen überregionalen Zeitungen.

4

Interviewer:	Welche Zeitung lesen Sie?
Frau:	Ich lese keine Tageszeitung, ich lese den „Spiegel".
Interviewer:	Und was ist das?
Frau:	Der „Spiegel" ist eine wöchentliche Zeitschrift.
Interviewer:	Und warum lesen Sie den „Spiegel"?
Frau:	Erstens habe ich keine Zeit, jeden Tag eine Zeitung zu lesen. Auch finde ich den „Spiegel" äußerst informativ. Es gibt tolle Artikel über Politik und Wirtschaft und auch interessante Kommentare. Ich finde, dass es auch einigermaßen objektiv geschrieben ist.

4a Students read two articles about the same incident but taken from different newspapers.

4b Students find the equivalent German words in the texts.

Answers:

a *Sicherheitsbehörden* **b** *zufällig* **c** *veranlassen* **d** *sich vergnügen* **e** *im Einsatz* **f** *Panzer*

4c Students have to decide which article is from a tabloid newspaper and which is from a broadsheet. Encourage students to describe how they came to their conclusion.

Answers:

Zwei englische Fußballfans – seriös, Blutnacht – Boulevardzeitung

5 An activity to test students' reading comprehension. They choose the appropriate words to fill each gap.

Answers:

a *befürchten* **b** *ermordet* **c** *verhaftet* **d** *noch nicht* **e** *gebeten*

6a Students look for facts which appear in both articles.

6b Students then compare the description of each fact in both articles. Students should look at the structure and length of sentences and the kind of vocabulary used.

Grammatik

A Students pick out examples of the subjunctive from the articles (all the examples are in article 1).

Answers:

Experten meinen, man könne ... nicht ausschließen; es wird behauptet, eine Gruppe ... habe ... getötet; die Nachrichtenagentur ... meinte, eine Gruppe ... habe ... geplant, Freunde ... jedoch, dass es ... zu Ausschreitungen gekommen sei;

es sei noch zu früh, meinte der Polizeisprecher, ... Alkohol könne man ... nicht ausschließen;

Guido Tognoni ... sagte, die Sicherheitsbehörden ... hätten alles ... veranlasst.

7 Students role-play an interview using the questions as cues.

8 Students write a newspaper article. Go through the *Tipp* box with them first. Remind them to use the subjunctive for reported speech.

A 25 **Extra!** Students do the role-play on *Arbeitsblatt 25*.

Die Pressefreiheit

Materials
- Students' Book pages 86–87
- Cassette 2 side 1 CD 2

1 A whole-class discussion about whether restrictions should be placed on the press.

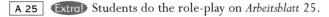 **2** Students listen to the interview and make notes under the headings given.

Answers:

1 Gudrun: *Nein, Pressefreiheit bedeutet Demokratie*

2 Peter: *Ja, zu viel Klatsch und Tratsch, Skandale, nicht die eigentliche Aufgabe der Presse*

3 Jutta: *Nein, Berühmte brauchen die Presse, der Verlust ihrer Privatsphäre ist der Preis des Ruhmes*

4 Manfred: *Nein, wir haben das Recht, über das Leben von Politikern und anderen Prominenten Bescheid zu wissen, die Presse hat oft politische Skandale entdeckt*

---

p 86, activity 2

1

Interviewer:	Hat die Presse zu viel Freiheit?
Gudrun:	Nein, ich halte die Pressefreiheit für sehr wichtig. Keine Pressefreiheit bedeutet keine Demokratie.

2

Interviewer: Hat die Presse zu viel Freiheit?

Peter: Na ja, ich denke schon, dass die Presse zu weit geht. Sie berichtet zu viel Klatsch und Tratsch und interessiert sich zu viel für Skandale im Leben von Prominenten. Ich finde nicht, dass das die eigentliche Aufgabe der Presse ist.

3

Interviewer: Und was meinen Sie, hat die Presse zu viel Freiheit?

Jutta: Nein, ich finde es in Ordnung, dass die Presse über alles berichten darf. Berühmte Personen brauchen die Presse, um an ihr Publikum zu gelangen. Es ist also normal, dass die Öffentlichkeit sich für sie interessiert.

Interviewer: Aber sie verlieren dabei ihre Privatsphäre.

Jutta: Dass sehe ich als den Preis des Ruhmes.

4

Interviewer: Und Sie, finden Sie, dass die Presse zu viel Freiheit hat?

Manfred: Eigentlich nicht. Wir haben das Recht, über das Leben von Politikern und anderen Prominenten zu wissen. Die Presse hat oft politische Skandale entdeckt, nämlich, weil sie Leuten nachspioniert hat.

3a Students read the text which discusses the pros and cons of press freedom.

3b Students match the sub-titles to the appropriate sections of the text.

Answers:

a 2   **b** 3   **c** 1

3c Students find which paragraph contains each of the opinions listed (a–e).

Answers:

a 1   **b** 3   **c** 2   **d** 2   **e** 1

4a Students find synonyms from the text.

Answers:

a *brennend, prominent, unentbehrlich; einschränken*

4b Students find more synonyms from the text.

Answers:

a *Meinung*   **b** *berichten*   **c** *Einzelheiten*   **d** *erfahren*
e *wünschenswert*

4c Students match the phrases (all from the text) with the appropriate English translation.

Answers:

trotzdem / nevertheless, es ist klar / it is clear, jedoch / however, in dieser Hinsicht / in this respect, auf der anderen Seite / on the other hand, in solchen Fällen / in such cases, man kommt zu dem Schluss / one comes to the conclusion that

4d Students look for the equivalent German phrases in the text.

Answers:

a *es ist schon richtig*   **b** *es ist keineswegs wünschenswert*

5 Go through the *Tipp* section with students before they write up their views on advertising. If you have gone through the *Tipp* section thoroughly with the class, students could do this activity for homework.

6 A whole-class debate to revise the language and arguments from pages 86–87.

Ein bisschen Fernsehen?

Materials
◆ Students' Book pages 88–89
◆ Cassette 2 side 1 CD 2

1 A whole-class activity to brainstorm words to do with television.

2 Students select which sentences reflect their own viewing habits and then compare notes with a partner.

3a Students read the text about German children's viewing habits.

3b Students find the German equivalents in the text.

Answers:

a *rund um die Uhr*
b *zum gegenwärtigen Zeitpunkt*
c *fernsehsüchtig*
d *die Auswirkungen übermäßigen Fernsehkonsums*
e *als Teil des Alltags betrachten*

4 A reading comprehension activity: students pick out which sentences are correct.

Answers:

a, b, d, e, i

5a Students listen to the six people interviewed and list who describes a positive effect that TV has and who describes a negative effect.

Answers:

Positiv: Julia, Martin, Silke
Negativ: Katrin, Josef
(Andreas neither, but defends TV)

---

p 89, activity 5

Julia: Mein Name ist Julia. Ich finde, der Artikel geht zu weit. Man vergisst, dass das Fernsehen auch was zu bieten hat. Durch Dokumentarfilme, Nachrichten und so weiter lernen wir über Sachen, von den man vor 50 Jahren nur noch träumen konnte.

Martin: Ich heiße Martin. Klar sehen manche Leute zu viel fern, aber für andere ist das Fernsehen eine nötige Unterhaltung. Meine Oma ist fast achtzig und kommt nur mit Schwierigkeiten aus dem Haus. Ohne den Fernsehapparat wäre ihr Leben noch schwieriger.

Katrin: Ich bin die Katrin. So viele Kanäle sind einfach überflüssig. Wir brauchen weniger, aber die, die bleiben, sollten bessere Sendungen ausstrahlen.

Josef: Josef ist mein Name. Es stimmt schon, dass es zu viel Gewalt im Fernsehen gibt. Manchmal ist Gewalt notwendig und es kann auch gut sein, sie zu zeigen. Kriegsfilme zeigen oft Gewalt, um uns gegen Gewalttätigkeit zu stimmen. Jedoch wird Gewalt oft als Stoff zum Lachen dargestellt oder die Folgen werden heruntergespielt.

Andreas: Ich bin Andreas. Das Fernsehen ist nicht daran schuld, dass Kinder süchtig werden. Eltern sollen besser kontrollieren, was die Kinder sehen und wie lange sie jeden Tag vor dem Fernseher sitzen. Oft ist es einfacher für Eltern, den Fernseher einzuschalten, als Zeit mit ihren Kindern zu verbringen.

Silke: Ich finde – Entschuldigung, ich heiße Silke – also, ich finde, dass der Artikel die Gefahren vom Fernsehen übertreibt. Das Fernsehen ist Unterhaltung, es erlaubt uns die Probleme des Alltags zu vergessen. Es bringt uns auch Informationen darüber, was in der Welt passiert. Daher ist es ein wichtiger Teil der modernen Gesellschaft.

5b Students listen to the interviews again and match one statement to each of the six people

Answers:

Julia f *Martin* h *Katrin* c *Josef* a *Andreas* d *Silke* i

6 Students make up a list of the pros and cons of TV. Encourage them to add their own ideas.

7 Students read the article about violence on TV and summarise the main points of each argument.

8 A whole-class debate about violence on TV. The *Tipp* section on page 55 gives advice on structuring a debate.

9 Students write a letter of complaint to a TV channel. The expressions in the *Hilfe* section will help them to structure their letter.

Die neuen Medien

Grammar focus
◆ the genitive

Materials
◆ Students' Book pages 90–91
◆ Cassette 2 side 1 CD 2
◆ *Arbeitsblatt* 26
◆ Grammar Workbook page 16

1 A survey about students' own use of the Internet to kick off the topic.

2 Students listen to the interviews and make notes about how the people use the Internet and their opinions.

Answers:

Gerd: *wozu: um Recherchen für Schulprojekte zu machen; Meinung: toll, verwirrend, viel einfacher als tausend Bücher durchzublättern*

Carola: *wozu: Unterhaltung, Chatroom; Meinung: amüsant, macht Spaß*

Frau Anders: *wozu: einzukaufen; Meinung: praktisch, besonders wenn man auf dem Land wohnt*

Herr Renz: *wozu: E-Mails schicken; Meinung: toll, günstiger als Telefonieren und schneller als ein Brief*

---

p 90, activity 2

Interviewer: Also, Gerd, hast du das Internet zu Hause?

Gerd: Jawohl.

Interviewer: Und welche Sites guckst du normalerweise?

Gerd: Das kommt darauf an. Ich benutze das Internet normalerweise, um Recherchen für Schulprojekte zu machen. Wir lernen im Erdkundeunterricht zur Zeit über Tropenwälder und ich habe im Internet Auskunft darüber gefunden.

Interviewer: Und was hältst du davon?

Gerd: Ich finde es toll – es gibt so viel Auskunft, dass es manchmal verwirrend ist, aber es ist viel einfacher als in der Bibliothek tausend Bücher durchzublättern.

Interviewer: Carola, wozu benutzt du das Internet?

Carola: Für mich bedeutet Internet Unterhaltung. Ich lese oft die Seiten über meine Lieblingsgruppen oder Lieblingssendungen und ich gehe oft zum Chatroom. Das ist immer ganz witzig.

Interviewer:	Und was hältst du davon?
Carola:	Ja, es ist ganz amüsant, ein bisschen zu surfen. Es macht einfach Spaß.
Interviewer:	Frau Anders, wozu brauchen Sie das Internet?
Frau Anders:	Hauptsächlich um einzukaufen. Ich wohne in einem kleinen Dorf und es gibt hier sehr wenige Geschäfte. Vor allem Bücher bestelle ich über das Internet.
Interviewer:	Was halten Sie vom Internet im Allgemeinen?
Frau Anders:	Ja, es ist ganz praktisch, wenn man so wie ich auf dem Lande wohnt. Man erspart viel Zeit und kann genauso gut einkaufen wie die Leute in der Großstadt.
Interviewer:	Herr Renz, wozu benutzen Sie das Internet?
Herr Renz:	Also, Webseiten gucke ich mir relativ selten an. Dagegen verschicke ich viele E-Mails, sowohl am Arbeitsplatz als auch privat. Ich habe Freunde in Australien und Amerika und wir kommunizieren regelmäßig per E-Mail miteinander.
Interviewer:	Und was halten Sie von dieser neuen Technik?
Herr Renz:	Ich finde es einfach toll. Es ist viel günstiger als Telefonieren und geht schneller als ein Brief.

p 90, Extra!

Reporter: Kosovo-Flüchtlinge, die von ihren Familien während des Krieges getrennt wurden, können ihre Angehörigen jetzt im Internet suchen. Viele der über 90 000 Flüchtlinge, die während des Krieges nach Europa kamen, haben jede Spur von anderen Familienmitgliedern verloren. Das Internet soll Flüchtlinge und Hilfsorganisationen bei der Suche helfen. Flüchtlinge können ihre eigenen Daten sowie eine Suchmeldung in die Webliste eintragen. Die Webliste hat den Vorteil, dass sie von allen Hilfsorganisationen zentral erreichbar ist. Bis jetzt haben sich schon über 50 000 Flüchtlinge eingetragen. Fast 10 000 haben schon Familienmitglieder gefunden. In Jugoslawien hat das Internet noch nicht dieselbe Popularität erreicht wie in den westeuropäischen Ländern, aus dem ehemaligen Kriegsgebiet sind relativ wenig Meldungen gekommen. Der Erfolg der Liste liegt vorwiegend in den Vermittlungen von Familienmitgliedern, die in Westeuropa Zuflucht gefunden haben und dort Zugang zu den Hilfsorganisationen haben.

3a Students read the text about the advantages of using the Internet.

3b Students correct the five sentences.

Answers:

a *Man muss die Adresse der Web-Seite in den Computer eintippen und sofort erscheint die Information.*

b *Die Anzahl an computergesteuerten Reservierungen wird 2000 doppelt so hoch sein wie 1999.*

c *E-Commerce hilft vor allem Touristen.*

d *Christoph hat entdeckt, dass es einfacher ist, mit dem Computer zu arbeiten als zu telefonieren.*

e *Im Internet ist das Informationsangebot größer als in traditionellen Prospekten.*

3c Students choose the appropriate infinitive and put the correct part of the verb in each gap.

Answers:

a *kontrollieren* **b** *einkaufen* **c** *organisiert*

d *gekauft* **e** *telefonieren* **f** *bekommen*

 Students listen and write notes in English.

4a Students read the text about whether the Internet will replace older media forms (radio, newspapers).

4b Students attribute each statement to the appropriate person.

Answers:

a *Marianne* **b** *Marianne* **c** *Silke* **d** *Martin*

e *Marianne* **f** *Marianne*

5 Students re-read both texts and draw up a list of the pros and cons of the Internet.

Possible answers:

Vorteile: (text page 90) gewünschte Auskunft erscheint sofort; man kann per Internet bestellen und Reisen über das Internet organisieren;

Nachteile: (text page 91) nicht gesund vor dem Computer zu sitzen; Kosten eines Internetanschlusses höher als der Preis eines Radios oder einer Zeitung; Qualität des Tons und der Bilder nicht so gut; durch das Internet werden Arbeitsplätze verloren gehen; angenehmer eine Zeitung zu lesen als vom Bildschirm abzulesen

6 Students practise using the arguments from activity 5 by doing a role-play. Refer them to the expressions in the *Hilfe* section.

Grammatik

A Students pick out examples of the genitive case from the text on page 91.

Answers:
Marianne: Ich glaube, dass man die Vorteile des Internets übertreibt; ... die Kosten eines Internetanschlusses ... der Preis eines Radios oder einer Zeitung ... ; ... die Qualität des Tons und der Bilder.
Martin: Der Freund meiner Schwester ... ; ... vor allem der Filialen in kleinen Dörfern
Silke: Der Reiz einer Zeitung ... der Reiz eines Computers ...; bestimmte Seiten meiner Regionalzeitung

B Students translate sentences which use the genitive.

Answers:
a *die Vorteile des Radios*
b *die Wünsche der Kunden*
c *die Auflage einer Zeitung*
d *der Preis eines Computers*
e *die Qualität des Fernsehsenders*
f *die Probleme der Bank*

7 Students write about the advantages of the Internet. Remind them to use the genitive and the expressions from the *Hilfe* section.

A 26 Extra! Students do the reading comprehension activity on doing homework on the Internet on *Arbeitsblatt 26*.

Zur Auswahl

Skill focus
◆ pronunciation of *b*, *d* and *g*

Materials
◆ Students' Book page 92
◆ Solo Cassette side 2

1 Students look at the drawing and discuss the questions with a partner.

2 Students write about the advantages of the Internet, including comparing the Internet to the older media forms.

S🔲 **3** Students listen to the news items and answer the questions.

Answers:
a *Überschwemmung* b *700* c *Durchfall* d *in Flugzeugabsturz* e *technische Probleme* f *vier* g *in der Intensivstation, weil sie so wenig wiegen* h *froh*
i *bewölkt, Regenschauern, 15–18 Grad* j *Nebel, dann heiter, 23 Grad*

---

p 92, activity 3

Dhaka: In Bangladesh breiten sich immer mehr Seuchen aus. Durch die Überschwemmungen sind bis jetzt 700 Menschen ums Leben gekommen. Weitere 150 000 Opfer sind an Durchfall erkrankt. Zwei Drittel des Landes sind von den Überschwemmungen betroffen.

München. Bei einem Flugzeugabsturz in den bayerischen Alpen ist ein Mann gestern ums Leben gekommen. Georg Waldhorn, ein erfahrener Pilot aus München, hatte die kleine Maschine erst vor einem Monat gekauft. Die Ursache des Unfalls ist noch nicht bekannt. Anscheinend geriet die Maschine außer Kontrolle. Experten vermuten technische Probleme.

Wiesbaden. Gestern Abend sind im Wiesbadener Krankenhaus Vierlinge zur Welt gekommen. Thomas und Melanie Esslinger, die schon zwei Kinder haben, konnten gestern Abend nach einem erfolgreichen Kaiserschnitt ihren neuen Sohn und drei kleine Töchter willkommen heißen. Die Babys, die durchschnittlich 1,5 Kilo wiegen, werden einige Wochen auf der Intensivstation bleiben, sind jedoch gesund und stehen keineswegs in Lebensgefahr. Frau Esslinger meinte, sie sei froh, dass alles erfolgreich gelaufen sei und sie freue sich schon darauf, die Kinder zu Hause zu haben.

Das Wetter in Deutschland: Im Norden: Überwiegend bewölkt mit Regenschauern. Die Temperaturen bewegen sich zwischen 15 und 18 Grad. Im Süden: Nebelfelder sind zu erwarten, die sich im Laufe des Vormittags auflösen werden. Am Nachmittag wird es heiter, mit Temperaturen um die 23 Grad.

S🔲 **4a** Students listen to the words and repeat them.

p 92, activity 4a

Bild – ob
bleiben – schreibt
Deutsch – gesund
dürfen – bald
gut – Tag
ganz – Erfolg

S🔲 **4b** Students practise saying the sentences, then listen to them before trying again.

p 92, activity 4b

Jeden Tag gesund essen – der gute Weg zum Erfolg!
Mein deutscher Freund wird bald kommen.
Ich weiß nicht, ob er lange bleibt.

Answers for Copymasters

Arbeitsblatt 24

 1 **1 a** *jünger* **b** *entfernen* **c** *aussehen* **2 a** *preiswert / sicher*
b *teuer* **c** *Spaß* **3 a** *schmeckt* **b** *Sorten* **c** *fettarm*
4 a *Stadt* **b** *Träume*

> See the recording for page 82, activity 3 for the
> transcript to this activity.

3 Students need to include all the expressions listed in
their reconstructed text in order to achieve a model
written answer.

Arbeitsblatt 25

No answers – role-play

Arbeitsblatt 26

1 **a** *Referate und Stoffsammlungen zu den verschiedenen*
Themen
b *von den Zusendungen fleißiger Studenten*
c *Schüler teilen ihre Referate und Hausaufgaben*
d *als er herausfand, dass es online kaum Interessantes und*
Brauchbares für Schüler gab
e *bei einem Austauschjahr in den USA lernte er viel über*
das Internet
f *die Seite wird gesponsert*
g *er arbeitet täglich an der Web-Seite*
h *Note drei*
i *Zeit zu sparen*
j *hauptsächlich positiv*
k *einfach herunterladen ohne das Material nachzuprüfen*

Die Umwelt Einheit 8

Unit objectives

By the end of this unit students will be able to:

- Discuss environmental protection
- Understand and discuss water pollution
- Discuss air pollution and its effects
- Discuss the pros and cons of atomic energy
- Discuss alternative sources of energy and their drawbacks

Grammar

- Use demonstrative adjectives and pronouns
- Use the passive voice
- Write negative sentences
- Use the conditional perfect

Skills

- Check their work and correct their mistakes systematically
- Pronounce compound nouns more accurately

Page 93

1a Students match the captions to the photos.

Answers:
1 b **2** f **3** d **4** e **5** a **6** c

1b Students list the environmental problems which concern them most and then compare notes with others.

Wir und unsere Umwelt

Grammar focus
- demonstrative adjectives/pronouns

Materials
- Students' Book pages 94–95
- Cassette 2 side 1 CD 3
- Grammar Workbook page 26

1 Students match the words to the appropriate definition.

Answers:
a 3 **b** 4 **c** 1 **d** 5 **e** 2 **f** 6

2a Students read what the three young people think about environmental issues.

2b Students list what each person does for the environment.

Answers:

Angela: trennt Abfall in Container, kauft Produkte mit dem grünen Punkt. Ihre Mutter kauft nur phosphatfreie Waschmittel.
Jens: kauft Recyclingpapier und energiesparende Glühbirnen, bringt alte Trockenbatterien zur entsprechenden Stelle, nimmt Freunde mit, wenn er zur Uni fährt. Allerdings benutzt er kaum öffentliche Verkehrsmittel.
Claudia: duscht statt immer zu baden, fährt Rad, nimmt eine Stofftasche mit, unterstützt Umweltorganisationen; ihre Schwestern dagegen tun nichts, benutzten Plastiktaschen.

3a Students re-read Angela's text and complete the sentences.

Suggested answers:
a *kann man die Abfälle verringern* **b** *zu den Sammelstellen* **c** *man recyceln kann* **d** *phosphatfrei*

3b Students re-read the texts by Jens and Claudia and attribute each sentence (a–g) to one of them.

Answers:
a *Claudia* **b** *Jens* **c** *Jens* **d** *Claudia* **e** *Claudia* **f** *Jens* **g** *Claudia*

Grammatik

A Students look at the sentences and should conclude that *dieser* takes the same endings as the definite article.

B Students translate the sentences

Answers:
a *This plastic bag is from the supermarket.*
b *My sister brings this plastic bag home.*
c *She only shops with this plastic bag.*
d *The colour of this plastic bag is ugly.*
e *These plastic bags are not environmentally friendly.*

4a Students listen to the cassette about environmental issues at a governmental level. They find the words to fill each gap.

Answers:
a *Naturschutz* **b** *Fläche, Straßenbau* **c** *Emissionen* **d** *Austritt*

4b Students listen to the cassette again and choose the correct word to fill each gap.

Answers:
a *wichtig* **b** *sicher* **c** *Beitrag* **d** *unsterstützt* **e** *nicht gut genug*

	p 95, activity 4a/b
Moderator:	Hier spricht unser Reporter mit einem Wissenschaftler über die Umweltpolitik der Bundesregierung.
Rep.:	Was halten Sie von der Umweltpolitik der Bundesregierung?
Wiss.:	Im Allgemeinen muss man sagen, dass die Umweltpolitik besser sein könnte. Es gibt einige Bereiche, in denen die Bundesregierung mehr machen sollte. Früher stand Deutschland zum Beispiel an der Spitze der umweltpolitisch wichtigen Staaten. Heute ist es jedoch leider nicht mehr so. Da muss etwas getan werden.
Rep.:	In welchen Bereichen könnte die Regierung Ihrer Meinung nach mehr tun?
Wiss.:	Es gibt Defizite besonders beim Naturschutz. Die Regierung muss Pflanzen und Tierarten schützen, ebenso wie ihre Lebensräume. Der Naturschutz sollte auf 10 bis 15% der Landesfläche eindeutig Vorrang haben. Es wird aber immer noch zu viel Fläche für Wohnungs- und Straßenbau verwendet. Der zweite negative Aspekt ist der Klimaschutz. Es gibt leider keine Garantie, dass die Kohlendioxid oder CO_2 Emissionen genug sinken. Ende 1999 waren die CO_2 Emissionen nur um 15% zurückgegangen und momentan gehen sie eher langsamer als schneller zurück. Es ist also wichtig, dass die Regierung mehr Geld in die Entwicklung der öffentlichen Verkehrsmittel investiert.
Rep.:	Gibt es auch einige positive Aspekte in der Umweltpolitik?
Wiss.:	Natürlich. Die Bundesregierung ist für einen Austritt aus der Atomenergie. Dabei steht besonders die Sicherheit der Bevölkerung im Vordergrund. Auch die Ökosteuer leistet einen wichtigen Beitrag, aber es ist wichtig, dass alternative Energieträger wie Sonnenenergie oder Windenergie billiger werden.

5   Students draw up a list of what measures individuals and the government should take to help the environment.

6   Students devise a leaflet to encourage people to look after the environment. They should use demonstrative pronouns as well as expressions from the *Hilfe* section.

Extra!   Students do a survey amongst their friends to brainstorm practical action to stop pollution.

Wie rein ist Vater Rhein?

Grammar focus

◆ the passive voice

Materials

◆ Students' Book pages 96–97
◆ Cassette 2 side 1 CD 3
◆ Grammar Workbook page 64

1   Students look at the sketches of the Rhine and answer the questions. The *Hilfe* section gives useful expressions.

Answers:
1 f   **2** b   **3** d   **4** e   **5** a   **6** c

2a   Students read the account of how life has returned to the Rhine.

2b   A true/false activity to test reading comprehension.

Answers:
a F *(seit 20 Jahren hat man angefangen, den Rhein zu retten)*
b R   **c** R   **d** F *(Wenn der Schlamm schwarz ist, gibt es wenig Sauerstoff im Fluss)*   **e** R

3   Students read the text again and complete the sentences.

Answers:
a *er so verschmutzt war*
b *die Chemiefirmen ihre Abwässer in den Rhein leiteten*
c *den Rhein bis zum Jahr 2000 zu säubern*
d *werden Schlammproben studiert*
e *der Schlamm jetzt braun ist/so viele Lebewesen zurückgekehrt sind*

Grammatik

A   Students look at the subjects and objects in the example sentences.

Answers:
The object of the active sentence is the subject of the passive sentence.

B   Students translate the passive sentences.

Answers:
a *Bathing in the river was described as attempted suicide.*
b *The population was warned against fishing in the river.*
c *In his laboratory mud samples are studied.*
d *The new Rhine salmon was successfully introduced.*

C   Students find the German translations and also note down each subject.

Answers:

a *(das Baden) wurde bezeichnet*

b *(die Abwässer) wurden geleitet*

c *(Schlammproben) werden studiert*

d *(er) wird beschrieben*

e *(der neue Rheinlachs) wurde eingesetzt*

f *(es) wird gefischt*

g *(es) wird gebadet*

D Students re-write the sentences in the passive.

Answers:

a *Der Rhein wird von Industrieabwässern verschmutzt.*

b *Die meisten Fische werden durch Chemikalien getötet.*

c *Mehr wird von den Umweltministern gegen die Flussverschmutzung gemacht.*

 4a Students listen and note down the reasons for water pollution and the effects of pollution.

Answers:

a *unbehandelte Abwässer und Industrieabwässer von Bergwerken, Düngemittel; Öl, saurer Regen, Pestizide*

b *Tiere und Pflanzen werden getötet; Menschen bekommen Hautausschläge, Augeninfektionen, Salmonellen*

---

p 97, activity 4

Wasserverschmutzung ist nicht nur in Deutschland ein großes Problem, sondern weltweit. Es geht dabei ebenso um die Verschmutzung der Flüsse wie auch um die Verschmutzung der Meere. Konzentrieren wir uns zuerst auf die Flüsse. Was sind die Ursachen? Nehmen wir zum Beispiel den Rhein. Der Rhein fließt durch die Schweiz, Deutschland, Frankreich, Luxemburg und die Niederlande und zwar durch wichtige Industriegebiete. Unbehandelte Abwässer sowie Industrieabwässer spielen daher eine bedeutende Rolle, besonders von großen Chemiewerken auf der deutschen Seite, wie auch von Stahl- und Chemiewerken in Lothringen. Schadstoffe von Kohlebergwerken im Süden der Niederlande tragen ebenso dazu bei, wie chemische Düngemittel, die in der Landwirtschaft verwendet werden.

Die Ursachen der Verschmutzung der Meere sind ähnlich, aber es kommen noch andere Faktoren dazu wie Öl, das entweder bei einem Unfall eines Tankers oder direkt ins Meer geleitet wurde, oder saurer Regen. Es ist wirklich verantwortungslos, unsere Meere als Schuttabladeplatz zu missbrauchen.

Die Auswirkungen sind ganz unterschiedlich. Pestizide können die Meeresfauna und -flora töten, unbehandelte Abwässer können Augeninfektionen, Hautausschläge oder sogar Salmonellen hervorrufen und ausgelaufenes Öl kann Badestrände zerstören, Vögel, Fische und Plankton töten.

4b Students use the facts from activity 4a to write about water pollution. Remind them to use the passive.

5 A whole-class activity to role-play a discussion about water pollution.

6 Students use the bullet points to structure their writing about water pollution.

Klimakatastrophe?

Materials

◆ Students' Book pages 98–99

◆ Cassette 2 side 1 CD 3

◆ Arbeitsblatt 27

1 Students match the pictures to the appropriate captions

Answers:

1 a **2** c **3** d **4** b **5** e

2a Students look up the listed words.

Answers:

a *the rays* **b** *the (ozone levels)* **c** *the burden* **d** *to shrink*

2b Students read the text about the hole in the ozone layer.

2c Students choose the sentences which best sum up the professor's replies.

Possible answers:

b, d, g, h, i, j

3 Students find the German equivalents from the text.

Answers:

a *Missverständnisse*

b *Schrumpft es oder wächst es?*

c *(es) verschwindet nicht total*

d *einen (Ozon)Abbau von bis zu 50%*

e *Hautkrebs*

f *die FCKW-Belastung ist zurückgegangen*

g *Schneeoberfläche*

4 Answering these questions will ensure that students understand the main points of the interview.

Answers:

a *Das Ozon verschwindet nicht total.*

b *Es schützt unsere Erde vor den UV-Strahlen.*

c *Die Zahl der Hautkrebs-Erkrankungen ist weltweit gestiegen.*

d *Wegen der Industrie- und Autoabgase.*

e *Das Ozonloch über dem Nordpol bewegt sich auf Nordeuropa zu. Man hat zum Beispiel im Frühjahr einen starken Ozonabbau über Deutschland gemessen.*

f *Am stärksten ist der Ozonabbau im Februar und März.*

g *Kinder und Jugendliche. Das gilt aber auch für Skifahrer.*

5a A whole-class activity to brainstorm questions to ask climate change experts.

5b Students now listen to an interview and note down the questions asked. Did any of the questions match their own questions?

	p 99, activity 5b
Rep.:	Sie sind Klimaforscherin am Fraunhofer Institut für Umweltforschung. Wird sich unser Klima in den nächsten Jahren wirklich drastisch verändern?
Forscherin:	Die Tendenz ist recht eindeutig. Im Durchschnitt wird unser Klima wärmer. Das heißt also für Süddeutschland viel wärmere Sommer mit weniger Regen und mehr Niederschläge im Spätwinter und Frühjahr.
Rep.:	Das klingt ja wunderbar. Gibt es aber noch andere Auswirkungen?
Forscherin:	Ja, leider. Die Vegetation im südlichen Deutschland ist nicht auf diese Trockenheit vorbereitet und man muss mit mehr Dürren rechnen. Auch steigt die Waldbrandgefahr und die Landwirtschaft muss deutlich mehr bewässern.
Rep.:	Wie wird es dann in Norddeutschland aussehen?
Forscherin:	Dort werden die Sommer nicht trockener, sondern feuchter und die Winter werden deutlich wärmer. Die Westwinddrift wird stärker und es wird stürmischer. Das bedeutet für die Nordseeküste eine erhöhte Gefahr von Sturmfluten.
Rep.:	Das klingt ja nicht sehr positiv. Wodurch wird dieser Trend verursacht?
Forscherin:	Vor allem durch das Treibhausgas CO_2.
Rep.:	Und was kann man tun, um diesen Trend aufzuhalten?
Forscherin:	Die Emissionen des Treibhausgases CO_2 müssten sich um 80% verringern. Und das sofort. Wir müssen unsere Wälder retten, besonders auch den tropischen Regenwald, denn sie sind eindeutig ein stabilisierender Klimafaktor. Wir müssen unsere Intelligenz und unsere modernen Technologien sinnvoll einsetzen, um überall Energie zu sparen.

6 Students listen again and note down the words to fill each gap.

Answers:

a *wärmer* **b** *weniger* **c** *Niederschläge* **d** *Dürren*
e *Waldbrand* **f** *feuchter* **g** *Sturmfluten* **h** *Treibhaus*
i *Wälder* **j** *Energie*

7 Students listen to the interview again and re-read the article. They make notes about the causes and results of climate change / the hole in the ozone layer and then write up all their notes.

8a Students make up questions on the theme of water pollution or the hole in the ozone layer.

8b Students use the questions to carry out an interview with a partner.

A 27 **Extra!** Students read about the forests dying on *Arbeitsblatt* 27 and do the activities.

Atomenergie – nein danke!

Grammar focus

◆ negatives

Materials

◆ Students' Book pages 100–101
◆ Cassette 2 side 1 CD 3
◆ *Arbeitsblatt* 28
◆ Grammar Workbook page 67

1 Students compare the different sources of Germany's energy supply. The *Tipp* section on page 43 will give them useful expressions.

2a Students read the text about nuclear energy.

2b Students pick out all the compound words beginning *Atom-*.

Answers:

Atomenergie, Atomkraft, Atomkraftwerke, Atomreaktorunfall

2c Phrases a–g appear in the text. Students match them to an equivalent German phrase.

Answers:

a 3 **b** 5 **c** 2 **d** 4 **e** 1 **f** 6 **g** 7

3 Students re-write each sentence with the correct word order. The grammar section on page 13 covers word order if they need some reminders.

Answers:

a *Die Atomkraft bringt Gefahren und Risiken mit sich.*

b *Die Vorräte der fossilen Brennstoffe sind nicht regenerationsfähig.*

c *Man hat bis heute noch keine sichere Lösung gefunden.*

d *Niemand kennt den Risikofaktor der Atomkraft.*

e *Wird es in hundert Jahren noch Uranvorräte geben?*

4 Students listen and note down two arguments for and against nuclear energy.

Answers:

a *Arbeitsplätze, effizient, billig*

b *Unfälle, Risiken, Auswirkungen der Radioaktivität*

---

p 101, activity 4

B.: Was halten Sie von Atomenergie? Ich persönlich finde sie sehr wichtig. Atomkraftwerke schaffen Arbeitsplätze. Wie zum Beispiel in Sellafield, hier in Cumbria. Sellafield ist eine der wichtigsten Erwerbsquellen im Norden Englands. Keiner der 6000 Angestellten dort will seine Arbeit verlieren.

G.: Ja natürlich, da haben Sie schon Recht. Aber andererseits muss man doch auch an die Risiken denken. Wir kennen die Auswirkungen der Radioaktivität: Hautausschläge, Allergien bis zu Krebserkrankungen wie Leukämie. Es gibt einfach zu viele Unfälle und Risiken. Das hat man ja am Beispiel Sellafield gesehen. Keiner kann 100% Sicherheit garantieren.

B.: Das stimmt, aber es gibt eine neue, sicherere Anlage in Sellafield. Und mit dieser neuen Mischoxid-Anlage wird aus Uran und Plutonium ein hochwertiger Brennstoff produziert. Atomreaktoren in der ganzen Welt können damit weitere Energie gewinnen.

G.: Dieses Mischoxid ist aber viel gefährlicher als Uran allein und meiner Ansicht nach will niemand dieses größere Risiko auf sich nehmen. Und die Umweltorganisation Greenpeace warnt davor, dass dieses Mischoxid aus einem besonders giftigen Material besteht. Also wird sich das Risiko eines Kernkraftunfalls erhöhen. Denken Sie doch an Tschernobyl. Keiner darf diese Katastrophe vergessen.

B.: Ich finde, wir sollten aus diesem Unfall lernen. Das Atomkraftwerk Sellafield steckt zur Zeit zwar in einer Krise, aber diese wird hoffentlich bald vorbei sein.

G.: Meiner Meinung nach sollten alternative Energiequellen weiter entwickelt und gefördert werden. Sie …

B.: Das Problem ist doch, dass diese Alternativen nicht effizient genug sind und viel zu teuer.

G.: Genau da müsste man etwas tun, denn alternative Energiequellen sind eine sichere Lösung. Man wird nichts riskieren, aber viel gewinnen.

---

5 A whole-class debate on nuclear energy. Go through the help on page 56 first with students to remind them how to express an opinion.

6 Students write a newspaper article about the dangers of nuclear energy. This could be done for homework.

Extra! Further practice in listening is provided on
A 28 *Arbeitsblatt 28.*

Grammatik

A Students pick out the words which make negative sentences.

Answers:

nichts, nicht, keine, niemand, nie

B Students listen again to the taped material for activity 4 and find the words to fill the gaps.

Answers:

a *Keiner* **b** *niemand* **c** *Keiner* **d** *nichts*

C Students choose the correct negative form for each sentence.

Answers:

a *nichts* **b** *niemand/keiner* **c** *nie/nicht* **d** *Niemand*
e *Keiner* **f** *niemanden*

Grüne Alternativen

Grammar focus
◆ conditional perfect

Materials
◆ Students' Book pages 102–103
◆ Cassette 2 side 1 CD 3
◆ Grammar Workbook page 61

1 Students match the captions to the photos.

Answers:

1 b   2 a   3 c

2a Students read about alternative sources of energy.

2b Students find the German equivalents in the text.

Answers:

a *Wenn wir eine Katastrophe vermeiden wollen*

b *die größten Vorteile gegenüber*

c *solange das Sonnensystem existiert*

d *die fossilen Energien ablösen*

e *unabhängige „grüne" Unternehmen fördern*

f *Man hätte damit schon vor Jahren anfangen sollen*

g *100% des Energiebedarfs abdecken*

3 Students give answers in full sentences.

Answers:

a *Weil eine Katastrophe droht.*

b *Die Sonnenenergie hat keine Emissionen und es wird Sonnenenergie geben, solange das Sonnensystem existiert.*

c *weil die Sonne überall auf der ganzen Welt scheint.*

d *Sie sollen die alten Energien ablösen.*

e *Neue, unabhängige „grüne" Unternehmen müssen gefördert werden.*

4a Go through the grammar box before students listen to the text about alternative energy supplies. Students match the sentence halves.

Answers:

a 2 **b** 3 **c** 4 **d** 1

---

p 103, activity 4

Ramona: Alternative Energiequellen sind schon gut, aber ganz ohne Atomenergie hätten wir nicht genug Energie für unseren Stromverbrauch.

Miriam: Das glaube ich nicht. Wissenschaftler, die für alternative Energien sind, halten in der Zukunft eine vollständige Energieversorgung mit erneuerbaren Energieträgern für möglich. Die Basis dafür ist ein Mix aus Solarzellen, Wasserkraftwerken, Elektrifizierung organischer Abfälle und Windkraftanlagen.

Michael: Zur Zeit gibt es ja 19 Kraftwerke, die Atomstrom produzieren. Wenn man diese alle schließen würde, wären Tausende arbeitslos. Als das Kernkraftwerk in Wyhl geschlossen wurde, war der Vater meines Freundes arbeitslos.

Miriam: Aber er hätte doch einen neuen Arbeitsplatz in einem alternativen Unternehmen suchen können, wenn er sich für die Umwelt interessiert hätte. Die Entwicklung und Förderung alternativer Energien schafft doch wieder neue Arbeitsplätze, oder nicht?

Jan: Das kann schon sein. Man müsste die alternative Energie attraktiver machen. Momentan ist die Solarenergie sehr teuer. Die Politiker müssten den Leuten, die Solarenergie verwenden, eine Steuerermäßigung geben. Und Unternehmen mit hohem Stromverbrauch, die alternativen Solarstrom verwenden, sollten auch weniger Ökosteuer bezahlen. Meine Eltern hätten gern ein Haus mit Solarenergie gekauft, wenn es nicht so teuer gewesen wäre.

Michael: Ich weiß nicht, alle sind plötzlich gegen Atomkraft. Dabei ist Atomkraft doch sauber und sehr effizient.

Ramona: Effizient schon, aber viel zu riskant. Ich finde, jeder Einzelne sollte versuchen, Energie zu sparen. Ich wäre letztes Jahr viel lieber mit dem Rad als mit dem Auto zur Schule gefahren, wenn es mehr Radfahrwege gegeben hätte. Wir sollten alle umweltbewusster leben.

Michael: Das ist leicht gesagt, aber nicht immer leicht getan. Meine Eltern hätten den Stromverbrauch in ihrer Firma reduziert, wenn es möglich gewesen wäre. Ich stimme mit Jan überein. Man müsste mehr Werbung für alternative Energien und den Umweltschutz im Allgemeinen machen. Ich wäre zum Beispiel nie ein Mitglied von „Panda" geworden, wenn du mir nicht davon erzählt hättest, Ramona.

4b Students listen again and answer the questions.

Answers:

a *Wissenschaftler halten in Zukunft eine vollständige Energieversorgung mit erneuerbaren Energieträgern für möglich.*

b *Ein Mix aus Solarzellen, Wasserkraftwerken, Elektrifizierung organischer Abfälle und Windkraftanlagen.*

c *Wenn man 19 Kraftwerke schließen würden, wären Tausende arbeitslos. Die Entwicklung alternativer Energien schafft aber neue Arbeitsplätze.*

d *Steuerermäßigung für jene, die Solarenergie verwenden; weniger Ökosteuer, wenn man alternativen Solarstrom verwendet.*

e *Energie sparen.*

Tipp

1 Students refer back to the *Tipp* section on structuring their writing and then answer the questions.

5a Students revise the arguments and vocabulary on this topic by writing an opposite argument for each statement.

5b A whole-class discussion about the pros and cons of alternative energy sources.

6 Students write up the discussion. This could be done for homework.

Zur Auswahl

Skill focus

◆ structuring a longer piece of writing

Materials

◆ Students' Book page 104

◆ Solo Cassette side 2

◆ *Arbeitsblatt 29*

1a Students listen to the tape and then choose the correct word from the box for each gap.

Answers:
a *Pandaprogramm* **b** *hautsympathischen, schadstofffreien*
c *Schuhe, Schmuck* **d** *Materialien* **e** *jahrelang*

---

p 104, activity 1

Panda ist ...
... Mode
Was macht den Pullover zum Lieblingspullover, den Sie immer wieder aus dem Schrank ziehen? Vielleicht ist es das besonders weiche, hautfreundliche Material. Oder sind es vielleicht die warmen Farben, die gute Passform oder Komplimente, weil Sie gut aussehen?
  Das Pandaprogramm bietet Lieblingspullover, -jacken, -hosen, -shirts ...
  Wir achten dabei besonders auf hautsympathische, schadstofffreie Naturfasern, die umweltfreundlich hergestellt sind. Dazu bieten wir Ihnen Taschen, Schuhe, Accessoires und Schmuck, die wir ebenso sorgfältig für Sie ausgewählt haben.
Panda ist ...
... Wohnen
Wollen Sie sich zu Hause entspannen? Achten Sie auf gesunde Materialien und umweltfreundliche Verarbeitung? Panda bietet Ihnen Möbel, Heimtextilien, Haushaltsartikel oder Öko-Produkte in ausgezeichneter und bester Qualität. Alle Produkte werden streng geprüft. Wir bieten ihnen Produkte, die Sie jahrelang verwenden oder wenn nötig reparieren können. Ein Kauf, der sich lohnt!

---

2 Students write a list of arguments for joining an environmental organisation and then use them to try to convince a partner to join.

3 Students use the bullet points to help them to structure their writing about pollution and what should be done to protect the environment.

A 29 **Extra!** *Arbeitsblatt* 29 Students discuss the work of different environmental groups using the picture stimulus in activity 1 and test stimulus in activity 2.

S **4a** Students listen and repeat the compound words.

---

p 104, activity 4a

Umweltverschmutzung
Atomkraft
Klimaveränderung
Kernkraftwerk
Wiederverwertung

---

unsicher
Abfall
Energiequelle
Treibhauseffekt
Umweltorganisation

4b Students listen and repeat the rhymes.

---

p 104, activity 4b

Blätterfall, Blätterfall
Gelbe Blätter überall

Weil Frankfurt so groß ist,
drum teilt man es ein
In Frankfurt an der Oder
Und Frankfurt am Main.

Answers for Copymasters

Arbeitsblatt 27

1 **a** *F (die Fläche der Waldschutzgebiete wurde auf acht Prozent weltweit verdoppelt)* **b** *nicht im Text (Baumarten im Text)* **c** *R* **d** *R* **e** *nicht im Text* **f** *F (das Nationalpark im Wattenmeer wurde erweitert)*

2 *Probleme in Deutschland: Waldsterben; erfolgreiches Projekt in Afrika: Lac Lobeke im Süden als Nationalpark wurde anerkannt; erfolgreiches Projekt auf Madagaskar: der Nationalpark Andringitra zum Schutz der tropischen Regenwälder wurde offiziell eingeweiht*

Arbeitsblatt 28

1 **a** *verlieren* **b** *giftigem Material* **c** *schon fast vorbei*
d *sicherer*

2 *schafft, finden, wird, verlieren, kennt, gab, garantiert, warnen, haben, vergessen, sind, gefördert, entwickelt*

See recording for page 101, activity 4 for the transcript to *Arbeitsblatt* 28.

Arbeitsblatt 29
No answers – speaking activities

Wiederholung Einheit 7–8

1a Students read the text about soap operas.

1b These questions test the students' reading comprehension.

Answers:

a *In den zwanziger Jahren in Amerika* (2 marks)

b *für Waschmittel zu werben* (1 mark)

c *kurze Szenen, viele interessante Charaktere und Spannung* (3 marks)

d *von zwei rivalisierenden Familienclans mit viel Geld und jeder Menge Intrigen* (2 marks)

e *es versucht, etwas realistischer zu sein* (1 mark)

f *weil die Zuschauer ihr eigenes Leben darin erkennen* (1 mark)

g *sie können die Aufmerksamkeit der Zuschauer auf Brennpunkte der heutigen Gesellschaft lenken* (1 mark)

h *sie ersetzen die sozialen Kontakte für allein wohnende Menschen, und die eigenen Probleme sind nicht halb so schlimm gegenüber denen in der Serie* (2 marks)

2a Students use the bullet points to prepare notes about a soap opera of their choice. Then they describe it to the class and the members of the class have to guess the programme.

2b A whole-class discussion about the value (or otherwise) of soap operas.

3 Students write a description of their chosen soap opera and express their opinion about its value/role. (20 marks)

 4 Students listen to the interview about forests dying and finish off sentences a–j.

Answers:

a *Umweltorganisation* (1 mark)

b *Lungen* (1 mark)

c *Sauerstoff* (1 mark)

d *das Klima*

e *Tiere, Vögel und Insekten* (3 marks)

f *beschädigt* (1 mark)

g *Luftverschmutzung, saurer Regen* (2 marks)

h *Verkehr, Industrie* (2 marks)

i *retten / schützen* (1 mark)

j *weniger Auto fahren, ein Tempolimit auf der Autobahn und Emissionen einschränken* (3 marks)

---

	p 106, activity 4
Interviewerin:	Guten Tag, liebe Zuhörer. Heute ist unser Thema Waldsterben und hier im Studio möchte ich Herrn Andreas Körner von der Umweltorganisation dem Bund für Wald und Naturschutz vorstellen. Guten Tag, Herr Körner.
Herr Körner:	Guten Tag.
Interviewerin:	Also, wir hören immer wieder vom Waldsterben. Sind die Wälder denn so wichtig?
Herr Körner:	Auf alle Fälle. Die Wälder sind sozusagen die Lungen des Planeten. Sie atmen Kohlendioxid ein und sie atmen den Sauerstoff aus, den die Menschen zum Leben brauchen. Auch regeln die Wälder, vor allem die Tropenwälder, das Klima. Die Wälder sind für uns Menschen also enorm wichtig. Weiterhin wohnen auch viele Tiere, Vögel und Insekten in den Wäldern.
Interviewerin:	Und wie krank ist der deutsche Wald?
Herr Körner:	Sehr krank. Ich würde sagen, es ist fast katastrophal. Zwei Drittel der Bäume in Deutschland sind krank, 25% sind schwer beschädigt.
Interviewerin:	Und was schädigt den Wald?
Herr Körner:	Luftverschmutzung ist eine große Ursache des Schadens, weil sie zum sauren Regen führt. Also Verkehr und Industrie sind an erster Linie schuld.
Interviewerin:	Ist der Wald noch zu retten?
Herr Körner:	Ja, auf alle Fälle. Bäume können sich in wenigen Jahren erholen, wenn sie von der Luftverschmutzung befreit werden. Wir müssen aber sofort handeln und Maßnahmen einleiten, die den Wald schützen.
Interviewerin:	Was für Maßnahmen?
Herr Körner:	Weniger Auto fahren, ein Tempolimit auf der Autobahn einführen, die Emissionen aus der Industrie einschränken. Nur so sind die Bäume zu retten.
Interviewerin:	Herr Körner, danke für das Gespräch.

5 Students work with a partner and use the photos and cartoon as a stimulus for discussion.

Ausländer in Deutschland Einheit 9

Unit objectives

By the end of this unit students will be able to:

◆ Talk about the different groups of immigrants in Germany and their problems
◆ Discuss the problems of second- and third-generation immigrants
◆ Discuss the reasons for racism and its effects
◆ Discuss the integration of foreigners

Grammar

◆ Use the pluperfect tense
◆ Use adjectival nouns

Skills

◆ Use strategies to extend their vocabulary
◆ Pronounce *s, ß, st* sounds more accurately

page 107

1 As an introduction to this topic, students look at the photos and answer the questions.

Wer sind die Ausländer?

Materials

◆ Students' Book pages 108–109
◆ Cassette 2 side 1 CD 3
◆ *Arbeitsblatt* 30

1 A whole-class activity to get students thinking about immigrants in their own vicinity.

2a Students read the texts about the different groups of people who come to live in Germany.

2b The words a–h all appear in the texts on page 108. Students match them to the correct definition.

Answers:
a 4 **b** 1 **c** 6 **d** 8 **e** 2 **f** 7 **g** 3 **h** 5

3 Students match the sentence halves.

Answers:
a 5 **b** 1 **c** 9 **d** 7 **e** 2 **f** 10 **g** 3 **h** 4 **i** 8
j 6

4 Students listen and note down the statistics for a–j.

Answers:
a 7,3 *Mio.* **b** 1,5 *Mio.* **c** 29% **d** 6% **e** 42%
f 3,2 *Mio.* **g** 200 000 **h** 468 000 **i** 138 000 **j** 4,4%

---

p 109, activity 4

| Interviewer: | Frau Nolde, können Sie uns etwas über Ausländer in Deutschland erzählen? |
| Brigitte Nolde: | Ungefähr 7,3 Millionen Ausländer wohnen in Deutschland. Rund 1,5 Millionen sind in Deutschland geboren, haben aber die Staatsbürgerschaft der Eltern. Diese Ausländer sind hauptsächlich die Kinder der Gastarbeiter, die in den 60er Jahren zu uns gekommen sind. Diese Gastarbeiter haben ein niedrigeres Einkommen als die meisten Deutschen und auch geringere Qualifikationen. 29% der Gastarbeiter haben keinen Schulabschluss. Bei der zweiten Generation ist die Statistik deutlich besser. 42% der zweiten Generation sind höhere Angestellte, im Vergleich zu 6% der ersten Generation. |

Die zweite Gruppe von Ausländern sind die Aussiedler. Die Aussiedler sind eigentlich keine Ausländer, sie gehören zu den 3,2 Millionen Menschen deutscher Abstammung, die in Osteuropa wohnen. Letztes Jahr kamen 200 000 Aussiedler nach Deutschland zurück. 97% kommen aus Russland, Polen oder Rumänien.

Die dritte Gruppe sind die Asylbewerber. Zum Höhepunkt der Asylwelle zur Zeit des Kriegs in Jugoslawien kamen 468 000 Asylanten nach Deutschland. 1999 waren es 138 000. Die meisten haben jedoch kein Recht auf Asyl. In der Regel werden 4,4 % der Asylanträge anerkannt.

A 30 **Extra!** Students play the game of definitions on *Arbeitsblatt* 30.

5 Students write up the main facts about people who come to live in Germany. The *Hilfe* section will help them with their writing. This could be done for homework.

Aussiedler, Asylanten

Materials

◆ Students' Book pages 110–111
◆ Cassette 2 side 1 CD 3
◆ Grammar Workbook page 56

1 Students read the statements a–h and decide whether they apply to asylum seekers or *Aussiedler*.

Answers: Aussiedler: a, f, g   Asylanten: b, c, d, e, h

2a Students read the account of an asylum seeker.

2b Students make up appropriate titles for each section of the text (numbered 1–4).

3a A true/false activity to test reading comprehension.

Answers:

a R   **b** R   **c** F *(Sie wohnte ein Jahr lang in einem zweiten Lager)*   **d** F *(Der Asylantrag der Familie wurde anerkannt)*   **e** R   **f** F *(Jenet hatte nicht begonnen, Deutsch zu lernen)*   **g** R   **h** R   **i** F *(Jenet hat vor, in Deutschland zu bleiben)*

3b Students answer the questions on the text.

Answers:

a *Wegen des Bürgerkrieges zwischen Tamilen und der singhalesischen Mehrheit.*

b *Der Vater durfte zuerst nicht arbeiten, sie hatten keine Wohnung, sie mussten die Sprache lernen, die Kultur ist ganz anders, und es gibt Vorurteile gegen Ausländer.*

c *Mädchen werden strenger erzogen in Sri Lanka.*

d *(open answer)*

4a Students listen to Thomas' story and put the sentences in chronological order.

Answers: b, c, d, e, a, f, g

---

p 111, activity 4

Reporterin: Thomas wohnt mit seiner Familie in Bayern. Die Familie gehört zu den deutschen Aussiedlern aus der ehemaligen Sowjetunion.

Thomas: Meine Vorfahren zogen Mitte des neunzehnten Jahrhunderts in die Ukraine. Dort bekamen sie Land, gründeten eine Siedlung und bauten mit den anderen Siedlern zusammen Häuser, eine Schule und eine Kirche. Es war eine deutsche Siedlung, wie viele andere zu der Zeit. Meine Familie wohnte bis Ende des Zweiten Weltkriegs dort, dann begann Stalin die deutsche Minderheit zu verfolgen. Meine Großeltern wurden nach Kasachstan in Mittelasien deportiert. Dort wurden sie auch diskriminiert und als Faschisten beschimpft.

Reporterin: 1956 wurde Thomas' Vater Christian in Kasachstan geboren und seine Eltern haben sich in Moskau um die Ausreise in die alte Heimat beworben. Über 30 Jahre lang haben sie nichts gehört, dann im Jahr

---

1990 geschah ein Wunder – sie haben die Ausreiseerlaubnis bekommen. So konnten der 8-jährige Thomas, seine Geschwister, Eltern und Großeltern in die Bundesrepublik reisen.

Thomas: Für meine Großeltern war es wie ein Traum. Sie hatten immer noch die alten Familienurkunden und konnten unsere Staatsangehörigkeit problemlos beweisen. Wir konnten aber keinen Besitz mitnehmen, meine Eltern mussten ihr Haus verkaufen, um die Reise zu zahlen. Aber wir haben Begrüßungsgeld von der Regierung bekommen. Die Familie wohnte ein paar Wochen in einem Lager, zog dann nach Bayern, wo ihre Vorfahren herkamen.

Reporterin: Die Integration ging aber nicht so einfach. Thomas' Eltern hatten Schwierigkeiten, Arbeit zu finden, da sie im Vergleich zu den meisten Deutschen nur geringe Qualifikationen hatten. Auch die Sprache war ein Problem – ihr Deutsch war veraltet und vor allem seine Großeltern hatten Probleme mit der Umgangssprache.

Thomas: Meine Großeltern haben die meisten Schwierigkeiten gehabt. Sie hatten ein Bild von Deutschland wie es vor fünfzig Jahren war, und hatten auch ein Idealbild von der Bundesrepublik. Das neue Deutschland ist ihnen sehr fremd. Die Vorurteile haben sie auch am härtesten getroffen – in Russland waren wir die Deutschen, hier werden wir von manchen als Russen angesehen, die nach Hause zurückkehren sollten.

4b Students match the sentence halves.

Answers:

a 4   **b** 1   **c** 7   **d** 8   **e** 2   **f** 3   **g** 5   **h** 6

5 Students listen again to Thomas' story (*Aussiedler*) and Jenet's story (asylum seeker) and list the differences and similarities between asylum seekers and *Aussiedler*. Then draw together students' lists in a whole-class discussion.

Grammatik

A Students pick out examples of the pluperfect from the text on page 110.

Answers:

… hatte … gesehen, war … geflohen, hatte … gehabt, hatten … begonnen, nachdem ich … gelernt hatte, hatten … verkauft

B Students re-write the sentences in the pluperfect.

Answers:

a *Jenet war mit ihrer Familie nach Deutschland gekommen.*

b *Man hatte die Familie in Sri Lanka angegriffen.*

c *Jenet hatte begonnen, Deutsch zu lernen.*

d *Jenets Vater hatte am Anfang keine Arbeit gefunden.*

e *Jenets Familie hatte in einem Lager gewohnt.*

6   Students listen and make notes about the integration into Germany of asylum seekers and *Aussiedler*.

Answers:

Aussiedler: *Warum: keine Ausländer; Gefühle: Heimat; Dauer: für immer; Sprache: schlechtes oder veraltetes Deutsch; Arbeit: haben Schwierigkeiten, weil sie oft aus ländlichen Gebieten kommen; Geld: oft Problem; Kultur: weniger Probleme, aber das Leben in den Ostblockstaaten war ganz anders; Folgen: unrealistisches, Bild, enttäuscht, Depressionen*

Asylanten: *Warum: für Zuflucht; Gefühle: Zufluchtsland, manche aber neue Heimat; Dauer: bis die Probleme in ihrer Heimat gelöst sind; Sprache: kein Deutsch; Arbeit: dürfen zuerst keine haben, dann ist es schwierig wegen der Sprache; Geld: oft Problem; Kultur: Schock, andere Religionen, andere Sitten; Folgen: sie fühlen sich allein, Unsicherheit, Depressionen*

---

p 111, activity 6

Interviewer: Also, Frau Nolde, Ihre Arbeit besteht darin, die Ausländer, die zu uns kommen, in die deutsche Gesellschaft zu integrieren. Welche Probleme haben die Aussiedler und Asylanten?

Frau Nolde: Ich glaube, dass es wichtig ist, zwischen Aussiedlern und Asylanten zu unterscheiden. Das sind zwei sehr unterschiedliche Gruppen.

Interviewer: Haben sie also nicht dieselben Probleme?

Frau Nolde: Nur teilweise. Es ist sehr wichtig zu verstehen, dass die Aussiedler eigentlich keine Ausländer sind. Sie haben die deutsche Staatsangehörigkeit. Die meisten Aussiedler wollen in Deutschland bleiben, viele Asylanten wollen nach Hause gehen, sobald die Probleme in ihrer Heimat gelöst sind.

Interviewer: Sie haben also andere Gefühle Deutschland gegenüber.

Frau Nolde: Genau, viele Aussiedler betrachten Deutschland als ihre Heimat. Für viele Asylanten ist Deutschland ein Zufluchtsland, obwohl manche doch auf die Dauer hier bleiben und dann Deutschland als ihre neue Heimat sehen.

Interviewer: Welche Probleme haben sie bei ihrer Ankunft?

Frau Nolde: Die Sprache ist ein großes Problem. Die meisten Asylanten sprechen überhaupt

kein Deutsch. Selbst die Aussiedler sprechen oft ein schlechtes oder veraltetes Deutsch.

Interviewer: Ist es dann schwierig für sie Arbeit zu finden?

Frau Nolde: Asylanten dürfen zuerst gar nicht arbeiten und dann, wenn sie schlecht Deutsch können, ist es natürlich schwierig Arbeit zu finden. Die Aussiedler dürfen arbeiten, aber sie haben auch Schwierigkeiten. Sie kommen oft aus ländlichen Gebieten und sind auf das Leben in einem modernen Industriestaat gar nicht vorbereitet.

Interviewer: Welche anderen Probleme gibt es?

Frau Nolde: Geld ist oft ein Problem und dann ist es schwierig eine Wohnung zu finden.

Interviewer: Ist die unterschiedliche Kultur problematisch?

Frau Nolde: Natürlich. Für Asylanten aus der Dritten Welt ist das Leben in Deutschland ein Schock. Sie haben oft eine andere Religion, andere Sitten. Die Aussiedler haben weniger Probleme, aber das Leben in den Ostblockstaaten, wo die meisten herkommen, war natürlich auch ganz anders als hier.

Interviewer: Was sind die Folgen für die Ausländer?

Frau Nolde: Manche leiden an Depressionen. Die Asylanten kommen oft allein oder haben Familienmitglieder zurückgelassen. Es ist sehr schwierig für sie, weit weg von zu Hause zu sein. Auch leben sie in Unsicherheit, bis der Asylantrag anerkannt wird. Die Aussiedler haben manchmal ein unrealistisches Bild von Deutschland und sind dann enttäuscht, wenn es nicht so ist, wie sie es sich vorgestellt hatten.

---

7   Students use the notes they have made to write about why asylum seekers and *Aussiedler* come to Germany and the difficulties they face. The *Tipp* section on page 87 gives advice about structuring writing.

8   Students practise the information and vocabulary they have learnt by doing a role-play. They should write out questions for the interview first.

Die zweite Generation

Materials
◆ Students' Book pages 112–113
◆ Cassette 2 side 2 CD 3
◆ *Arbeitsblatt* 30

1a Students look at the questions about Herr Suleiman and try to anticipate what his answers might be.

1b Students listen to the interview and note down the answers.

Answers:

a *1972*

b *um Arbeit zu finden, er war sehr arm und wollte ein besseres Leben*

c *in einer Fabrik in Berlin*

d *er hat einen Arbeitsplatz und eine Wohnung und die Lebensbedingungen sind besser*

e *nein*

f *sie gehen in die Schule, sprechen Deutsch und haben deutsche Freunde*

g *sie haben so viele Chancen*

h *die Religion und Kultur sind anders und sie haben zu viele Freiheiten*

i *sie sollten Türken heiraten, und die Eltern sollen eine Rolle spielen.*

---

p 112, activity 1b

Interviewer:	Herr Suleiman, seit wann wohnen Sie in Deutschland?
Herr S:	Ich bin 1972 nach Deutschland gezogen, kurz vor dem Anwerbestopp.
Interviewer:	Und warum sind Sie als Gastarbeiter nach Deutschland gekommen?
Herr S:	Ich komme aus einem kleinen Dorf in der Türkei. Es gab keine Arbeit und meine Familie war sehr arm. Ich dachte, ich würde in Deutschland ein besseres Leben haben.
Interviewer:	Hatten Sie immer vor, in Deutschland zu bleiben?
Herr S:	Nein, ich wollte eigentlich nach ein paar Jahren in die Türkei zurückkehren. Am Anfang war es sehr hart. Aber ich habe einen Arbeitsplatz in einer Fabrik in Berlin gefunden, ich habe eine Wohnung und die Lebensbedingungen sind besser hier. Ich habe also meine Frau aus der Türkei geholt und wir haben uns entschlossen, hier zu bleiben.
Interviewer:	Und sie haben jetzt Kinder?
Herr S:	Ja, ich habe jetzt vier Kinder. Sie sind alle in Deutschland geboren.
Interviewer:	Haben Sie deutsche Freunde?
Herr S:	Nein, eigentlich nicht. Hier in Kreuzberg gibt es viele Türken, auch am Arbeitsplatz. Das ist gut für uns, weil wir unsere Kultur und Traditionen bewahren können.
Interviewer:	Und wie ist es mit Ihren Kindern?
Herr S:	Klar haben sie deutsche Freunde. Sie gehen mit deutschen Kindern in die Schule. Sie sprechen auch viel besser Deutsch als meine Frau und ich.
Interviewer:	Und was sind Ihre Hoffnungen für Ihre Kinder?

Herr S:	Es ist gut, dass sie hier so viele Chancen haben. Aber sie sollen nicht vergessen, dass sie keine Deutschen sind. Sie sind türkische Staatsbürger und unsere Kultur und unsere Religion sind sehr anders. Deutsche Jugendliche haben viele Freiheiten und das finde ich nicht gut, besonders für die Mädchen.
Interviewer:	Was würden Sie tun, wenn eines Ihrer Kinder einen Deutschen oder eine Deutsche heiraten möchte?
Herr S:	Das würde ich nicht gut finden. Sie sollten jemanden aus Ihrer eigenen Kultur heiraten. Es ist besser, wenn die Eltern eine Rolle spielen.

2a Students read the text about Guljan, a young Turkish girl who was born in Berlin.

2b Students pick the appropriate word to fill each gap. Some of the words in the box are distractors.

Answers:

a *wichtig* **b** *hauptsächlich* **c** *empört, uneheliches*
d *verheimlicht* **e** *Druck* **f** *schwierig, einzufügen*

3 Students correct the sentences.

Answers:

a *In Kreuzberg wohnen viele türkische Familien.*

b *Guljans Familie war am Anfang OK mit ihrer Freundschaft mit Anna.*

c *Guljan hat Komplexe bekommen, weil sie keinen Freund hatte.*

d *Ab der neunten Klasse haben Guljans Freunde mehr Freiheiten bekommen.*

e *Guljans erste Beziehung ist gescheitert.*

f *Guljan soll jetzt einen Fremden aus der Türkei heiraten.*

A 30 **4** Students do a role-play with one taking the role of a young Turk rebelling against his/her parent's restrictions; the other student plays the parent. Encourage students to use the ideas on *Arbeitsblatt* 30.

5 Students imagine they are a young Turk and write a letter to a magazine's problem page. This could be done for homework.

Tipp

1 Students use dictionaries to find more words in the same family.

2 The words a–c are taken from the text. Students use dictionaries to find synonyms and antonyms.

3 Students make compound nouns from the words given.

Possible answers:

Staatsbürgerschaft, Asylantenwohnheim, Begrüßungsgeld, Mittelalter, Grundgesetz, Ausreiseantrag

4   Students try to guess the meaning of these words by thinking of words in the same family whose meanings they already know.

Answers: **a** *abuse, misuse*   **b** *unsure*   **c** *come back*

Ausländerfeindlichkeit

Grammar focus
◆ adjectival nouns

Materials
◆ Students' Book pages 114–115
◆ Cassette 2 side 2 CD 3
◆ Grammar Workbook page 6

1a   Students read through the prejudices and decide which ones attract the most support today.

1b   Students now read the facts and match each fact to the corresponding prejudice.

Answers:
1 c   **2** a   **3** b   **4** d   **5** e   **6** f

2a   Students read the texts. One is about neo-Nazis and the other about Germans who are horrified by racist attacks.

2b   Students choose the best sentence to sum up each text.

Answers: Abschnitt 1: b;   *Abschnitt 2:* f

3a   A true/false activity to test reading comprehension.

Answers:
a F *(zwei Türkinnen sind gestorben)*   **b** R   **c** F *(Ali hat jetzt Angst alleine auf die Straße zu gehen)*   **d** R   **e** F *(sie haben Flugblätter gegen Fremdenfeindlichkeit verteilt)*   **f** F *(sie wollen, dass sie in Deutschland bleiben)*

3b   Students answer the questions on both texts.

Answers:
a *Ausschreitungen und ein Asylantenheim wurde angegriffen*
b *6400*
c *männlich, unter 30 Jahre alt*
d *mit Abscheu*

4a   The words a–d do not appear in the text. Students find synonyms for them from the texts.

Answers:
a *Rechtsextremisten*   **b** *Ausländerhass, Fremdenhass*
c *Fremden*   **d** *Attentat*

4b   Students write down as many words as they can on the theme of violence.

5   A whole-class discussion about whether Germany is welcoming to foreigners.

Grammatik

A   Students pick out adjectival nouns from the texts.

Answers:
Rechtsradikale, Jugendlichen, Vertriebene

B   Students practise forming adjectival nouns. They could then go on to put these in sentences in the other cases.

Answers:
a *der Kranke*   **b** *der Verletze*

C   Students select the correct endings for the adjectival nouns.

Answers:
a *Deutschen*   **b** *Verfolgte*   **c** *Rechtsradikalen*   **d** *Fremden*

6   Students listen to the radio report and then write an English summary. The bullet points will help them to cover all important points.

Answer:
Summary should refer to these facts: a hostel for asylum seekers was attacked, windows were broken, cars, fridges and TVs smashed, residents beaten up, two dangerously so; culprits were members of a far right group; police took 20 minutes to arrive, so came too late; police have arrested two suspects and asked for eyewitnesses; local residents were horrified but not surprised.

---

p 115, activity 6

Reporter
Bei Ausschreitungen in einer sächsischen Kleinstadt sind gestern Abend die Einwohner eines Asylantenheims angegriffen worden. Die Täter sind Mitglieder einer rechtsextremistischen Gruppe, die das Attentat offensichtlich im Voraus geplant hatten. Am späten Abend hatte eine Gruppe das Heim gestürmt, die Tür- und Fensterscheiben des Heims zerschlagen, Autos demoliert, Kühlschränke und Fernseher zerstört. Die Bewohner des Heims, die fast alle schon im Bett lagen, wurden heftig zusammengeschlagen. Sieben wurden ins Krankenhaus gebracht, zwei davon sind lebensgefährlich verletzt. Augenzeugen haben Kritik an der Polizei ausgeübt – eine Nachbarin, die die Polizei angerufen hatte, behauptete, es habe 20 Minuten gedauert, bis sie endlich gekommen sind. Bis dann war schon alles vorbei. Die Polizei hat immerhin zwei Verdächtige festgenommen und appelliert an Augenzeugen, sich zu melden. Die Stadtbewohner

waren über die Ereignisse entsetzt, jedoch nicht besonders überrascht. Die Gruppe hat anscheinend in letzter Zeit immer häufiger gegen die Anwesenheit von Asylanten protestiert und die Heimbewohner auf der Straße angedroht. „Es ist eine Schande", meinte einer, „aber es war klar, dass so was kommt."

7   Students role-play an interview with an asylum seeker who was in a hostel that was attacked.

8   Students write up the interview. This could be done for homework.

Mein Land … dein Land?

Materials
◆ Students' Book pages 116–117
◆ Cassette 2 side 2 CD 3
◆ *Arbeitsblatt* 31

1   Students draw up a list of problems that confront foreigners and also list possible solutions.

2   Students listen to the account of what the German government does to help foreigners integrate into the country. They then choose the correct word from those listed to fill each gap.

Answers:

a *umsonst*   **b** *Sammelunterkünften*   **c** *nach einem Jahr*
d *nur einen schlechten Job bekommen*   **e** *erleichtern*
f *verurteilt*   **g** *die Medien*

	p 116, activity 2
Interviewer:	Also, wir haben schon über die Probleme für Ausländer gesprochen. Was macht die Regierung, um diese Probleme zu lösen?
Frau Nolde:	Die Regierung macht ziemlich viel, um das Leben der Ausländer unter uns zu erleichtern. Was die Sprache betrifft, gibt es überall kostenlose Sprachkurse für Ausländer. Die Regierung hilft auch finanziell.
Interviewer:	Was macht die Regierung denn?
Frau Nolde:	Asylanten bekommen eine Unterkunft, obwohl das oft in einem Wohnheim ist, und Sozialgeld. Die Aussiedler bekommen besonders viel Unterstützung. Sie bekommen Begrüßungsgeld und auch Arbeitslosengeld, wenn sie nicht sofort eine Stelle finden.
Interviewer:	Also gut, aber Geld hilft nicht, die Leute in die Gesellschaft zu integrieren.

Frau Nolde:	Das stimmt. Dabei ist das Wichtigste ein Arbeitsplatz. Deshalb dürfen Asylanten, die bei uns wohnen, nach einem Jahr arbeiten. Vorher war es erst nach fünf Jahren, aber die Regierung hat erkannt, dass es für die Integration sehr schlecht ist. Das Arbeitsamt bietet auch Fortbildung für Asylanten und besonders für Aussiedler, deren Qualifikationen hier nicht anerkannt werden. Wir wollen nicht, dass talentierte Ausländer bei uns nur die schlechten Jobs bekommen.
Interviewer:	Wie können sie aber Deutsche kennen lernen?
Frau Nolde:	Es gibt inzwischen viele Treffpunkte wie internationale Cafés, oft Privatinitiativen. Auch gibt es Gruppen, wo Ausländer sich untereinander treffen können, um über ihre Probleme hier zu reden. Berater sind dabei – wichtig ist, dass niemand das Gefühl hat, alleine zu sein.
Interviewer:	Gut, aber wie ist es mit der Ausländerfeindlichkeit? Egal was man macht, werden die Ausländer sich hier nie wohl fühlen, wenn sie Angst vor Neo-Nazis haben.
Frau Nolde:	Erstens hat die Regierung gezeigt, dass sie solche Angriffe keineswegs duldet. Die Täter in solchen Fällen sind streng bestraft worden. Auch hat die Regierung eine Werbekampagne geführt, um das Volk darauf aufmerksam zu machen, dass die Ausländer für uns sehr wichtig sind und dass sie das Recht haben, hier zu sein.
Interviewer:	Frau Nolde, danke für das Gespräch.

3a   Students read the accounts of three young people who are all involved in projects to help foreigners.

3b   Students select the appropriate word from the box to fill each gap. Each word in the box will be used.

Answers:

a *gründen, Asylantenheim*   **b** *ermöglicht*   **c** *Atmosphäre*
d *kümmert sich*   **e** *Sprachkenntnissen*   **f** *bewundert, Erfahrungen*   **g** *engagiert sich*   **h** *Interesse*   **i** *wirbt*

4   A whole-class activity to discuss what can be done to welcome foreigners. The bullet points should help to generate a discussion.

Extra! Students devise their own brochure with measures to tackle racism. This could be done for homework.

A 31   **Extra!** *Arbeitsblatt* 31 provides further practice in reading and memorizing longer and more sophisticated texts.

5a Students read the text about nationality and then translate it.

Possible translation:
Many immigrant workers and their families have lived in Germany for twenty years. The children were often born here. They work here and pay taxes but are not allowed to vote, because they are still foreign citizens. Foreigners who live in Germany for longer and fulfil certain conditions can apply for German nationality. Only 1.1% of the foreign population have done so, however. The reason: they have to give up their old nationality. Not many of the older generation are willing to do this. And the second generation often do not want to offend their parents by giving up their old homeland. So is dual nationality the only solution?

5b/c Students listen to four people's opinions on dual nationality and then attribute each sentence (a–f) to the appropriate person.

Answers:
a *Marianne* **b** *Karin* **c** *Peter* **d** *Cornelius*
e *Marianne* **f** *Karin*

p 117, activity 5b
Marianne: Ich habe nichts gegen die doppelte Staatsbürgerschaft. Die Gastarbeiter haben viel zu der deutschen Gesellschaft beigetragen. Sie zahlen auch sehr viel in die Rentenkasse und an Steuern. Es ist eine Schande, dass sie kein volles Wahlrecht haben.
Peter: Man soll sich für ein Land entscheiden – man kann nicht zwei haben. Das finde ich ungerecht.
Cornelius: Ich glaube, es ist eine Identitätsfrage. Für die zweite Generation, die in Deutschland geboren ist, ist das sowieso sehr schwierig. Ich habe mehrere Freunde aus Ausländerfamilien, die in Deutschland bleiben wollen. Aber sie fühlen sich zwischen zwei Welten hin- und hergerissen. Die doppelte Staatsbürgerschaft würde ihnen vielleicht helfen, sich hier wohler zu fühlen.
Karin: Die doppelte Staatsbürgerschaft bringt viele Probleme mit sich. Wie ist es, wenn die beiden Länder ganz andere Gesetze haben? Und wo soll man Wehrdienst leisten? Ich glaube, es würde immer wieder Fälle geben, wo man zwischen den beiden Ländern entscheiden müsste. Es ist besser, das nur einmal zu machen, und sich für einen Staat zu entscheiden.

6 A whole-class debate about whether dual nationality should be allowed. The *Tipp* section on page 55 gives help on structuring a debate. Activities 5a, 5b and 5c give possible opinions.

7 Students write a letter to a newspaper on the topic of foreigners living in their own country.

Zur Auswahl

Skill focus
◆ pronunciation of *s, ß, st, sp*

Materials
◆ Students' Book page 118
◆ Solo Cassette side 2
◆ *Arbeitsblatt* 32

1a Students listen to the words and repeat them.

p 118, activity 1a
Sonntag
sein
Stein
Straße
Fußball
Spaß
Sorge
Pass
Staatsangehörigkeit
Statistik

1b Students practise the tongue twister and then listen to it before trying again.

p 118, activity 1b
Am Sonntag sitzt sein Sohn auf der Straße in der Stadt, sonst strickt er Socken, spielt Fußball und sammelt Steine.

2 Students revise all they have learnt in this unit by writing an account of the different groups of foreigners who now live in Germany and the problems they face. They should give their own opinions about possible solutions to these problems.

A 32 **Extra!** Students read the poem and do the comprehension activities on *Arbeitsblatt* 32.

3 Students work with a partner and use the photos as a stimulus to discuss the bulleted questions.

4 Students listen to two interviews (the first with an Italian, the second with a Greek) and make notes.

Answers:

Herr B.: *woher: Sizilien; seit wann: seit 35 Jahren; warum: keine Arbeit; Beruf: Restaurantbesitzer; Familie: italienische Frau, Kinder alle in Deutschland geboren, sprechen Deutsch und Italienisch; Einstellung: ein besseres Leben; Ausländerfeindlichkeit: nein*

Herr J.: *woher: Griechenland; seit wann: seit 30 Jahren; warum: keine Arbeit; Beruf: Bauarbeiter; Familie: Frau Griechin, Kinder hier geboren; Einstellung: vermisst Griechenland, will zurück, aber die Kinder wollen hier bleiben; Ausländerfeindlichkeit: Bemerkungen auf der Straße, Probleme mit einem Jungen in der Schulklasse.*

---

p 118, activity 4

Interviewer:	Herr Bellanca, woher kommen Sie und wie lange leben Sie schon in Deutschland?
Herr Bellanca:	Ich bin vor 35 Jahren von Sizilien nach Deutschland gekommen.
Interviewer:	Und warum sind Sie gekommen?
Herr Bellanca:	Ja, in Sizilien gab es keine Arbeit, ich hatte nichts. Dann habe ich gehört, dass es möglich war, als Gastarbeiter nach Deutschland zu kommen.
Interviewer:	Und was haben Sie hier gemacht?
Herr Bellanca:	Ich habe zuerst in einer Fabrik gearbeitet und dann in einem italienischen Restaurant. Ich habe viel Geld gespart und jetzt habe ich mein eigenes Restaurant hier in der Innenstadt.
Interviewer:	Und haben Sie hier eine Familie gegründet?
Herr Bellanca:	Ja, meine Frau ist auch Italienerin. Die Kinder sind aber alle hier in Deutschland geboren. Sie sprechen Deutsch und Italienisch, aber sie sprechen eigentlich besser Deutsch.
Interviewer:	Sind Sie froh, dass Sie nach Deutschland gekommen sind?
Herr Bellanca:	Ja, sehr froh. Ich fahre zweimal im Jahr nach Italien, um meine Familie zu besuchen, aber ich will hier bleiben. Das Leben ist einfach besser – ich habe ein schönes Haus, ich verdiene gut.
Interviewer:	Haben Sie Probleme mit Ausländerfeindlichkeit gehabt?
Herr Bellanca:	Nein, die Kinder auch nicht. Wir haben deutsche Freunde, wir sind hier akzeptiert. Ich habe nie Probleme gehabt.

Interviewer:	Herr Jeronimidis, wie lange sind Sie schon in Deutschland?
Herr Jeronimidis:	Auch seit über dreißig Jahren.
Interviewer:	Und warum sind Sie gekommen?
Herr Jeronimidis:	Ich wollte Geld verdienen. In Griechenland habe ich keine Arbeit gefunden.
Interviewer:	Und was machen Sie hier?
Herr Jeronimidis:	Ich arbeite auf einer Baustelle. Ich arbeite seit dreißig Jahren dort. Ich muss aber bald eine andere Arbeit suchen – ich werde zu alt.
Interviewer:	Und haben Sie eine Familie hier?
Herr Jeronimidis:	Ja, meine Frau ist auch Griechin und die Kinder sind hier geboren.
Interviewer:	Sind Sie froh, dass Sie nach Deutschland gekommen sind?
Herr Jeronimidis:	Ja und nein. Ich bin froh, dass ich hier Arbeit habe, aber ich vermisse Griechenland sehr. Wenn ich in die Rente gehe, will ich nach Griechenland zurückkehren. Das wird aber schwierig sein – die Kinder wollen hier bleiben.
Interviewer:	Haben Sie Probleme mit Ausländerfeindlichkeit gehabt?
Herr Jeronimidis:	Ja, schon. Bei der Arbeit ist alles kein Problem, die Kollegen kennen mich, aber manchmal hört man so blöde Bemerkungen auf der Straße. Mein Sohn hat auch ein paar Probleme mit einem anderen Jungen in seiner Klasse gehabt, aber ich glaube nicht, dass die meisten Deutschen uns hassen. Das sind nur ein paar Idioten.
Interviewer:	Danke für das Gespräch.

Answers for Copymasters

Arbeitsblatt 30

No answers – game and roleplay

Arbeitsblatt 31

Answer

The text on page 117 of the Students' Book shows the correct order of text.

Arbeitsblatt 32

1 a *Ein Schuler / eine Schulerin*

  b *Probleme mit den deutschen Kindern: sie lassen sie nicht an ihren Spielen teilnehmen; Probleme mit den türkischen Kindern: sie riefen sie Deutsche, sie sagen das sie selbstsüchtig und „keine von uns" ist*

  c *Eltern: meinen, dass die Türkei ihre Heimat ist; Deutsch ist nicht ihre erste Sprache*

Deutschland und Europa Einheit 10

Unit objectives

By the end of this unit students will be able to:

- ◆ Discuss Europe without border controls
- ◆ Write a report on reasons for working or studying abroad
- ◆ Discuss the pros and cons of the euro
- ◆ Talk about the merits of regional European projects
- ◆ Give their opinion on the concept of European awareness

Grammar

- ◆ Use weak nouns
- ◆ Use the future perfect tense

Skills

- ◆ Familiarise yourself with revision techniques
- ◆ Revise vocabulary

page 119

1 Students do the quiz as an introduction to this topic.

Answers:
1 *Europäische Union*
2 *Depends on student response.*
3 *Belgien, Dänemark, Deutschland, Finnland, Frankreich, Griechenland, Großbritannien, Holland, Irland, Italien, Luxemburg, Österreich, Portugal, Schweden, Spanien*
4 *Bern*
5 *Euro*
6 *Deutschland*
7 *b*
8 *375 Millionen*
9 *c*
10 *1973*
11 *Europa*

Wegweiser durch Europa

Materials

- ◆ Students' Book pages 120–121
- ◆ Cassette 2 side 2 CD 3

1a Students read the text and then match each heading (a–e) to the appropriate paragraph (1–5).

Answers:
a 2 **b** 5 **c** 4 **d** 1 **e** 3

1b Students pick out the equivalent German expressions from the text.

Answers:
a *können sich nur 13% vorstellen*
b *wendet sich am besten an*
c *Im Durchschnitt*
d *verschiedene Programme und Vorschriften*
e *den Kampf gegen das Verbrechen überwachen*

1c Students find synonyms for the words and phrases a–d in the text.

Answers:
a *wurde gegründet* **b** *beitreten* **c** *das Vereinigte Königreich*
d *die Welt*

2 Students read the text again and answer the questions.

Answers:
a *den Austausch von Studenten*
b *sie können in einem anderen EU-Land Arbeit suchen*
c *sie bekämpft den Treibhauseffekt, das Ozonloch und sauren Regen / sie reduziert die Kohlendioxidemissionen*
d *Europol*
e *1951, 1957, 1973, 1981 und 1986*

3a Students match each word (a–e) to its correct definition. This is preparation for activity 3b since these words all appear in the tapescript for 3b.

Answers:
a 6 **b** 3 **c** 5 **d** 1 **e** 4 **f** 2

 3b Students listen to the text and then put the sentences a–f in the order that they appear on the tape.

Answers:
c, e, a, f, b, d

---

p 121, activity 3b

Hier spricht ein Beamter über Europol.
Wie Sie sicher wissen, steht der Begriff Europol für Europäisches Polizeiamt. Es hat seinen Sitz in Den Haag in den Niederlanden. Europol hat sich die folgende Aufgabe gesetzt: die Zusammenarbeit zwischen den Mitgliedsstaaten der EU verbessern, besonders bei der Bekämpfung des Terrorismus und der international organisierten Kriminalität.

Zur Zeit arbeitet Europol vor allem an der Verhütung und Bekämpfung der folgenden Probleme: illegaler Drogenhandel, organisierte illegale

Einwanderungsringe, illegaler Handel mit Kraftfahrzeugen, also Autos, Menschenhandel und Kinderpornographie, Geldfälschung, das heißt also falsches Geld, illegaler Handel mit radioaktiven Substanzen, und natürlich Terrorismus.

Für die Mitgliedsstaaten ist Europol nützlich, weil man mit Hilfe von Europol Informationen über kriminelle Täter oder Handlungen schneller austauschen kann. Europol hilft auch bei Polizeieinsätzen in den Mitgliedsstaaten und Europol-Experten geben praktische und technische Unterstützung bei der Strafverfolgung.

Zur Zeit hat Europol circa 220 Mitarbeiter aus allen Mitgliedsstaaten.

 4a Students listen again and write down five problems which are described.

Answers:

5 of: *illegaler Drogenhandel, organisierte illegale Einwanderungsringe, illegaler Handel mit Kraftfahrzeugen / Autos, Menschenhandel, Kinderpornographie, Geldfälschung, illegaler Handel mit radioaktiven Substanzen, Terrorismus*

4b Students list the three ways in which Europol helps the member countries.

Answers:

3 of: Informationsaustausch, Polizeieinsätze, praktische und technische Unterstützung bei der Strafverfolgung.

5 Students role-play an interview with a border guard on the French/German border. The answers to the listening text with activity 3b should help them describe the work of a border guard.

6a Students revise what they have learnt on this topic by discussing with a partner the pros and cons of no borders within Europe.

6b Activity 6a leads on to a whole-class discussion on the same subject.

6c Students write a report on the work of Europol. This could be set for homework.

Extra! Students prepare a presentation on the subject of *Wegweiser durch Europa*. They should use the five signposts a–e from page 120.

Europass = Mobilität

Grammar focus
◆ Weak nouns

Materials
◆ Students' Book pages 122–123
◆ Cassette 2 side 2 CD 3
◆ *Arbeitsblatt 33*
◆ Grammar Workbook page 6

1a Students read both texts; the first one deals with opportunities to study within Europe and the second one is about Stefan's three months' work experience in English primary schools.

1b Students pick out the German equivalents from both texts.

Answers:

a *die interkulturelle Integration fördern*
b *Auskunft über … geben*
c *eine Qualifikation erworben haben*
d *Ausbildungseinrichtungen*
e *europäisches Bewusstsein*

1c Students look at the first text and find the appropriate endings for each sentence.

Answers:

a *ihre Ausbildung oder Weiterbildung in anderen europäischen Staaten machen und dabei europäische Qualifikationen erhalten*
b *welche internationalen Qualifikationen ein Jugendlicher während seiner Ausbildung und im Ausland erworben hat*
c *werden im zweisprachigen Europass erwähnt*
d *wie nützlich Auslandsqualifikationen in Bildung und Arbeit sein können*

2 Students correct the sentences which are based on the second text.

Answers:

a *Stefan verbrachte **drei Monate** in Südengland.*
b *Er **half im Unterricht als Assistent** in Grundschulen.*
c *Die Schüler **hörten deutsche Geschichten und Märchen**.*
d ***Die Kinder wussten wenig** über Deutschland.*
e *Er hatte so etwas **noch nie** erlebt.*
f *Durch das Praktikum bekam er **eine bessere Chance auf** einen guten Arbeitsplatz.*

3 These questions test the students' reading comprehension of both texts.

Answers:

a *Europäische Jugendliche haben die Möglichkeiten, ihre Ausbildung oder Weiterbildung in anderen europäischen Staaten zu machen, und dabei europäische Qualifikationen zu erhalten.*

b *Er gibt Auskunft darüber, welche internationalen Qualifikationen ein Jugendlicher während seiner Ausbildung und im Ausland erworben hat.*

c *Ausbildungsergebnisse des Auslandaufenthalts, die Dauer des Aufenthalts im Ausland und die Ausbildungseinrichtungen werden im Europass beschrieben.*

d *Man will durch den Europass zeigen, wie nützlich Auslandsqualifikationen in Bildung und Arbeit sein können.*

e *Er half im Unterricht als Assistent.*

f *Er erzählte den Jungen und Mädchen von Deutschland, deutschen Geschichten und Märchen, Liedern und Festen.*

g *Er war überrascht, wie wenig die Kinder über Deutschland wussten.*

h *Es war ein einmaliges Erlebnis und eine wertvolle Erfahrung, die er nur jedem empfehlen kann.*

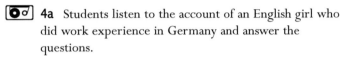 **4a** Students listen to the account of an English girl who did work experience in Germany and answer the questions.

Answers:

a *die Möglichkeit, an einem Praktikum in einer Firma oder einem Unternehmen des Partnerlandes teilzunehmen.*

b *Ausbildungsbrücke*

c *es soll eine Brücke zwischen britischen und deutschen Jugendlichen schlagen*

d *besseres Deutsch, eine Qualifikation in einer Fremdsprache, am deutschen Alltagsleben teilnehmen, die kulturelle Seite hat mich auch interessiert, das Land kennen lernen*

e *nicht einfach Kontakt zu finden, man muss sich an den deutschen Lebensstil, die Lebensweise gewöhnen.*

---

p 123, activity 4

Int. Sarah, Sie haben letztes Jahr ein Arbeitspraktikum in Deutschland gemacht. Wie kam es dazu?

Sarah: Ich bin mit einem Austauschprogramm für junge Auszubildende gegangen. Es handelt sich um ein deutsch-britisches Programm für Jugendliche. Das Programm bietet britischen und deutschen Jugendlichen, die sich in der Ausbildung befinden, die Möglichkeit, an einem Praktikum in einer Firma oder einem Unternehmen des Partnerlandes teilzunehmen.

Int.: Was genau ist das Ziel des Programmes?

Sarah: Das Programm heißt Ausbildungsbrücke, das heißt also, es soll eine Brücke zwischen britischen und deutschen Jugendlichen schlagen. Außerdem soll es auch zu Ausbildungspartnerschaften führen, dass also britische und deutsche Unternehmen eine Partnerschaft für junge Auszubildende gründen. Und dass man eben in der beruflichen Bildung zusammenarbeitet.

Int.: Wie waren Ihre Erfahrungen?

Sarah: Im Großen und Ganzen positiv. Ich wollte vor allem in Deutschland arbeiten, weil ich mein Deutsch verbessern wollte. Ich finde es heutzutage so wichtig, dass man sich gut in einer anderen Sprache ausdrücken kann. Viele Arbeitgeber ziehen Bewerber vor, die eine Qualifikation in einer Fremdsprache haben. Ich persönlich wollte auch am deutschen Alltagsleben teilnehmen, also sehen, wie man da so lebt, welche Traditionen und Feste es gibt. Die kulturelle Seite hat mich auch interessiert. Um ein Land kennen zu lernen muss man, meiner Meinung nach, dort gelebt haben, auch wenn es nur für ein paar Wochen ist.

Int.: Gab es auch negative Aspekte?

Sarah: Am Anfang war es nicht einfach Kontakt zu finden. Die Arbeitskollegen haben sich alle gekannt. Also schüchtern darf man nicht sein! Man muss die Leute einfach ansprechen. Das ist nicht einfach. Man muss sich auch an den deutschen Lebensstil, die ... die Lebensweise gewöhnen. Und vor allem muss man eine positive Einstellung haben und offen für alles Neue sein.

Int.: Was braucht man, Ihrer Ansicht nach, um erfolgreich zu sein?

Sarah: Ich würde sagen: Offenheit und Unternehmungsgeist.

Int.: Vielen Dank, Sarah.

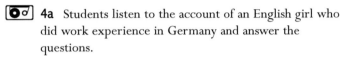 **4b** Students listen again and answer the English questions.

Answers:

a *to improve her German (to impress employers), to learn the German way of life*

b *she found it largely positive*

c *openness and a spirit of enterprise/initiative*

Extra! Students listen to the interview again and do the activities on *Arbeitsblatt 33*.

A 33

5a Students work with a partner to draw up a list of the pros and cons of doing a work placement or studying abroad.

5b Activity 5a leads on to a whole-class discussion. Encourage students to give reasons for their opinions.

Grammatik

A Students choose the correct form of each weak noun.

Answers:

a *Menschen* **b** *Assistent* **c** *Jungen*

B Students translate the sentences which all contain weak nouns.

Answers:

a *Stefan wohnte mit den anderen Assistenten.*

b *Er hatte einen sehr netten Nachbarn.*

c *Der Präsident gab dem Assistenten ein Buch.*

d *Der Hund meines Kollegen mag diesen Jurgen nicht.*

6 Students write about the possibilities of work or study abroad, including their own opinion.

Der Euro

Materials
◆ Students' Book pages 124–125
◆ Cassette 2 side 2 CD 3
◆ *Arbeitsblatt* 34

1a/b Students read the text about symbols to appear on the euro coins and then discuss today's English coins and how they may appear in the future.

2a Students read the second text and find the German equivalents of the English words and phrases.

Answers:

a *Umrechnungskurs* **b** *Verträge* **c** *einen Scheck ausstellen* **d** *Barzahlung* **e** *ungültig* **f** *Zahlungsmittel*

2b Students summarise the countdown to the introduction of the euro currency.

Answer:

See second text which gives all dates and details.

3a Students read the statements about Europe and divide them into those in favour of European integration and those against it.

Answers:

Für: a, b, d, e, f, g, j   *Gegen:* c, h, i, k

 3b Students listen to the discussion and attribute each statement from activity 3a to the appropriate person.

Answer:

Anke j, e   *Thomas* h, k   *Steve* c, g, i   *Sven* b   *Sonja* a, d, f

 4 Students listen again and find the words to fill each gap.

Answers:

a *Stärkung* **b** *Unabhängigkeit* **c** *Umweltpolitik* **d** *Handelspartner* **e** *Umtauschen* **f** *Bürger* **g** *klappt*

---

p 125, activity 3b

Anke: Hier Anke Müller, Studentenreporterin. Wir sprechen heute über die Europäische Union. Also, was meint ihr zu Europa und zum Euro? Meiner Meinung nach ist es echt toll, der Euro, mein ich. Du sparst ganz schön Geld, wenn du im Ausland Ferien machst. Du kannst einfach losfahren, ohne auf eine Bank zu rennen zum Umtauschen. Steve.

Steve: Das finde ich aber nicht besonders wichtig. Geld umtauschen ist doch toll. Ich finde es nicht gut, wenn ein Land keine eigene Währung hat. Die Bürger identifizieren sich zum Beispiel mit dem Pfund oder mit der D-Mark.

Anke: Sonja.

Sonja: Also, für mich ist es nicht wichtig, in welcher Währung ich bezahle. Ist doch egal. Hauptsache, ich hab Geld. Was ich aber prima finde, ist, dass es so viele Chancen gibt, in den anderen europäischen Ländern zu arbeiten oder zu studieren. Das ist besonders für junge Leute nützlich.

Anke: Sven.

Sven: Ich bin ja seit letztem Jahr Student und habe mich gerade über meine Uni bei dem Erasmus-Programm angemeldet. Wenn alles klappt, werde ich nächstes Jahr für sechs Monate an einer italienischen Uni studieren.

Anke: Thomas.

Thomas: Solche Programme sind schon gut, finde ich. Die einzelnen Länder sollen aber ihre Unabhängigkeit nicht verlieren. Jedes Land hat andere Probleme und sollte seine eigene Lösung ohne die EU finden. Ich würde sagen, die meisten Leute in England sind Europa gegenüber eher skeptisch. Es sind doch nur die Politiker, die an der Stärkung Europas interessiert sind. Meinst du nicht auch, Anke?

Anke: Ich glaube, du siehst das ein bisschen zu negativ und zu einseitig. Wenn die europäischen Länder zusammenarbeiten, bedeutet es nicht unbedingt, dass sie ihre eigene Kultur, ihre Traditionen aufgeben müssen. Ich bin davon überzeugt, dass es in Europa immer verschiedene Kulturen, Sitten und Traditionen geben wird. Steve.

Steve: Na, Gott sei Dank. Aber ich muss sagen, es gibt schon auch positive Aspekte. Ich bin zwar nicht für den Euro, aber wenn es um Fragen zur Umwelt geht, halte ich eine gemeinsame Umweltpolitik für effektiver. Da kann die EU schon mehr erreichen als ein einzelnes Land.

Anke: Sonja.

> Sonja: Genau, auch wirtschaftlich gesehen ist Europa ein wichtiger Handelspartner und kann mit Amerika erfolgreich konkurrieren. Aber es wird wahrscheinlich immer Skeptiker und Befürworter geben.
>
> Anke: Danke miteinander.

5   Students write a counter argument to each statement a–d. If necessary, they could re-listen to the tape for activity 3b again.

6   Students split into two groups and list arguments for and against the European Union. The *Hilfe* section will help students express their opinion.

7   Students carry out a survey using the questions listed. If time, draw together the results of the whole class.

8   Students design a poster showing the results of the survey.

Extra! Students read about the growth of the European rail network and do the activities on *Arbeitsblatt 34*.

Einheit und Vielfalt

Grammar focus
◆ future perfect tense

Materials
◆ Students' Book pages 126–127
◆ Cassette 2 side 2 CD 3
◆ Grammar Workbook page 81

1   An activity to start off a discussion. Students decide whether the words listed fit best under the heading *Einheit* or *Vielfalt*.

2a   Students read the texts; the first one is about a scheme to provide jobs in Zeitz and the second one is about the first European business park.

2b   Students find words with the same meaning from the first text.

Answers:
a *mehr Beschäftigung*   **b** *Bildungseinrichtungen*
c *Beteiligte*   **d** *errichten*   **e** *Unternehmen*

2c   Students find the German equivalents from both texts.

Answers:
a *Firmenschließungen*   **b** *betroffen*   **c** *Vertrauenspakt*

d *Gewerkschaften*   **e** *Zugang*   **f** *für ... sorgen*
g *grenzüberschreitend*   **h** *das Gelände*   **i** *Handy*
j *Hersteller*   **k** *verkehrsgünstig*

3a   Students pick out the sentences a–e which appear in the first text and those which appear in the second text.

Answers:
a 2   **b** 1   **c** 1   **d** 2   **e** 2

3b   Students write the appropriate endings to each sentence. The sentences are chosen from both texts.

Answers:
a *brachte im Februar 1996 neue Hoffnung*
b *die Initiative Erfahrungen ausgetauscht*
c *ein großes Chemieunternehmen aus Italien in die Region investieren will*
d *werden zum Avantis-Park angezogen*
e *sollen im Business-Park arbeiten, wenn er fertig ist*
f *sind Vorteile der Region*

4a   Students listen and then put sentences a–f in the order in which they appear on the cassette.

Answers:
e, a, f, b, d, c

	p 127, activity 4
Moderator:	Hier berichtet ein Künstler, Nicolaj Dudek, über die virtuelle Druckgraphikschule.
Nicolaj:	Es ist erstaunlich, wenn man seine eigenen Werke auf dem Computer sieht. Ich habe an der Hochschule für Gestaltung, das heißt Design, in Offenbach am Main studiert. Das ist eine der fünf Ausbildungsplätze des Projekts. Zuerst also zum Projekt. 1997 haben fünf Hochschulen aus fünf Ländern gemeinsam eine virtuelle Druckgraphikschule gegründet. Das Projekt heißt „European Printmaking Art and Research" und wurde von der EU finanziell unterstützt. Es handelt sich um ein Programm für Studenten kurz vor oder nach ihrem Examen. Sie werden über Computer unterrichtet. Das erste Examen war an der Kunsthochschule in Reykjavík, und zwar „real" und anschließend gab es eine Ausstellung. Es war einfach fantastisch. Das Programm dauerte eineinhalb Jahre und ich verbrachte acht Monate im Ausland, an der Winchester School of Art, University of Southampton. Die Ecole Nationale des Beaux-Arts in Bourges und die Kunstakademie in Barcelona nahmen auch teil. Mein Dozent, Johann Peter

Baum, interessierte sich besonders für die technischen Möglichkeiten des Projekts und wird diese weiter entwickeln. Das Problem ist nur, dass die finanzielle Unterstützung durch die EU zu Ende geht. Wir bekamen insgesamt 15 000 Euro. Jetzt sucht Johann Peter Baum einen neuen Sponsor. Ich hoffe, er hat Glück. Für die Zukunft hoffen wir, dass wir neue Kontakte mit anderen Partnerhochschulen herstellen werden.

4b Students answer the questions.

Answers:

a *die Hochschule für Gestaltung in Offenbach am Main, die Kunsthochschule in Reykjavík, Winchester School of Art, University of Southampton, die Ecole Nationale des Beaux-Arts in Bourges und die Kunstakademie in Barcelona*

b *Für Studenten kurz vor oder nach ihrem Examen*

c *von einer Ausstellung*

d *über die finanzielle Unterstützung*

5a Students write down two positive and two negative aspects of the project.

Possible answers:

Positiv: erstaunlich seine eigenen Werke auf dem Computer zu sehen; das Programm wird über den Computer unterrichtet; man kann im Ausland studieren

Negativ: fünf Länder nehmen an dem Projekt teil; finanzielle Unterstützung durch die EU geht zu Ende

5b Students write down their own views on the project. This could be done for homework.

 6 Students listen again and finish off the three sentences which deal with plans for the future.

Answers:

a *die technischen Möglichkeiten des Projekts weiter entwickeln*

b *einen neuen Sponsor finden*

c *neue Kontakte mit anderen Partnerhochschulen herstellen*

Grammatik

A Students compare the sentences with those in activity 6.

Answer:

These answers are in the future perfect as against the simple future in activity 6.

B Students translate the sentences.

Answers:

a *By January 2004 Johann Peter Baum will have further developed the technical possibilities of the programme.*

b *He will have found a new sponsor then.*

c *By then they will have established more contacts with the other partner colleges.*

7 Students work with a partner. They choose one of the three EU projects covered on pages 126–127 and interview the other person, using the points a–d as cues for their questions.

Multikulturelles Europa

Materials
- Students' Book pages 128–129
- Cassette 2 side 2 CD 3

1a Students look at the cartoon and this should lead to a discussion about European culture.

1b Ask students if they agree with the cartoon.

2a Students match each word to the appropriate definition. This is in preparation for reading the text for activity 2b.

Answers:

a 4   b 2   c 3   d 6   e 1   f 5   g 7

2b Students read about the European college.

2c Students choose the best summary for each paragraph of the text.

Answers:

1 b   2 a   3 b   4 b

3 Students match the sentence halves.

Answers:

a 4   b 1   c 5   d 2   e 3

4 Students make up questions to go with the answers given.

Possible questions:

a *Welche Ideen hatte die Gründer des Europa-Kollegs?*

b *Woher kommen die Studenten?*

c *Was erwartet das Kolleg von seinen Studenten?*

d *Was erreicht ein Student des Kollegs nach einem Jahr?*

e *Worauf kann ein Student des Kollegs hoffen?*

5 Students write down three ways in which students can demonstrate European awareness.

Answers:

europäisch denken und handeln können; über ihren nationalen Horizont hinausblicken; auf das Europa der Zukunft vorbereitet werden

6a Students listen to the conversation and attribute each sentence (a–i) to the appropriate person.

Answers:

Ben a, e, h *Anke* c, d, i *Katja* e *Jean-Paul* b, g, f

---

p 129, activity 6

Anke:	Wie realistisch ist eine europäische Kultur? Was meinst du, Ben?
Ben:	Ich weiß nicht, ob es wirklich wichtig ist, dass es eine europäische Kultur gibt. Ich finde Europa interessant, gerade weil es verschiedene Kulturen gibt.
Anke:	Das finde ich auch. Ich interessiere mich total für andere europäische Länder, die Lebensweisen, die Traditionen und so. So entwickelt man ein europäisches Bewusstsein, und für mich ist das wichtig, und zwar ohne seine eigene Kultur aufzugeben.
Katja:	Da stimm ich dir voll zu, Anke. Es bedeutet auch, dass man europäisch denkt, und so kann man hoffentlich auch in Zukunft den Frieden erhalten, gemeinsam gegen Rassismus kämpfen und so.
Jean-Paul:	Ja, aber, Katja, ein Land sollte jedoch seine Eigenheiten nie ganz aufgeben. Ich persönlich finde auch den europäischen Fernsehkanal Arte gut. Er zeigt interessante Filme und Dokumentationen in Französisch und Deutsch. Aber ich würde nicht sagen, ich bin Europäer, sondern immer noch Franzose. Anke, du hast die Frage gestellt, wie ist deine Meinung?
Anke:	Ja, sowie Jean-Paul finde ich ausländische Filme total gut oder auch Ausstellungen mit Bildern von ausländischen Künstlern. Man lernt andere Menschen besser verstehen, wie –
Ben:	Genau, oh sorry.
Anke:	Wie sie denken, worüber sie lachen, zum Beispiel. OK, Ben, du bist daran.
Ben	Ja, genau, und so entwickelt sich tolerantes Denken und Handeln. Meiner Meinung nach ist das europäisches Bewusstsein. Das ist wichtiger als eine einheitliche europäische Kultur. Auch wenn man die Partnerschaften zwischen europäischen Städten und Schulen unterstützt, zeigt das ein europäisches Bewusstsein.
Alle:	Doch, das stimmt.

6b Students pick out examples from the listening text to demonstrate that students show a European awareness.

Answers:

Anke: interessiert sich für andere Lebensweisen und Traditionen, ausländische Filme und Künstler
Katja: will den Frieden halten, gegen Rassismus kämpfen
Jean-Paul: findet den europäischen Fernsehkanal gut
Ben: tolerantes Denken und Handeln; unterstützt die Partnerschaften zwischen europäischen Städten und Schulen

7a Students discuss with a partner what they consider to be European culture.

7b Students write down their ideas, drawing on the listening text with activity 6a as necessary.

8 A whole-class discussion to compare students' opinions about European culture.

9 Students write about whether it is possible to promote European awareness. This could be done for homework.

Zur Auswahl

Skill focus

◆ pronunciation of *z, s, ts, tz, tion*

Materials
◆ Students' Book page 130
◆ Solo Cassette side 2
◆ *Arbeitsblatt* 35

1a Students listen and repeat.

---

p 130, activity 1a

so – Zoo seit – Zeit Siege – Ziege Säule – Zäune

1b Students listen to the tongue twister and then practise it.

---

p 130, activity 1b

Zwischen zwei Zügen flogen zweiundzwanzig Zeitungen.

1c Students listen and repeat.

---

p 130, activity 1c

nichts rechts kurz Sturz Wurzel nachts macht's Katze Nation

1d Students listen and repeat.

> p 130, activity 1d
>
> Zweifel zwischen zwei Nationen
> Macht's nichts?
> Kürzt die Ration der Nation!
> So so, du warst im Zoo.

Tipp

 Revision tips for students. *Arbeitsblatt 35 contains more tips.*

Answers for Copymasters

Arbeitsblatt 33

1 a *ihre Ausbildung noch nicht beendet haben*
   b *Zusammenarbeit*
   c *Ihr Deutsch zu verbessern d den deutschen Lebensstil kennt*

> See recording for page 123, activity 4 for the
> transcript for this activity.

2 a *Das Programm ist für Jugendliche in der Ausbildung.*
   b *Man hat die Möglichkeit in einer ausländischen Firmen zu arbeiten.*
   c *Partnerschaften sollen zwischen deutschen und britischen Jugendlichen gegründet werden.*
   d *Ich finde es wichtig, dass man heute eine Fremdsprache spricht.*
   e *Ein Land kann man besser kennenlernen, wenn man dort gelebt hat.*
   f *Man muss positiv sein und die Lebsweise eines Landes akzeptieren.*

4 *a, e, f*

Arbeitsblatt 34

1 a *Die Fahrzeit zwischen Köln und Paris hat sich verringert.*
   b *Aachen ist die erste Station auf der vierstundigen Fahrt nach Paris.*
   c *Französische und deutsche Kollegen arbeiten jeden Tag zusammen.*
   d *Viele andere Bahnstrecken sollen in den kommenden Jahren ausgebaut werden.*
   e *Alle europäischen Partner werden in der Zukunft neue Bahnstrecken planen.*
   f *Berlin soll mit Verona in einigen Jahren in Richtung Süden verbunden werden.*

2 a *ein Hochgeschwindigkeitszug*
   b *Mit dem Thalys ist es möglich gewesen, die Fahrzeiten zwischen den europäischen Großstädten zu verringern.*
   c *neue Bahnstecken, die Paris mit Berlin und Warschau verbinden sollen d die Fahrzeiten zwischen eurōpaischen Großstädten werden weiter verringert*

Arbeitsblatt 35

No answers – list of exam techniques

Wiederholung Einheit 9–10

1   Students write five sentences about each of the people groups listed. Refer them to pages 108–109 and 110–111 where these topics are covered. (30 marks)

2a Students read the new regulations about German nationality which came into effect on 1 January 2000.

2b Students role-play a young foreigner explaining to his/her friend how the new regulations will affect him/her.

2c Students write a letter to a friend in Turkey describing the new regulations and their own opinion about them. (30 marks)

3   Students group the words and phrases under the appropriate heading.

Answers:
Fremdenfeindlichkeit: *Gewaltanschläge, Brandstiftung, Anschläge auf Asylantenheime, Ausländer werden auf der Straße beschimpft*
Reaktionen der deutschen Bevölkerung: *Lichterketten, Interkulturelle Wochen, Protestdemonstrationen, Beratungsstellen von kirchlichen Organisationen*
Reaktionen/Maßnahmen der Regierung:
Antirassistische Bildungsarbeit, Verbot von rechtsextremistischer Propaganda, Verbot rechtsextremistischer Gruppierungen, Finanzierung von Anti-Rassismus-Projekten

 4   Students listen to an account of a racist attack and choose the right word/s to fill each gap.

Answers:
a *verhaftet* **b** *zugegeben/gestanden* **c** *zwei Chinesen und ein Türke* **d** *tätlich angegriffen/beschimpft* (4 marks)

> p 131, activity 4
>
> Zwei Rechtsradikale wurden am Dienstagabend von der Polizei in der Thüringischen Stadt Salzgarten festgenommen. Sie hatten am Sonntag drei Ausländer angegriffen und dabei verletzt. Bei den Tätern handelt es sich nach Angaben der Polizei um einen 17- und einen 18-Jährigen aus der rechtsradikalen Szene. Beide Tatverdächtigen haben die Tat gestanden. Die Opfer waren ein chinesisches Pärchen mit österreichischer Staatsbürgerschaft und ein Türke. Sie sind von den jungen Tätern mitten auf der Straße tätlich angegriffen und beschimpft worden.

5a An activity to brainstorm words to do with Europe.

5b These questions test students' memory of information from Unit 10.

Answers:

a *um die europäische Einheitswährung der deutschen Bevölkerung schmackhaft zu machen (page 124)*

b *der so genannte Europass (page 122)*

c *das Erasmusprogram (page 120), in einem anderen Land studieren; das Europa-Kolleg in Brügge (page 128); Fremdsprachenassisten an einer Schule, europäische Ausbildung*

5c Students give a short talk on the theme of Europe.

6 Students may need to refer to pages 120–121 to answer questions a and b. For c, they write down their opinion about Europe without borders.

Answers:

a *die Zusammenarbeit zwischen den Mitgliedsstaaten der EU verbessern, besonders bei der Bekämpfung des Terrorismus und der international organisierten Kriminalität, z.B. illegaler Drogenhandel, Terrorismus und Menschenhandel (3 marks)*

b *Information über Kriminelle oder Verbrecher austauschen; technische Unterstützung bei der Strafverfolung, Bekämpfung des internationalen Drogenhandels, Terrorismus und Menschenhandel (3 marks)*

c *(20 marks)*

 7 Students listen and make notes.

Answers:

a *„Sokrates": mehrwöchiges Auslandspraktikum; „Ausbildungsbrücke": ermöglicht Auszubildenden ein Praktikum in einem anderen Land; der Europass: Auskunft über Ausbildungs- oder Weiterbildungsmöglichkeiten und Qualifikationen (3 marks)*

b *das Erasmusprogramm: an einer Uni in einem anderen Land studieren; Fremdsprachenassistent an einer Schule; Europa-Kolleg in Brügge: europäische Ausbildung (3 marks)*

---

p 132, activity 7

(telephone conversation)
Hallo. Guten Tag. Wie kann ich Ihnen helfen?... Aha, Sie hätten gern Informationen über Arbeitsmöglichkeiten für Jugendliche in der EU. Nun, da gibt es verschiedene Programme. Zum einen gibt es das Bildungsprogramm „Sokrates". Dieses Programm bietet europäischen Jugendlichen die Möglichkeit, eines mehrwöchigen Auslandpraktikums. Ein Beispiel wäre ein Praktikum an einer Grundschule mit dem Ziel, die Schüler über Ihr Land zu informieren und so europäisches Bewusstsein zu fördern.

Dann gibt es auch noch ein Programm speziell für junge Auszubildende. Es heißt „Ausbildungsbrücke" und ermöglicht interessierten Jugendlichen ein Praktikum in einer Firma oder einem Unternehmen in einem europäischen Partnerland.

Drittens wäre da der Europass. Er gibt Auskunft über Ausbildungs- oder Weiterbildungsmöglichkeiten, sowie über europäische Qualifikationen in EU-Staaten.

Wie bitte? Programme für Studenten? Ja sicher, gibt es auch. Als erstes wäre da das Erasmusprogramm zu nennen. Es bietet Studenten die Möglichkeit an einer anderen europäischen Uni zu studieren. Außerdem gibt es die Möglichkeit, als Fremdsprachenassistent an einer Schule zu arbeiten. Das ist auch ein sehr beliebtes Programm. Vielleicht haben Sie schon einmal etwas vom Europa-Kolleg in Brügge gehört? Es bietet 260 Studenten ein Intensivstudium, eine europäische Ausbildung. Das Ziel ist es, europäisches Denken und Handeln zu fördern.

... Ja, ich kann Ihnen Informationsmaterial über diese Programme schicken. Kein Problem. Wir ist Ihr Name?

8a Students read the text about cooperation between member EU countries.

8b Students summarise the text, using the bullet points to make sure they cover everything important. (30 marks)

9 Students choose two examples of EU projects to write about. They should express their own opinion about the projects they choose. (36 marks)

Hier spricht man Deutsch Einheit 11

Unit objectives

By the end of this unit students will be able to:

◆ Talk about some German festivals
◆ Recognise some German dialects
◆ Summarise what led to the construction and fall of the Berlin wall
◆ Discuss some of the issues of the reunited Germany

Grammar

◆ Use the appropriate verb tense
◆ Recognise the perfect tense of modals
◆ Write conditional clauses

Skills

◆ Pronounce *r* and *l* accurately

page 133

1   Students work in pairs and select two of the bullet points to write about. They can use the earlier chapters of the book to look things up. Students can then share their notes with the class.

Wir feiern

Grammar focus

◆ revision of tenses

Materials

◆ Students' Book pages 134–135
◆ Cassette 0 side 0
◆ Grammar Workbook pages 62–63, 70–71

1   Students match the dates to the festivals.

Answers:

a 4 **b** 10 **c** 1 **d** 9 **e** 2 **f** 8 **g** 5 **h** 7 **i** 3
j 6

2a Students read the texts about three different festivals in German-speaking countries.

2b Students find synonyms for the words a–h in the three texts.

Answers:

a *die Macht* **b** *die Fastenzeit* **c** *wachsen*
d *sich vermummen* **e** *Maßkrug* **f** *Rummelplatz*
g *ums Leben kommen* **h** *entsorgen*

2c A true/false activity to test reading comprehension. Students correct the false sentences.

Answers:

a F *(hat seine Wurzeln in der Mythologie)* **b** F *(endet am Karfreitag)* **c** R **d** R **e** R **f** R **g** F *(nur ganze Liter)* **h** F *(es gibt einen Rummelplatz)* **i** R **j** *(5421 verletzt, 1 getötet)* **k** R **l** R

3   Students listen to the report about *Fastnacht* and the *Oktoberfest* and answer the questions.

Answers:

a *die Macht*
b *Bürger der Stadt*
c *mit einem Riesenfest*
d *ein großer Umzug durch die Stadt*
e *alle sind in Urlaubsstimmung; alle können mitmachen*
f *wie groß es ist*
g *zu viele Touristen, zu kommerziell*
h *weil man da jeden kennt*

---

p 135, activity 3

Christian:	Also, ich wohne in Aulendorf, das ist eine kleine Stadt in Oberschwaben, aber bei uns wird die Fastnacht, oder Fasnet, wie wir sie nennen, groß gefeiert. Bei uns beginnt sie eigentlich schon am Donnerstag.
Interviewerin:	Was, am Donnerstag schon?
Christian:	Ja, ich glaube im Rheinland ist es ein bisschen anders, aber bei uns geht es schon früher los, dann bekommen die Narren die Schlüssel der Stadt.
Interviewerin:	Und wer sind diese Narren?
Christian:	Das sind alle Bürger der Stadt. Sie sind halt in Narrenzunft und dann bei der Fasnet spielen sie die Narren. So lange die Narren an der Macht sind, ist das Leben anders als sonst.
Interviewerin:	Und was passiert?
Christian:	Das ist einfach ein großes Fest. Am Samstag findet immer ein Riesenfest in der Stadthalle statt. Da wird meistens sehr viel getrunken und man soll sich verkleiden, als Mönch oder so was. Dann am Montag geht ein großer Umzug durch die Stadt.
Interviewerin:	Das macht bestimmt Spaß.
Christian:	Ja, es ist schön, weil alle Urlaubsstimmung haben und auch weil alle mitmachen können. Es gibt Sachen für die Kinder und für die Erwachsenen.
Interviewerin:	Und warst du schon auf dem Oktoberfest?

Christian: Ja, vor zwei Jahren. Ein Freund von mir war schon dabei gewesen und hat gemeint, es sei sehr lustig. Das hat schon was und es ist imponierend, wie groß das ist. Wir sind Achterbahn gefahren und haben auch in einem großen Zelt gesessen und haben Bier getrunken und geplaudert.

Interviewerin: Würdest du noch mal hingehen?

Christian: Es war schon interessant, das zu sehen, aber nein, ich werde nicht noch mal hingehen. Ich finde, es ist sehr kommerziell geworden, es gibt wahnsinnig viele Touristen und es ist auch ziemlich teuer. Ich finde unser eigenes Stadtfest eigentlich gemütlicher. Da kennst du jeden und kannst einfach mit den Bürgern deiner eigenen Stadt feiern.

Grammatik

A Students pick out examples of all the tenses from the three texts.

Answers:
Present: wohne, ist, nennen, beginnt, glaube, ist, bekommen, sind, sind, spielen, sind, ist, passiert, ist, soll, macht, haben, können, gibt, hat, ist, ist, finde, ist, gibt, kennst, kannst
Perfect: hat gemeint, sind ... gefahren, haben gesessen, haben getrunken und geplaudert
Imperfect: warst
Future: werde ... hingehen
Conditional: würdest ... hingehen
Pluperfect: war ... gewesen
Present passive: werden vertrieben, wird gefeiert, wird getrunken
Imperfect passive: wurde getötet

B Students define when each tense is used.

C Students put the verbs into different tenses.

Answers:
a *Christian **ist** nur einmal auf dem Oktoberfest **gewesen**.*
b *Christian **hat** nicht vor, noch mal auf das Oktoberfest zu gehen.*
c *In der Vergangenheit **hatte** man **sich verkleidet**, um die Dämonen zu vertreiben.*
d *Am Donnerstag **bekamen** die Narren die Schlüssel der Stadt.*
e *Nächstes Jahr **werden** Millionen von Touristen wieder das Oktoberfest **besuchen**.*
f *Während des Oktoberfests **wird** viel Bier **getrunken**.*

4 Students do more research about one of the three festivals in order to give a talk to the class. Useful websites are listed.

5 Students imagine they have been to one of the three festivals and write up a report about the event. This could be done for homework.

Deutsch – was ist das?

Materials
- Students' Book pages 136–137
- Cassette 2 side 2 CD 3
- *Arbeitsblätter* 36, 37

1a Students attempt to match the Austrian words to the *Hochdeutsch* ones.

Answers:
a 4 **b** 2 **c** 6 **d** 1 **e** 7 **f** 3 **g** 5
(correct version is recorded – see 1b)

 1b Students now listen to the tape which gives the correct answers.

p 136, activity 1b

Ja, also, im Österreichischen sind viele Wörter anders als im Deutschen. Zum Beispiel, ein Junge ist ein Bub, und wir sagen nicht Januar, sondern Jänner. Viele Wörter für das Essen sind auch anders: eine Kartoffel heißt bei uns ein Erdapfel, eine Brötchen heißt eine Semmel und eine Aprikose heißt eine Marille. In Österreich wird auch anders gegrüßt. Statt Guten Tag sagen wir Grüß Gott und statt Tschüs sagen wir Servus.

A 36 **Extra!** Students can find out more about Austria by doing *Arbeitsblatt* 36.

2a Students read the texts about Schwyzertütsch.

2b Students choose the appropriate phrases to fill each gap. The sentences are taken from both reading passages.

Answers:
a *Westschweizer*
b *nutzlos ist*
c *weigern sich oft, Hochdeutsch zu sprechen.*
d *benutzen immer mehr Schwyzertütsch*
e *es sei sinnlos, Hochdeutsch in der Schule zu lernen*
f *entweder Hochdeutsch oder Schwyzertütsch.*
g *meint, man könne Schwyzertütsch genauso gut als Amtssprache verwenden.*

3 Students listen to the discussion about whether *Hochdeutsch* or dialect is better and then attribute each sentence (a–h) to the correct speaker.

Answers:

a *Carola* **b** *Bärbel* **c** *Carola* **d** *Rainer* **e** *Rainer*
f *Bärbel* **g** *Rainer* **h** *Carola*

---

p 137, activity 3

Bärbel: Ich finde schon, dass man Mundarten behalten soll. Jede Mundart drückt die Eigenarten eines bestimmten Volksstammes aus und ist mit Kultur und Traditionen verbunden. Auch wäre es langweilig, wenn alle identisch sprechen würden. Vielfalt macht das Leben bunt!

Rainer: Ich finde es unnatürlich, wenn man seine Mundart verleugnet. Das Problem ist, dass viele Hochdeutschsprecher der Meinung sind, Dialektsprecher seien ungebildet. Das ist vor allem ein Nord-Süd Problem, da die stärksten Dialekte in Süddeutschland und in Österreich zu finden sind. Wir müssen versuchen, dieses Vorurteil abzubauen, indem wir zeigen, dass wir Mundarten schätzen. Daher finde ich es unmöglich dass die Amtssprache in Schaffhausen Hochdeutsch ist. Warum sollte man die Leute zwingen, anders zu sprechen, nur weil sie am Arbeitsplatz sind?

Carola: Ja, also Mundarten sollte man nicht abschaffen, aber ich finde, dass sie schon zu Komplikationen führen können. Im privaten Bereich ist es schon in Ordnung, wenn man sich im Dialekt unterhält. In der Arbeit ist es aber oft schwierig, wenn man nicht so richtig verstanden wird. Ich finde es daher schon richtig, dass die Behörde in Schaffhausen Hochdeutsch als Amtssprache verwendet.

---

4 A whole-class debate about whether Swiss students should be taught in *Hochdeutsch* or *Schwyzertütsch* at school. The *Hilfe* section contains useful phrases for students to use.

5 Students write a letter expressing their opinion about using *Hochdeutsch* or a dialect. The *Hilfe* section on page 67 gives them useful phrases.

 Extra! Students can learn more about Switzerland by
A 37 doing *Arbeitsblatt 37*.

Zweimal Deutschland

Grammar focus
◆ perfect tense of modals

Materials
◆ Students' Book pages 138–139
◆ Cassette 2 side 2 CD 3
◆ Grammar Workbook page 52

1a Students read an account of the Berlin wall being put up.

1b Students put the sentences in the correct chronological order.

Answers:
e, b, g, a, f, c, d

1c Students match the sentence halves.

Answers:
a 4 **b** 6 **c** 1 **d** 2 **e** 3 **f** 5

 2 Students listen to Lothar's account of living in a divided Berlin and decide whether sentences a–h are true or false.

Answers:
a F *(1957 ist er mit seiner Familie nach Westberlin gezogen)*
b R **c** F *(er konnte nicht vergessen, dass die Mauer dort war)*
d R **e** F *(er benutzte den Begriff)* **f** F *(nur die Schwester seines Großvaters wohnte in der BRD)* **g** R **h** R

---

p 139, activity 2

Interviewer: Lothar, wie war es denn in Westberlin aufzuwachsen?

Lothar: Also, wir hatten es bestimmt leichter als die Ostberliner und meine Familie hat echt Glück gehabt. Mein Großvater ist Arzt und ist 1957 mit seiner Familie nach Westberlin gezogen, um in der Nähe des Krankenhauses zu sein. Bis dann hatte er immer am Prenzlauer Berg gewohnt, also in einem Stadtteil, der sich im östlichen Teil der Stadt befindet.

Interviewer: Das Leben in Westberlin muss aber sehr seltsam gewesen sein?

Lothar: Westberlin war wie der Rest der Bundesrepublik, was Lebensstandard und so weiter betrifft. Aber es war schon komisch dort aufzuwachsen. Westberlin war wie eine kleine Insel des Westens mitten in der DDR.

Interviewer: Was hat die Mauer für Sie bedeutet?

Lothar:	Man hat sich schon einigermaßen daran gewöhnt, aber man konnte nie vergessen, dass man vom anderen Teil der Stadt abgesperrt war. Die Mauer war für mich wie eine ständige Drohung. Wir wohnten sozusagen direkt am eisernen Vorhang. Und auch hat man immer wieder von Leuten gehört, die bei Fluchtversuchen über die Mauer ums Leben kamen.
Interviewer:	Hatten Sie Verwandte in Ostberlin?
Lothar:	In Ostberlin nicht, aber die Schwester meines Großvaters wohnte in Leipzig. Wir haben sie ein paar Mal gesehen – einmal durfte sie sogar für drei Tage kommen.
Interviewer:	Das Reisen muss sehr umständlich gewesen sein?
Lothar:	Eigentlich war es kein Problem, nach Westdeutschland zu reisen. Es gab regelmäßige Flüge, Züge und so weiter. Aber alle Passagiere wurden streng kontrolliert und unterwegs durfte man nicht aussteigen. Ich war damals nur ein Kind, aber es war natürlich unmöglich, einen normalen Sonntagsausflug zu machen, sich ins Auto zu setzen und einfach aufs Land zu fahren. Das hätte bedeutet, in die DDR zu fahren, was uns verboten war.
Interviewer:	Lothar, danke für das Gespräch.

Grammatik

A   Students pick out the examples of modal verbs in the perfect tense.

Answers:

Die sowjetische Regierung hat diese Fluchtwelle verhindern wollen. Erstens hat meine Mutter nicht mehr arbeiten können. Die Ostdeutschen haben dann für einen Tag nach Westberlin reisen dürfen. Das haben sie allerdings nur sehr selten machen dürfen. Die Westdeutschen haben jeden Tag eine bestimmte Summe in Ostmark umtauschen müssen. Meine Mutter hat nach Westdeutschland fahren dürfen, als ihr Vater starb, ich habe jedoch hier bleiben müssen.

B   Students translate the examples into English.

Possible answers:

The soviet government wanted to halt this wave of emigration. Firstly, my mother was no longer able to work. The East Germans could then travel to West Berlin for one day. They could, however, only do this very rarely. The West Germans had to exchange a certain amount of money into East German marks every day. My mother was allowed to travel to West Germany when her father died, but I had to stay here.

3   Students make up a radio report for 13 August 1961. They can use the expressions from the *Hilfe* section. If they need more information, useful websites are listed.

4   Students write a diary entry for 13 August 1961. The bullet points will make sure they don't leave out any important points. Remind students to use the perfect tense of modal verbs.

Wieder zusammen
Materials
- Students' Book pages 140–141
- Cassette 2 side 2 CD 3

1   Students listen to the account of the events leading up to the fall of the Berlin wall and then match the dates to the events (1–9).

Answers:
a 4   **b** 6   **c** 1   **d** 2   **e** 8   **f** 9   **g** 3   **h** 7   **i** 5

---

p 140, activity 1

Historikerin

Wie ist es also zum Fall der Mauer gekommen? Innerhalb von ein paar Monaten ging ein System, das die Deutschen 40 Jahre lang geteilt hatte, zugrunde. Mehrere Faktoren spielten eine Rolle, sowohl der Mut der Ostdeutschen wie der Unwille der Sowjets, wieder mit Panzern auf die Straße zu gehen. Die Geschichte beginnt mit einer Flüchtlingswelle. Im August begannen die DDR-Bürger ihr Land über andere Ostblockstaaten zu verlassen. Am 19. August konnten 600 Ostdeutsche über Ungarn nach Österreich kommen, am 10. September gewährte der ungarische Außenminister weiteren DDR-Flüchtlingen die Ausreise in die Bundesrepublik. Immer mehr Flüchtlinge wagten jetzt die Reise in den Westen. Am 30. September durften Flüchtlinge aus Prag und Warschau reisen, insgesamt 22 000 Flüchtlinge sind in der ersten Oktoberwoche auf diesem Weg in die Bundesrepublik gekommen. Trotz der wachsenden Krise ließ der SED-Chef den 40. Jahrestag der DDR am 7. Oktober feiern. Die Feier entwickelte sich aber teilweise zu Krawallen, als die Polizei Demonstrierende niederschlug. Zwei Tage später demonstrierten 70 000 Menschen in Leipzig. „Wir sind das Volk", riefen sie. Ein Volk hatte seine Angst verloren. Anfang November hob die tschechische Regierung die Visumspflicht für DDR-Bürger auf. Hier war also ein freier Weg in den Westen, den 50 000 DDR-Bürger in den nächsten Tagen benutzten. Drei Tage später demonstrierten etwa eine Million Menschen in Berlin. Die Regierung war ratlos. Am 8. November trat sie zurück und einen Tag darauf verkündete Josef Schabowski: „Um befreundete Staaten zu entlasten, hat man sich entschlossen, die Grenzübergänge zu öffnen. Wenn ich richtig informiert bin, gilt diese Regelung unmittelbar." Die Grenze war offen.

2a Students read an account of the day the Berlin wall came down.

2b Students select the correct word from the box to fill each gap. Some of the words in the box are distractors.

Answers:

a *Freude* **b** *erstaunt* **c** *geweint* **d** *besuchen*
e *schüttelten* **f** *Öffnung* **g** *zugeschaut* **h** *lebendige*

3 Students role-play a journalist interviewing someone who was in Berlin on 9 November 1989. The bullet points will help the journalist to ask appropriate questions.

4 Students imagine they were in Berlin when the wall came down and they write a newspaper article describing the events leading up to the famous day. This could be done for homework.

5a Students describe the photo and what event it shows [modify depending on photo selected].

5b Students listen to the account of the day of German unity and answer the questions.

Answers:

a *Es war der Tag, an dem Deutschland wieder vereint wurde.*
b *Mit Feuerwerk, Böllerschüssen und einem ökumenischen Gottesdienst.*
c *Bundeskanzler und Bundespräsident*
d *friedliche Partnerschaft*
e *Mit Freibier und Feuerwerk*
f *Sie hat ihre Rolle als Hauptstadt verloren.*

---

p 141, activity 5b

Um Mitternacht am 3. Oktober 1990 begann eine neue Epoche der deutschen Geschichte. In Berlin feierten Hunderttausende am Reichstag und am Brandenburger Tor, als um null Uhr die Bundesfahne als Zeichen der Einheit gehisst wurde. Das Fest wurde dann mit Feuerwerk und Böllerschüssen fortgesetzt. Die offizielle Feier ging mit einem ökumenischen Gottesdienst in der Berliner Marienkirche weiter. Im anschließenden Staatsakt versprach Bundeskanzler Kohl den Völkern der Welt friedliche Partnerschaft. Bundespräsident von Weizsäcker sagte: „Sich zu vereinen, heißt teilen lernen." Auch in anderen Städten wurde gefeiert. In Bonn, das bald seine Rolle als Hauptstadt verlieren würde, wurde Freibier ausgegeben, in Hamburg erlebten 500 000 ein Feuerwerk.

Die Deutschen – ein Volk?

Grammar focus
◆ conditional clauses

Materials
◆ Students' Book pages 142–143
◆ Cassette 2 side 2 CD 3
◆ *Arbeitsblatt 38*
◆ Grammar Workbook page 60

1 To get students thinking about the differences between the former West and East Germany, they divide the bullet points between the headings.

Answers:

BRD: *moderne Technik, freie Marktwirtschaft, Demokratie*
DDR: *keine Bananen, Haushaltstage für arbeitende Mütter, altmodische Autos und Elektrogeräte, keine Arbeitslosigkeit, kostenlose Sozialeinrichtungen wie Kindergärten, Reisefreiheit nur in andere Ostblockstaaten*

A 38 **Extra!** Students can learn more about the DDR from *Arbeitsblatt 38.*

2 Students listen to Thomas' account of life since the fall of the Berlin wall and then answer the questions.

Answers:

a *Demokratie, Reisefreiheit, Produkte zum Kauf.*
b *Sie haben den Leuten nachspioniert, um sich zu vergewissern, dass man nichts unternommen hatte, was gegen den kommunistischen Staat war.*
c *Der Unterricht in der Schule und die Gesetze.*
d *Weil sie nach SED-Politikern und anderen Kommunisten genannt wurden.*
e *Arbeitslosigkeit.*
f *Sie verstehen einander nicht gut, und die Ostdeutschen haben das Gefühl, als Bürger zweiter Klasse behandelt zu werden.*
g *Die Leute hatten vierzig Jahre lang gar nichts miteinander zu tun und lebten unter völlig verschiedenen politischen Systemen.*

---

p 142, activity 2

Interviewerin:	Also Thomas, wie alt waren Sie im Jahre 1990?
Thomas:	Ich war damals 15 Jahre alt.
Interviewerin:	Und wie hat sich das Leben in den neuen Bundesländern verändert?
Thomas:	Fast alles ist anders heutzutage. Ich beginne bei den guten Sachen: die Demokratie natürlich und auch die Reisefreiheit. Ich bin in den letzten Jahren unter anderem nach Spanien, Italien, und Amerika gefahren. Von so was konnten meine Eltern nur noch

träumen. Auch können wir Produkte kaufen, die es vorher bei uns überhaupt nicht gab – schöne Autos, Markenklamotten, sogar Nahrungsmittel wie Bananen.

Interviewerin: Gibt es noch andere Vorteile?

Thomas: Ja, vor allem muss man keine Angst mehr vor der Stasi haben.

Interviewerin: Was ist denn die Stasi?

Thomas: Der Staatssicherheitsdienst. Das war wie der KGB in der Sowjetunion. Sie haben den Leuten nachspioniert, um sich zu vergewissern, dass man nichts unternommen hatte, was gegen den kommunistischen Staat war.

Interviewerin: Die Wende hat also viel Positives gebracht. Aber war das am Anfang nicht ziemlich verwirrend?

Thomas: Ja, ich war damals in der Schule und auf einmal gab es ein völlig neues Schulsystem. Auch die Lehrer wussten nicht so richtig, was sie unterrichten sollten. Alle Gesetze waren neu – man lebte also eine Zeitlang in Unsicherheit, weil nichts mehr so war, wie wir es gewöhnt waren. Selbst die Namen von den Straßen und Städten haben sich geändert. Karl-Marx-Stadt wurde wieder Chemnitz und in meiner Stadt hieß Wilhelm-Pieck-Straße plötzlich Theaterstraße.

Interviewerin: Und warum hat man das gemacht?

Thomas: Na, Wilhelm Pieck war ein SED-Politiker, er musste also weg!

Interviewerin: Hat die Wende auch Nachteile gebracht?

Thomas: Ja, Arbeitslosigkeit. In der DDR konnte man kaum reich werden, aber jeder hatte einen Arbeitsplatz. Unsere Industrie ist aber veraltet und ist in der freien Marktwirtschaft keineswegs konkurrenzfähig. Für Jugendliche war es besonders schwierig, keine Perspektive zu haben. Ich habe in Weimar studiert, musste aber nach Frankfurt ziehen, um eine Stelle zu bekommen. Ein zweites Problem ist, dass die DDR-Bürger oft meinen, sie werden von den Westdeutschen als Bürger zweiter Klasse behandelt.

Interviewerin: Verstehen sich die West- und Ostdeutschen denn gar nicht?

Thomas: Es ist vielleicht übertrieben zu sagen, man versteht sich nicht, aber man spricht immer noch von der „Mauer in den Köpfen", auch von „Ossis" und „Wessis". Ich finde das auch selbstverständlich. Die Leute hatten vierzig Jahre lang nichts miteinander

zu tun und lebten unter völlig verschiedenen politischen Systemen. Es wird also ein bisschen dauern, bis wir uns wiede wie ein Volk fühlen.

Interviewerin: Thomas, danke für das Gespräch.

3a Students read the interview about the differences between the old and new *Bundesländer*.

3b Students attribute each opinion to the appropriate person.

Answers:

a *Katja*   **b** *Axel*   **c** *Eva*   **d** *Eva, Thomas*   **e** *Katja*
f *Axel*   **g** *Axel*

Grammatik

A   Students go through the text and pick out examples of conditional clauses using the imperfect and pluperfect subjunctive.

Answers:

Thomas: *Ich wäre eigentlich schon lieber in der Nähe von meiner Familie geblieben, wenn ich einen Studienplatz bekommen hätte. Aber nur, weil es praktischer wäre, …*

Axel: *Wenn das Leben hier wirklich so schlecht gewesen wäre, wie manche es sich denken, wäre ich schon längst geflüchtet!*

Eva: *Die Ossis und Wessis hätten dann ein bisschen mehr Zeit, sich aneinander zu gewöhnen.*

Thomas: *Wenn ich an der Macht wäre, gäbe es eine Regierung in der DDR, die die Übergangsphase regeln sollte.*

Axel: *Aber mir wäre es wichtiger, dass das Volk das Gefühl hätte, sie gehörten jetzt wieder zusammen.*

B   Students practise writing conditional sentences.

4   Students listen to an interview about an exchange between students in Erfurt and Lübeck and answer the questions.

Answers:

a *Er wollte sehen, wie das Leben in den neuen Bundesländern wirklich ist.*

b *Es muss dort schlimm sein.*

c *Höhere Steuern.*

d *Sie schienen arrogant.*

e *Man hat das Gefühl, die Wessis meinen, bei ihnen sei alles immer besser gewesen, alles was in der DDR produziert wurde sei Schrott.*

f *Eine Lehrerin aus der Schule in Erfurt hat Marios Schule besucht und hat das vorgeschlagen.*

g *Die Schüler haben begonnen, mit den ostdeutschen Partnern an einem gemeinsamen Projekt zu arbeiten.*

h *Sie waren Partner und haben einander E-Mails geschickt.*

i *Er versteht jetzt viel besser, wie das Leben in der DDR war und mit welchen Problemen die Ostdeutschen nach der Wende konfrontiert wurden und hat auch eine neue Freundschaft geschlossen.*

j *Er hat ein viel besseres Bild von Westdeutschland bekommen.*

---

p 143, activity 4

Interviewerin:	Was waren deine Erwartungen vom Austausch, Mario?
Mario:	Ich wollte sehen, wie das Leben in den neuen Bundesländern wirklich ist. Ich hatte vorher keine Kontakte zu Leuten aus der ehemaligen DDR.
Interviewerin:	Und Sebastian?
Sebastian:	Ja, ich auch. Ich bin schon auf Urlaub in den alten Bundesländern gewesen, aber ich wollte neue Kontakte knüpfen.
Interviewerin:	Gibt es noch viele Vorurteile? Mario, was meinst du?
Mario:	Ja, schon, aber eher von der älteren Generation. Was Jugendliche betrifft, denkt man schon, dass es dort schlimm sein muss, aber die Eltern haben Vorurteile, weil sie so viele Steuern zahlen müssen, um die neuen Bundesländer wieder aufzubauen. Mein Vater meint immer, er sei durch die Wende viel ärmer geworden.
Sebastian:	Ja, und wir dachten, da kommen die Wessis und die denken, die doofen Ossis ... von den westlichen Touristen in Erfurt hatte ich immer den Eindruck, dass sie sehr arrogant sind.
Interviewerin:	Ihr hattet sozusagen Minderwertigkeitsgefühle?
Sebastian:	Ja, man hat das Gefühl, die Wessis meinen, bei ihnen sei alles immer besser gewesen, alles was in der DDR produziert wurde sei Schrott.
Interviewerin:	Und wie ist es also zu diesem Austausch gekommen?
Mario:	Eine Lehrerin aus der Schule in Erfurt hat uns in unserer Schule besucht und hat das vorgeschlagen.
Interviewerin:	War da großes Interesse?
Mario:	Am Anfang nicht ... ich hätte lieber einen Austausch mit Frankreich oder England gemacht, aber dann haben wir in Sozialkunde begonnen, über die Geschichte der DDR zu lernen und wir haben begonnen, mit den ostdeutschen Partnern an einem gemeinsamen Projekt zu arbeiten.
Interviewerin:	Und was war dieses Projekt?

Sebastian:	Wir sollten die Bildungssysteme in der Bundesrepublik und in der DDR vergleichen und bewerten. Ich habe Mario als Partner bekommen und wir haben per E-Mail korrespondiert. Dann kam ganz natürlich der Wunsch, sich zu besuchen.
Interviewerin:	Ja, und was hat der Austausch noch gebracht?
Mario:	Ich verstehe jetzt viel besser, wie das Leben hier war und mit welchen Problemen die Ostdeutschen nach der Wende konfrontiert wurden. Ich habe auch eine neue Freundschaft geschlossen.
Sebastian:	Ja, ich glaube, das ist vor allem wichtig. Es liegt an den Jugendlichen diese Vorurteile abzubauen. Ich habe durch den Austausch auch einen viel besseres Bild von Westdeutschland bekommen.

5 Students take the part of relatives, one from the former FRG, the other from the former GDR. They explain to their relative what their life is like.

6 Students take the part of an *Ossi* and write a letter to relatives in the former West Germany, describing how their life has changed since the fall of the Berlin wall.

Zur Auswahl

Skill focus
◆ Pronunciation of *l* and *r*

Materials
◆ Students' Book page 144
◆ Solo Cassette side 2

S🔲 **1a** Students listen and repeat.

---

p 144, activity 1a

richtig   reisen   reichen   ratlos   Schritt

S🔲 **1b** Students listen and repeat.

---

p 144, activity 1b

selbst   bald   Bild   Bildung   Soldaten

S🔲 **1c** Students practise and then listen to the tongue twister.

> **p 144, activity 1c**
>
> Mit einem raschen Schritt erreichte der Soldat den Stacheldraht.

2a Students write an account of the events leading to the building and then the fall of the Berlin wall.

2b Students devise a leaflet describing German festivals.

3 Students listen to a report about East Germans who tried to escape from the former East Germany and then they answer the questions.

Answers:

a *über 5000*

b *Um das ständig perfektionierte DDR-Grenzsicherungssystem zu überwinden.*

c *Heißluftballons, umgebaute Autos, sogar ein Mini-U-Boot, und eine Lautsprecherbox.*

d *57 Personen sind durch den erfolgreichsten Tunnel nach Westberlin gekommen.*

e *In den 28 Jahren ihres Bestehens sind 239 Personen an der Mauer gestorben.*

f *Er sprang aus einem Fenster in der Bernauer Straße.*

g *Er wurde erschossen und lag schwer verwundet und blutend am Fuße der Mauer, ohne dass jemand ihm half.*

h *Er wurde erschossen.*

> **p 144, activity 3**
>
> Über 5000 Menschen gelang zwischen 1961 und 1989 die Flucht über die Mauer. Not macht erfinderisch! Die Hilfsmitteln wurden im Laufe der Jahre immer ausgefeilter, um das ständig perfektionierte DDR-Grenzsicherungssystem zu überwinden. Manche benutzten Heißluftballons, umgebaute Autos, sogar ein Mini-U-Boot wurde als Fluchtmittel verwendet. Auch in einer Lautsprecherbox wurde aus der DDR geflüchtet. Zahlreiche Fluchttunnels wurden gebaut. An zwei Abenden im Oktober 1964 sind 57 Personen durch den erfolgreichsten Tunnel nach Westberlin gekommen. Das Risiko war jedoch groß, dass die Mauer ihre Opfer verlangte. In den 28 Jahren ihres Bestehens starben 239 Personen an der Mauer, die von Grenzposten erschossen wurden, in der Spree ertranken, oder aus Fenstern in den Tod sprangen. Das erste Opfer war Rudolf Urban, der am 19. August 1961 bei seinem Sprung aus einem Fenster in der Bernauer Straße ums Leben kam. Ein Jahr später schockierte der Tod des jungen Peter Fechter die Welt. Er wurde erschossen und lag schwer verwundet und blutend am Fuße der Mauer, ohne dass ihm jemand half. Der letzte an der Mauer ermordete Flüchtling war der junge Chris Gueffroy, der am 6. Februar 1989 erschossen wurde.

4 Students choose one of the subjects listed to research and prepare a talk to give to the class.

Answers for Copymasters

Arbeitsblatt 36

2 **1** *b* **2** *e* **3** *g* **4** *j* **5** *d* **6** *a* **7** *c* **8** *f* **9** *h*
10 *k* **11** *h* **12** *i*

Arbeitsblatt 37

Answers

1 *wohnt, haben, gesprochen, bevorzugen, gegeben, fördern, laufen, anzubieten*

> **A37, activity 1**
>
> Interviewer: Guten Tag, Frau Berger.
> Frau Berger: Guten Tag.
> Interviewer: Sie kommen aus Zürich, nicht wahr, und das liegt im deutschsprachigen Teil von der Schweiz.
> Frau Berger: Ja, das stimmt. Deutsch ist eigentlich die meistverbreitete Sprache in der Schweiz. Drei Viertel der Bevölkerung sprechen Deutsch.
> Interviewer: Hochdeutsch oder Schwyzertütsch?
> Frau Berger: Eigentlich beide. Hochdeutsch ist die Schriftsprache, also Zeitungen und Bücher erscheinen auf Hochdeutsch, aber die meisten Bürger stehen schon lieber auf Schwyzertütsch im täglichen Sprachgebrauch. Im Fernsehen hört man sowohl Schwyzertütsch als auch Hochdeutsch. Die Medien haben in letzter Zeit Schwyzertütsch gefördert und der Anteil an Sendungen auf Schwyzertütsch soll noch größer werden.
> Interviewer: Und welche anderen Sprachen gibt es in der Schweiz?
> Frau Berger: In der Westschweiz ist Französisch die Muttersprache, im Süden wird auch Italienisch gesprochen, allerdings nur von 4% der Schweizer. Die letzte Sprache ist Romansch, sie wird nur von 1% der Bevölkerung gesprochen und das in der Umgebung von Graubünden.
> Interviewer: Und können die Schweizer alle dieser Sprachen sprechen?
> Frau Berger: Keineswegs. Ich habe Französisch in der Schule gelernt, aber eigentlich ist Englisch meine erste Fremdsprache.
> Interviewer: Und ist das nicht seltsam, mit anderen Bürgern des Landes nicht unbedingt kommunizieren zu können?

Frau Berger:	Ja, viele Ausländer finden das merkwürdig, aber es ist halt so bei uns. Es gibt auch Zeitungen und Fernsehkanäle in den verschiedenen Sprachen.
Interviewer:	Wenn man an die Schweiz denkt, denkt man vor allem an Berge, Uhren, Schokolade. Ist dieses Bild realistisch?
Frau Berger:	Einigermaßen schon. Die Schweiz ist ein sehr bergiges Land und der Tourismus, der mit dieser Berglandschaft verbunden ist, ist natürlich sehr wichtig für uns. Die Schweiz ist auch nicht ohne Grund für die Qualität ihrer Konfiserie, sowie ihrer Uhren bekannt und viele wohlbekannte Firmen in diesen Industrien haben ihren Sitz hier. Aber das ist nur ein Teil des Bildes. Das Finanzwesen ist auch von großer Bedeutung.
Interviewer:	Ach ja, jeder Millionär muss sein schweizer Bankkonto haben oder? Wie kommt denn das?
Frau Berger:	Also, nicht nur Millionäre investieren hier, aber das kommt erstens weil die Schweiz ein sehr stabiles Land ist, was Politik und Finanz betrifft. Zweitens hat die Schweiz mehr Gesetze, die die Heimlichkeit von Finanzen garantieren.
Interviewer:	Man kann also Geld hier gut verstecken?
Frau Berger:	Ja, auf alle Fälle, und das führt manchmal zu Problemem. Es gab vor kurzem ein großer Skandal, wegen der Konten von Juden, die während des Kriegs gestorben sind.
Interviewer:	Was ist passiert?
Frau Berger:	Während des Krieges haben viele Juden Konten in der Schweiz eröffnet, um ihr Geld vor den Nazis zu schützen. Viele sind dann tragischerweise ums Leben gekommen und das Geld ist einfach hier geblieben und die Banken haben sehr wenig gemacht, um die Kinder oder Enkelkinder dieser Leute zu finden und das Geld zurückzugeben.
Interviewer:	Und was ist dabei herausgekommen?
Frau Berger:	Die Banke haben schließlich 1,25 Milliarden Dollar an die Erben zurückgezahlt.
Interviewer:	Spielt die Schweiz eine große Rolle auf der internationalen Szene?
Frau Berger:	Die Schweiz ist ein sehr selbständiges und auch ein neutrales Land und will diese Neutralität weiterhin bewahren. Deshalb ist sie nie der EU beigetreten, zum Beispiel. Die Schweiz hat dadurch eine lange Tradition der Diplomatie, deshalb haben internationale Organisationen wie die Vereinigten Nationen und das Olympische Kommitee ihr Hauptquartier hier.
Interviewer:	Frau Berger, danke für das Gespräch.

2 1 *a* 2 *c* 3 *b* 4 *c* 5 *c* 6 *b* 7 *c* 8 *a*

Arbeitsblatt 38

2 **a** *die mangelnde Freiheit*

b *gegen die Rechtlinien der Regierung verstoßen*

c *sie war die Geheimpolizei*

d *ganz normale Leute, die Auskunft an die Stasi weitergegeben haben*

e *ein guter Freund oder ein Familienmitglied hat sie an die Stasi verraten hat*

f *nach anderen Ostblockstaaten*

g *Konsumgüter (Jeans, moderne Elektrogeräte, Autos)*

h *Marxismus – Leninismus war Pflichtfach; Russisch war die erste Fremdsprache*

i *eine Organisation für Jugendliche (von der Partei geregelt)*

j *ein Gemeinschaftgefühl, keine Drogen, keine Arbeitslosigkeit, gute Sozialeinrichtungen*

Probetest – Unit 1

Materials

◆ Students' Book pages 145–147

◆ Cassette 2 side 2 CD 3

A

 1 Students listen to the report about football hooligans and then choose an appropriate word for sentences a–e.

Answers:

a *verhaftet* **b** *Ausländer* **c** *sieben Tagen* **d** *geschlagen*
e *Eintrittskarten* (1 mark for each)

---

p 145, activity 1

Die Jenaer Polizei hat einen Kampf mit Fußballrandalierern abgebrochen. Zehn jugendliche Randalierer im Alter von 17 bis 21 Jahren wurden festgenommen. Die ausländischen und deutschen Jungen hatten einen unschuldigen Jenaer Fußballfan brutal zusammengeschlagen.

Das Opfer namens Klaus, ein 16-jähriger Schüler, hatte vor einer Woche seine Eintrittskarte für dieses Fußballspiel gekauft. Er hatte sein ganzes Taschengeld dafür gespart. Klaus wurde von den Randalierern angesprochen und dann ganz brutal geschlagen und mit einem langen Messer bedroht.

Als die Polizei an den Tatort kam, lag Klaus blutend am Boden. Die Polizei verhaftete die Jugendlichen, die alle Alkohol getrunken hatten, und verbot ihnen den Kauf jeglicher Tickets für künftige Spiele.

---

2 Students listen to the report about a bank robbery and summarise it in English.

Answer:

Summary should include: more than 250,000 DM taken at 8 a.m. on Monday; robber escaped through a side exit by bike; robber 35, 1.70 m tall, short dark hair, dark blue Nike tracksuit; search so far unsuccessful (5 marks)

---

p 145, activity 2

Mehr als 125 000 Euro erbeutete am Montagmorgen ein Bankräuber in Mühlbach. Als die zwei Angestellten morgens um 8 Uhr die Bank öffneten, wurden Sie von dem Bankräuber überrascht, der sie mit einer Pistole zwang, den Tresorraum zu öffnen.

Die Polizei nimmt an, dass der Räuber mit seiner Beute im Wert von 125 000 Euro durch einen Nebenausgang der Bank entkam. Ein Zeuge sah gegen 8 20 Uhr einen Fremden mit einem Fahrrad in Richtung Ortsausgang wegfahren. Er war sehr verdächtig, weil er sich immer wieder umsah, obwohl so früh noch niemand auf der Straße war. Nach Aussagen der Bankangestellten soll es sich um einen etwa 35 Jahre alten, circa 1,70 Meter großen Mann mit kurzen, schwarzen Haaren handeln. Er soll auch einen dunkelblauen Trainingsanzug der Marke Nike getragen haben.

Den Angestellten gelang es kurz nach dem Überfall die Polizei anzurufen. Bis jetzt hat die Suche der Polizei noch zu keinem Ergebnis geführt.

---

3 Students listen to a report about a party at the top of the highest mountain in the Black Forest. They then answer questions a–c and fill in the gaps in the text (d) with the appropriate verb.

Answers:

a *Musikfans, Liedermacher, musikalische Skifahrer (3 marks)*

b *ausgezeichnete Stimmung, weniger Müll und Abfall, weniger kritische Stimmen, ob solche Veranstaltungen überhaupt stattfinden sollten (3 marks)*

c *von der tollen Atmosphäre, dem duften Programm, dem Schnee (3 marks)*

d **1** *organisierte* **2** *erwartete* **3** *kamen* **4** *brachten* **5** *fanden* **6** *beitrugen* (6 marks)

---

p 145, activity 3

Mega-Schnee-Party auf Schwarzwaldgipfel
Geiler Sound bei winterlichen Temperaturen. Radio Schwarzwaldwelle organisierte letzten Samstag eine Gipfel-Party auf dem höchsten Berg des Schwarzwaldes. Rund 8000 Musikfans, Liedermacher aber auch musikalische Skifahrer wurden erwartet. Bei der ersten Gipfel-Party im letzten Winter waren sogar mehr als 10 000 Fans von Radio Schwarzwaldwelle gekommen. Obwohl es dieses Mal weniger Fans gab, war die Stimmung ausgezeichnet. Außerdem gab es

---

viel weniger Müll und Abfall und vor allem auch weniger kritische Stimmen, ob solche Veranstaltungen für die Jugend überhaupt auf dem Feldberg stattfinden sollten. Die Musikfans stimmten jedoch alle miteinander überein. Sie waren total begeistert von der tollen Atmosphäre, dem coolen Programm und natürlich dem Schnee.

B

4 Students listen to the account of Angelika's work placement. They answer questions a–g and then fill in the gaps in the text (h) with the appropriate verb.

Answers:

a *eine Lehrstelle als Tischlerin (1 mark)*

b *durch Ausbildungsstellen (1 mark)*

c *Sie hilft arbeitslosen Jugendlichen, die persönliche Probleme haben (2 marks)*

d *der Geschäftsführer, ein Projektleiter und ein Sozialarbeiter (3 marks)*

e *Sie telefonieren mit Banken, Krankenkassen oder Vermietern und diskutieren verschiedene Lösungsmöglichkeiten mit den jungen Leuten. (2 marks)*

f *pünktlich jeden Morgen, tagein, tagaus an ihrem Arbeitsplatz zu sein (2 marks)*

g *Manche halten es nur drei oder vier Monate lang aus. Wenn sie aber ein Jahr lang gearbeitet haben, dann schaffen es die meisten. (2 marks)*

h **1** *anbot* **2** *bietet* **3** *hilft* **4** *sind* **5** *unterstützen* **6** *durchzuhalten* **7** *überstanden* **8** *verdient* **9** *gearbeitet* **10** *schaffen* (10 marks)

---

p 145, activity 4

Angelika wollte nach ihrem Abitur eine Lehrstelle als Tischlerin. Das war lange ihr Traumberuf. Doch sie konnte keine Ausbildungsstelle finden. Sie wollte bereits aufgeben, als die Firma Ökobau ihr im Rahmen des Sofortprogrammes der Bundesregierung eine Ausbildungsstelle anbot.

Ökobau ist eine Firma, die nicht nur eine normale Ausbildung oder Lehre bietet, sondern auch bereit ist, arbeitslosen Jugendlichen, die persönliche Probleme haben, zu helfen. So arbeiten der Geschäftsführer, ein Projektleiter und ein Sozialarbeiter zusammen. Sie unterstützen zum Beispiel Jugendliche, die hohe Schulden bei Banken oder Kreditanstalten haben. Sie telefonieren mit Banken, Krankenkassen oder Vermietern und diskutieren verschiedene Lösungsmöglichkeiten mit den jungen Leuten.

Das Schwierigste ist für viele dieser jungen Arbeitslosen, pünktlich jeden Morgen, tagein, tagaus an ihrem Arbeitsplatz zu sein. Manche halten es nur drei oder vier Monate lang aus. Wenn sie aber ein Jahr lang gearbeitet haben, dann schaffen es die meisten.

5 Students read the two texts about whether mothers with young children should go out to work. They then read sentences a–f and correct them.

Answers (bold shows changes):

a *Frau Meier und ihr Partner* **haben diskutiert**, *ob es* **für sie und ihre kleine Tochter** *besser ist, wenn sie zu Hause bleibt.*

b *Wenn ihre Tochter mit* **sechs** *in die Schule kommt, wird sie eine* **Halbtagsstelle** *als Fremdsprachensekretärin suchen.*

c *Flexible Arbeitszeit ist* **wichtig** *für sie, damit* **sie** *zu Hause ist, wenn die Schule aus ist.*

d *Frau Kleins Betrieb will* **nicht**, *dass sie ihre Stelle aufgibt, aber kann ihre Stelle* **nicht** *fünf Jahre lang für sie offen halten.*

e *Ihre Arbeit macht ihr* **viel** *Spaß, aber sie ist* **auch gern** *mit ihrem Kind zusammen.*

f *Ihr Sohn* **mag** *den Kindergarten, weil er dort mit anderen Kindern spielen* **kann**.

(2 marks for each question)

6 Students read the text about the effects on health of too much computer use. They complete sentences a–f and then answer questions g–h.

Answers:

a *wir arbeiten oder spielen* (2 marks)

b *ständiges Internetsurfen oder pausenlos Computer spielen ist ungesund* (2 marks)

c *kann man Entzündungen im Arm oder Handgelenk bekommen* (2 marks)

d *wenn man länger als zwei oder drei Stunden täglich vor dem Computer verbringt* (1 mark)

e *von der Seite kommen* (1 mark)

f *bequem ist und eine hohe Rückenlehne hat* (1 mark)

g *Entzündungen im Arm oder Handgelenk, verkrampfte Nacken und Rücken, nervös, müde, trockene Augen* (5 marks)

h *40 Zentimeter weg vom Bildschirm sitzen, das Licht zur Seite stellen, einen bequemen Stuhl kaufen, Pause machen* (4 marks)

7 Students match each item from list B with its more expanded version in list A.

Answers:

1 *Dominik* **2** *Mario* **3** *Annabella* **4** *Daniela*
5 *Lena* **6** *Kai* (1 mark for each)

Probetest – Unit 2

Materials

◆ Students' Book pages 148–149

Die Medien (Einheit 7)

1 Students write about the techniques used by advertisers and their own opinion about these techniques. (150 words, 36 marks)

2 Students write about which type of media they believe has the most to offer and how they think things will change in the future. (150 words, 36 marks)

3 Students use the bullet points to write about the role of the media and whether it has too much power. (250 words, 54 marks)

Die Umwelt (Einheit 8)

1 Students choose two environmental problems to write about. (150 words, 36 marks)

2 Students write about measures to protect the environment and what they believe the priorities should be. (150 words, 36 marks)

3 Students use the bullet points to write about the different sources of energy and the best choices for the future. (250 words, 54 marks)

Ausländer in Deutschland (Einheit 9)

1 Students write about why immigrant workers came to Germany and their contribution to German society. (150 words, 36 marks)

2 Students write about the racism which exists in Germany and how they think the problem can be solved. (150 words, 36 marks)

3 Students use the bullet points to write about the problems that foreigners living in Germany face and whether they have integrated into German society. (250 words, 54 marks)

Deutschland und Europa (Einheit 10)

1 Students express their opinion about going into the euro (or not). (150 words, 36 marks)

2 Students choose two positive things that have come about because of the EU. (150 words, 36 marks)

3 Students use the bullet points to write about whether the EU has brought advantages or disadvantages to its member countries. (250 words, 54 marks)

Hier spricht man Deutsch (Einheit 11)

1 Students choose a historical event from German history to write about. (150 words, 36 marks)

2 Students write about German festivals and choose their favourite one and say why they would like to be in Germany to see it. (150 words, 36 marks)

3 Students use the bullet points to write about how life in Switzerland differs from life in Germany and Austria. (250 words, 54 marks)

Probetest – Unit 3

Materials
◆ Students' Book pages 150

Speaking task

A Students look at the picture and answer the questions.

B Students look at the cartoon and answer the questions.

Kontrollen Einheit 7–11

Arbeitsblatt 48
The activities on this copymaster follow the style of the AQA Unit 1 assessment 'Young People Today'. The mark scheme is shown in brackets for each activity.

Answers
1 **a** *ab dem ersten Adventswochenende*
   b *nicht nur der berühmste, sondern auch der schönste Weihnachtsmarkt*
   c *Spieluhren, Goldengel, Strohsterne*
   d *er ist der älteste Weihnachtsmarkt in Deutschland*
   e *Sie sind große Anziehungspunkte für Touristen geworden OR In fast jeder Stadt in Deutschland gibt es einen Weihnachtsmarkt*
   f *ein Weihnachtsgebäck*
   g *der Riesenstollen ist in diesem Jahr 4,30 Meter lang, 1,70 Meter breit und rund 3000 Kilo schwer*
   h *eine große Pyramide mit 42 Holzfiguren (weltweit höchste Holzpyramide)*
(Mark scheme: 22 marks. 12 marks for answering the questions correctly. 10 marks for accuracy of language.)

Arbeitsblatt 49
The activities on this copymaster follow the style of the AQA Unit 2 assessment 'Aspects of Society'.

See the assessment criteria tables for Unit 2 provided in the AQA specification for how to allocate marks to the activities on this copymaster.

Arbeitsblatt 50
The activities on this copymaster follow the style of the AQA Unit 3 assessment 'People and Society'.

See the assessment criteria tables for Unit 3 provided in the AQA specification for how to allocate marks to the activities on this copymaster.

1 This activity provides an opportunity for students to practise responding to questions on a piece of stimulus material. Allow students 20 minutes to prepare answers to the prompt questions.

2 This activity provides an opportunity for students to practise the presentation aspect of this assessment unit.

3 This activity provides an opportunity for students to practise the general conversation aspect of this assessment unit.

Testen Sie Ihr Wissen

Name _____

A Write your answers on this sheet.

1 Freizeit und Urlaub *Test of cases and plurals*
Fill the gaps. Choose from forms of *der/die/das* or *ein/eine/ein* or change the nouns as required.

a Wir haben für dieses Jahr _____ Urlaub in der Schweiz geplant.

b Nächsten Sommer haben wir vor, _____ Segelkurs in Südbayern zu machen.

c Nehmt ihr _____ Zug oder _____ Reisebus, wenn ihr nach Österreich fahrt?

d Er hat seine Klassenkamerad_____ zur Grillparty am Samstag eingeladen.

e Im Schullandheim nehmen auch die Lehrer _____ an sportlichen Aktivitäten teil.

f Nach eurer Rückkehr sollt ihr alle Dankesbrief_____ an _____ Austauschpartner schreiben.

g Zum Camping nehmen wir Zelt _____, Luftmatratze_____ und Schlafsack_____ mit.

h Das Verkehrsamt hat _____ englischen Gast_____ _____ Unterkunft wärmstens empfohlen.

i Der Preis _____ Hotelzimmer_____ ist für viele Studenten einfach zu teuer. (16)

2 Mein Haus und mein Zimmer *Test of prepositions and cases*
Select the appropriate gender and case for the nouns. Choose from *der/die/das*, *ein/eine/ein*, *mein/meine/mein*, etc.

a Wir wohnen in _____ kleinen, aber gemütlichen Einfamilienhaus an _____ Stadtrand.

b Die Lage ist ziemlich ruhig, denn das Haus liegt in _____ Sackgasse in der Nähe von _____ kleinen Wald.

c Die Eingangstür ist direkt neben _____ Garage.

d Mein Zimmer ist das kleinste. Es liegt in _____ zweiten Stock, zwischen _____ Dusche und _____ Toilette.

e Als wir eingezogen sind, wollte ich meinen Schreibtisch unter _____ Fenster stellen, damit mein Arbeitsplatz hell und freundlich wird.

f Aber das ging nicht, weil der Heizkörper schon unter _____ Fenster war. (10)

3 Die Umwelt *Test on infinitive constructions*
Link the two halves of the sentences by filling in the grid below.

a Ich nehme immer Stofftaschen mit

b Aus dem Badezimmer sollte man

c In der Stadt darf man

d Die Regierung hat begonnen

e In deutschen Supermärkten kann man

f Man könnte im Garten

g Bleifreies Benzin müsste

h Der Bürgermeister hofft,

i Wir haben beschlossen,

j Man empfiehlt, kleinere Einkäufe

1 mit dem Fahrrad zu machen.

2 eine Tonne für das Regenwasser aufstellen.

3 das schönste Dorf der Gegend zu haben.

4 Altpapier zum Container zu bringen.

5 die Autosteuern zu erhöhen.

6 wirklich nicht seinen Abfall auf den Boden werfen.

7 alle Sprays mit FCKW verbannen.

8 um einzukaufen.

9 weniger kosten.

10 nur noch Glasflaschen kaufen.

a	b	c	d	e	f	g	h	i	j

(10)

4 Klamotten und noch mehr Zeitvertreib *Test on adjective endings*
Select the correct adjective from the selection given.

a Ich habe mir heute ein (schick/schickes/schicke) Sweatshirt und eine (schwarz/schwarze/schwarzes) Hose gekauft.

b Diese (braune/braunen/braun) Stiefel da finde ich besonders (altmodische/altmodischer/altmodisch).

c Die (letzte/letzt/letztes) CD von Britney Spears ist aber (totlangweilige/totlangweilig).

d Mit so einem (kurzer/kurz/kurzen) Rock lassen mich meine (konservativen/konservativ) Eltern nicht aus dem Haus.

e Sein (neu/neue/neues) Handy war unheimlich (teure/teurer/teuer).

f Ein (weiß/weißes/weißen) T-Shirt auf seiner (dunkel/dunkler/dunklen) Haut, das sieht (fabelhafter/fabelhaft) aus. (13)

© Oxford University Press

Testen Sie Ihr Wissen

Name _____

B Do the following exercises on a separate sheet of paper.

1 Die Geburtstagsparty *Test on the perfect tense*
Re-write the following present tense sentences in the perfect tense.

a Mein Freund und ich haben beide im Juli Geburtstag.
b Zuerst machen wir gemeinsam eine Gästeliste.
c Wir schreiben die Einladungen und schicken sie ab.
d Wir suchen Rezepte für Salate in einem Kochbuch und stellen eine Einkaufsliste zusammen.
e Dann fahren wir mit dem Wagen meiner Mutter in die Stadt und gehen in den Supermarkt.
f Nach dem Einkauf beginnen wir mit den Vorbereitungen.
g Mein Freund dekoriert das Haus mit Luftballons, Postern und Girlanden.
h Ich bereite das Essen zu und mein älterer Bruder bestellt Pizzas vom Italiener an der Ecke.
i Die Gäste kommen mehr oder minder pünktlich und wir essen, trinken und tanzen.
j Unsere Freunde bringen uns viele nette Geschenke mit und wir packen sie natürlich gleich aus.
k Die Stimmung ist echt klasse und wir amüsieren uns bestens. (20)

2 Schule und danach *Test on word order*
Re-write the following sentences by incorporating the information in brackets.

a Meine Schule dauert von halb neun bis halb vier. (jeden Tag)
b Die Schüler machen Prüfungen in bis zu zehn Fächern. (im Alter von 16 Jahren)
c Vor dem Unterricht findet die Versammlung statt. (jeden Morgen/in der Aula)
d Die Jungen spielen natürlich am liebsten Fußball. (im Schulhof/in der Pause/mit ihren Freunden)
e Die Mädchen unterhalten sich. (mit ihren Freundinnen/in der Kantine/während dieser Zeit).
f Die älteren Schüler brauchen keine Uniform mehr zu tragen. (in der Oberstufe)
g Man muss sich einen Studienplatz suchen. (an einer Universität/nach dem Abitur)
h Man sollte seine Ferien dazu benutzen, ein Betriebspraktikum zu machen. (während der Oberstufe/bei einer bekannten Firma)
i Seine Sprachkenntnisse kann man bestimmt verbessern. (im Ausland/während der Sommerferien)
j Man sollte seine Noten besprechen. (mit den Lehrern/nach den Klassenarbeiten)
k Man muss selbständiger arbeiten als in der Schule. (auf der Uni) (20)

3 Probleme für Jugendliche *Test on conjunctions and subordinate clauses*
Join the two sentences with the conjunction in brackets and adjust the word order as necessary.

a Ich würde nicht rauchen. Es schadet der Gesundheit. (weil)
b Viele Jugendliche fahren schwarz. Sie haben genug Geld für eine Fahrkarte. (obwohl)
c Sie gehen auf Partys. Sie trinken oft zu viel Alkohol. (wenn)
d Sie haben den Führerschein gemacht. Sie möchten unbedingt ihr eigenes Auto. (nachdem)
e Sie sind in der Oberstufe. Sie haben oft nicht genügend Geld zum Ausgehen. (während)
f Sie nehmen eine Teilzeitarbeit an. Sie sind von ihren Eltern finanziell unabhängig. (damit)
g Sie arbeiten zu viele Stunden in einem Geschäft. Sie können ihre Schularbeit nicht richtig erledigen. (deshalb)
h Er ist betrunken nach Hause gekommen. Seine Eltern waren sehr böse. (als)
i Er hat etwas über das Juniorenticket gewusst. Er wollte per Anhalter durch Europa fahren. (bevor)
j Er hat mit 16 mit dem Rauchen begonnen. Jetzt ist er nikotinabhängig. (da) (10)

4 So viele Gedanken! *Test on some idiomatic phrases*
Translate the following sentences into German.

a We are looking forward to our visit.
b He is feeling much better now.
c We cannot remember the vocabulary from year 11.
d I am really pleased with my results.
e I like the new German course book. (5)

Orientierung

Name _____

Nationalhymnen

1 Nationalhymnen sollen den Charakter eines Landes ausdrücken. Bevor Sie die Nationalhymnen hören, machen Sie ein Brainstorming – was verbinden Sie vor allem mit Deutschland, Österreich und der Schweiz?

2 〔◎〕 Hören Sie jetzt die drei Nationalhymnen und füllen Sie die Lücken aus.

A Deutschland

Einigkeit und _____ und _____

Für das _____ Vaterland

Danach lasst uns _____ streben

Brüderlich mit _____ und _____

Einigkeit und _____ und _____

sind des Glückes Unterpfand.

Blüh im Glanze dieses Glückes.

Blühe _____ _____

B Österreich

Land der _____, Land der _____

Land der _____, Land der _____

Land der Hämmer, zukunftsreich.

_____, bist du großer Söhne,

Volk, begnadet für das _____

Vielgerühmtes _____

Vielgerühmtes _____

C Die Schweiz

Trittst du im _____ daher,

Seh ich dich im Strahlenmeer,

Dich, du Hocherhabener, _____!

Wenn der _____firn sich rötet,

Betet, _____ _____, betet!

Eure fromme _____ ahnt

Gott im hehren _____,

Gott, den Herrn, im hehren Vaterland.

3 Welche (a) landschaftlichen Besonderheiten (b) Charaktereigenschaften werden in den drei Nationalalhymnen erwähnt? Vergleichen Sie die Ergebnisse mit Ihrer Liste.

Orientierung

Name _____

Partner/in A

Lesen Sie den Text über München und beantworten Sie die Fragen. Dann stellen Sie die Fragen ihrem Partner/ ihrer Partnerin, um dieselbe Auskunft über Dresden zu erhalten.

1 Wo liegt … ?
2 Wie viele Einwohner hat … ?
3 Wie heißt der Fluss?
4 Erzählen Sie mir etwas über die Geschichte der Stadt?
5 Welche Spezialitäten gibt es?
6 Was gibt es für Touristen?
7 Welche Industrien gibt es?

München liegt im Süden Deutschlands, etwa 150 km von den Alpen entfernt. Heinrich der Löwe gründete die Stadt an der Isar im Jahre 1158, aber erst im Jahre 1503 wurde München Hauptstadt von Bayern. Mit fast 1,3 Millionen Einwohnern ist München heutzutage die drittgrößte Stadt Deutschlands und ist sowohl ein Magnet für Touristen als auch eine wichtige Industriestadt. Im Herbst kommen Millionen von Besuchern zum weltberühmten Oktoberfest, aber auch zu anderen Zeitpunkten ist München für Besucher sehr attraktiv. Das Deutsche Museum ist das größte technisch-naturwissenschaftliche Museum der Welt und dort kann man unter anderem das erste Auto der Welt sehen. Auch können Touristen das Olympiastadion, die Frauenkirche oder den Marienplatz besichtigen. Wer sich für Gastronomie interessiert, kann hier zahlreiche bayerische Spezialitäten genießen. Ein ganz traditionelles Essen ist Weißwurst, süßer Senf und dazu natürlich Bier. München ist aber auch von großer wirtschaftlicher Bedeutung. Die Stadt ist ein Zentrum für die Computerindustrie und das Autoindustrie mit Firmen wie BMW.

Partner/in B

Lesen Sie den Text über Dresden und beantworten Sie die Fragen. Dann stellen Sie die Fragen ihrem Partner/ihrer Partnerin, um dieselbe Auskunft über München zu erhalten.

1 Wo liegt … ?
2 Wie viele Einwohner hat … ?
3 Wie heißt der Fluss?
4 Erzählen Sie mir etwas über die Geschichte der Stadt?
5 Welche Spezialitäten gibt es?
6 Was gibt es für Touristen?
7 Welche Industrien gibt es?

Dresden hat 510 000 Einwohner und liegt im östlichen Teil Deutschlands an der Elbe. Vor 1990 lag Dresden in der DDR, seit der Wende ist es aber die Hauptstadt des Bundeslands Sachsen. Dresden ist eine sehr alte und historische Stadt. 1547 wurde Dresden die Residenzstadt von den Kurfürsten von Sachsen und im 18. Jahrhundert wurde Dresden eine führende Kulturstadt in Europa. Manche Gebäude aus diesem Zeitalter wie das Lustschloss, der Zwinger, sind noch in Dresden zu sehen. Leider hat Dresden im Zweiten Weltkrieg viel gelitten. Die Alliierten zerbombten Dresden im Februar 1945 und zerstörten die Stadt bis zu 80%. 35 000 Menschen kamen bei den Luftangriffen ums Leben. Nach dem Krieg besetzte die sowjetische Armee die Stadt.

Für Touristen hat Dresden jedoch viel zu bieten. Außer dem Zwinger ist Dresden eine der wichtigsten Museumsstädte Deutschlands. Die Gemäldegalerien sind besonders beeindruckend. Man baut jetzt auch wieder die Frauenkirche auf, die seit 1945 eine Ruine ist.

Dresden ist vor allem für Porzellan bekannt. Die berühmte Fabrik in Meißen liegt nur 25km von Dresden entfernt. Zu den anderen wichtigen Industrien zählt auch Fototechnik.

Orientierung

Name _____

Using a bilingual dictionary

A large bilingual dictionary is invaluable for your AS studies.

the verb and noun are entered separately

each labelled section points to a different key meaning

auf|treten ❶ *unr. itr.V.; mit sein* Ⓐ tread; **er kann mit dem verletzten Bein nicht ~:** he can't walk on or put his weight on his injured leg; Ⓑ *(sich benehmen)* behave; **forsch/schüchtern ~:** have a forceful/shy manner; **mit Entschlossenheit ~:** act with firmness; Ⓒ *(fungieren)* appear; **als Zeuge/Kläger ~:** appear as a witness/a plaintiff; **als Vermittler/Sachverständiger ~:** act as mediator/be called in as an expert; **gegen jmdn./etw. ~:** speak out against sb./sth.; Ⓓ *(als Künstler, Sänger usw.)* appear; **sie ist seit Jahren nicht mehr aufgetreten** she hasn't given any public performances for years; **zum ersten Mal ~:** make one's first appearance; Ⓔ *(die Bühne betreten)* enter; Ⓕ *(auftauchen)* (problem, question, difficulty) crop up, arise; (difference of opinion) arise; *(vorkommen)* occur; (pest symptom, danger) appear. **❷** *unr. tr.V.* kick open (door, gate)
Auftreten *das;* **~s** Ⓐ *(Benehmen)* manner; Ⓑ *(das Fungieren)* appearance; Ⓒ *(das Vorkommen)* occurrence; *(von Schädlingen, Gefahren)* appearance; **seit dem ~ von Aids** since the appearance of AIDS

shows the gender   shows the genitive   tips in brackets give guidance

1a Look at the dictionary extract and note down what each of the following abbreviations means.

(unr.) _____

(itr.) _____

(V.) _____

(v. i.) _____

(tr.) _____

(mit sein) _____

(n.) _____

(Pl.) _____

1b What do you think the following abbreviations mean?

(m.) _____

(f.) _____

(n.) _____

(fig.) _____

(lit.) _____

2 Look at the extract on the left. How would you translate *auftreten* in the following sentences?
  a Er hat die Tür aufgetreten.
  b Sie tritt sehr selbstbewusst auf.
  c Sein Auftreten auf der Party war etwas seltsam.

3 Which word for 'appear' or 'appearance' would you choose in each of the following sentences?
  a She only appears to be interested.
  b The book appeared a month ago.
  c He finally appeared at 8 o'clock.
  d His appearance was a great shock.
  e She cares a lot about her outward appearance.

Name _____

Maria (Riebel) ——— Anton (Riebel)

Kathrin (Preussler)   Georg (Herz) ---------- // ---------- Petra (Heilmann) ——— Uwe (Heilmann) ---------- //

Andrea (Herz)   Christopher   Judith

1 🔊 Hören Sie zu, wie Andrea ihre Familienverhältnisse erklärt und füllen Sie die Lücken aus.

> Hallo, ich heiße Andrea und wohne mit meiner
> _____ (1), meinem _____ (2) Uwe und Uwes
> beiden _____ (3) Christopher und Judith
> zusammen. Meine _____ (4) heißen Anton und
> Maria Riebel und wohnen direkt um die Ecke.
> Mein _____ (5) heißt Georg und wohnt in einer
> anderen Stadt. Ich besuche ihn manchmal am
> Wochenende.

2 Können Sie nun die Familienverhältnisse erklären? Finden Sie das passende Wort für jede Lücke.
  a Andrea ist die _____ von Petra Heilmann und Georg Herz.
  b Christopher ist Uwe Heilmanns _____ und Andreas _____.
  c Christopher hat eine kleine _____ namens Judith.
  d Andreas' _____ heißt Anton Riebel.
  e Seine _____ heißt Maria Riebel und ist Andreas' _____.

3 Diese Übung ist eine Vorbereitung auf einen längeren Hörtext. Ordnen Sie die deutschen Adjektive der richtigen Bedeutung auf englisch zu.

> ehrgeizig traditionell sensibel intelligent
> rüstig aufmerksam hilfsbereit zuverlässig
> nett langweilig launisch eitel tapfer
> traurig ehrlich offen lustig verwöhnt stur

> obstinate spoilt ambitious brave traditional
> sensitive intelligent moody funny sprightly
> honest open attentive nice helpful reliable
> vain boring sad

4a 🔊 Sehen Sie sich die Wörter in der Box an und hören Sie zu: Wer sagt was über wen? Machen Sie eine Liste.
  a Andrea über ihren Stiefvater
  b Anton Riebel über seine Enkelin
  c Kathrin Preussler über ihre Eltern
  d Andrea über ihre Stiefschwester
  e Georg Herz über seine Tochter

> offen sensibel ehrgeizig traditionell
> intelligent rüstig aufmerksam tapfer traurig
> hilfsbereit zuverlässig lustig nett langweilig
> launisch ehrlich eitel verwöhnt stur

5 Fügen Sie hier die richtige Adjektivendung ein!
  a Uwe Heilmann ist ein _____, eher _____ Typ. (ehrgeizig, traditionell)
  b Eigentlich ist er ein _____ Mensch. (nett)
  c Anton und Maria Riebel sind _____ _____ Großeltern. (rüstig, hilfsbereit)
  d Andrea Herz ist eine _____ Freundin. (zuverlässig)
  e Judith kann manchmal ein _____ _____ Mädchen sein. (verwöhnt, klein)

6 🔊 Sie hören folgende Fragen. Geben Sie die richtige Antwort in ganzen Sätzen.
  a Was ist Uwe Heilmann von Beruf?
  b Interessiert sich Andrea für Technik?
  c Welches Musikinstrument spielt Andrea?
  d Wo wohnen Andreas Großeltern?
  e Was machen Andrea und Judith manchmal zusammen?
  f Was war für Andrea nicht einfach?
  g Wo wohnt Andreas' Vater?

Einheit 1

Name _____

1 [cassette icon] [group icon] Get into groups of three or four and read through the dialogue a few times listening to the cassette.

2 [group icon] Now make up an end to the dialogue as Kristin comes into the room. You will need three or four speakers, depending on whether Donata comes back in or not.

Vater:	„Kristin ist eine intelligente und fleißige Schülerin. Ihr Aufsatz zeigt Sprachgefühl und logisches Denken." Na, das ist ja ein tolles Lob von deiner Lehrerin, Kristin. Wenn ich da an deine Fünf in Englisch denke, Donata …
Donata:	Ich finde es unfair, dass ihr mich immer mit Kristin vergleicht. Ich kann nichts dafür, dass ich nicht so intelligent bin.
Vater:	Arme Donata! Sie ist beim Verteilen von Intelligenz und Gehirnzellen zu kurz gekommen und kann gar nichts dafür!
Donata:	Jetzt machst du dich auch noch über mich lustig, Papa. Das ist gemein! Findest du nicht auch, Mama?
Mutter:	Ich finde es auch nicht gut, dass du Witze über Donata machst, Walter. Aber ich verstehe nicht, warum deine Schulnoten immer so schlecht sind, Donata. Ich glaube nicht, dass du dumm bist. Aber du träumst immer und kannst dich nicht konzentrieren. Das merke ich, wenn du deine Hausaufgaben machst.
Donata:	Ich sitze länger an meinen Hausaufgaben als Kristin! Ich verstehe halt einfach nicht alles so gut.
Mutter:	Warum fragst du dann nicht die Lehrer in der Schule?
Donata:	Ihr könnt immer nur kritisieren, kritisieren und nichts anderes! Mir reicht es jetzt!
	(sound of a door banging shut)

Photocopiable © Oxford University Press 117

Einheit 2

Name _____

1 👥 Viele Menschen suchen heute Partner per Anzeige oder per Internet. Manche suchen Brieffreunde, Reisebegleiter, Tennis-Partner usw. Ergänzen Sie die Liste und diskutieren Sie in der Gruppe: Welche Anzeigen haben Sie schon in Zeitschriften oder im Internet gesehen? Können Sie sich vorstellen, eine Anzeige aufzugeben? Für welchen Zweck?

Internet   Jugendzeitschrift   Musikzeitschrift   Lokalzeitung   überregionale   Wochenzeitschrift   Frauenmagazin

2 Lesen Sie die beiden Anzeigen (unten). Wo, glauben Sie, sind sie erschienen?

A

Boy sucht Girl: Kalle, 16, 1,82 m groß, fit und supergut aussehend, Back Street Boys Fan, spiele Fußball und Saxophon. Welches nette, attraktive Girl hat Lust, mir zu schreiben (bitte mit Foto)? Hier ist meine Adresse: …

B

Mutter mit 2 Kindern (13 & 9) sucht Partner für gemeinsame Freizeitaktivitäten und evtl. spätere Heirat. Ich bin 37 Jahre alt, berufstätig und lebenslustig, schlank, blond. Interessen: Tennis, gutes Essen (koche gern), Kino und Theater, wünsche mir einen finanziell unabhängigen Partner zwischen 35–45, gerne auch mit Kindern. Zuschriften unter …

3 Füllen Sie die unten stehende Tabelle aus.

	Kalle	Mutter mit Kindern
Alter		
Aussehen		
Interessen		
Partnerwunsch (zu welchem Zweck?)		

4 Lesen Sie, was Kalles Schwester Lina zu Kalles Anzeige meint.
  a Wie findet sie die Idee mit der Anzeige?
  b Wie findet sie Kalles Selbstbeschreibung?
  c Was ist daran richtig, was ist falsch?

Kalles Schwester Lina: „Ich finde diese Anzeige von meinem Bruder absolut bescheuert. Kalle hat noch nie eine Freundin gehabt, und jetzt hofft er, so eine zu finden. Natürlich ist die Selbstbeschreibung total übertrieben: Kalle ist groß, aber supergut aussehend …? Na ja! Wenn man fettige Haare und Pickel gut aussehend findet. Dass er fit ist, stimmt schon. Er spielt Fußball in der Jugendliga und trainiert dreimal in der Woche ziemlich hart. Aber mein Bruder und Briefe schreiben? Das ist ja auch eher unwahrscheinlich. Er will wohl gerne Fotos von hübschen Mädchen haben und damit bei seinen Freunden angeben!"

5 👥 Diskutieren Sie mit Ihrem Partner/Ihrer Partnerin.
  a Wie finden Sie Linas Kommentar?

fair   unfair   gemein   verständnisvoll

  b Was würden Sie sagen, wenn Ihre Mutter/Ihr Vater/Ihre Schwester/Ihr Bruder eine Kontaktanzeige aufgeben wollte?

6 Schreiben Sie eine Anzeige für ein Familienmitglied.

Name _____

1 Lesen Sie die vier Aussagen über Inga, Willi, Curd und Miriam. Wer würde auf die Frage „Was assoziieren Sie mit dem Begriff 'Erwachsenwerden'?" welche Antwort wählen?

a Entscheidungen für die Zukunft treffen, zum Beispiel Berufswahl

b Volljährigkeit vor dem Gesetz, d.h. alle Rechte und Pflichten eines Erwachsenen haben

c Mobilität durch den Führerschein

d persönliche und soziale Verantwortung

> **Inga** lädt ihre zwei besten Freundinnen zu einem Camping-Urlaub in Frankreich ein und darf den alten VW ihrer Mutter fahren.
>
> **Willi** möchte anderen helfen und nach dem Abitur für ein Jahr in einem Land der Dritten Welt arbeiten.
>
> Für **Curd** ist es wichtig, dass er nun offiziell Verantwortung für sich selbst trägt und zum Beispiel wählen darf.
>
> **Miriam** möchte im Finanzwesen arbeiten und beginnt im Oktober eine Banklehre.

2 Finden Sie das passende Wort (alle sind in den Antworten a–d in Übung 1 enthalten) und füllen Sie es in die senkrechten Kästchen (oben rechts) ein.

1 offizielle Regelung
2 Entscheidung für eine Karriere
3 Rechte und …
4 legales Dokument, das zum Autofahren berechtigt
5 Deutsch für *responsibility*

Waagerecht ergibt sich ein Wort, das das Thema dieser Seite beschreibt: Mit 18 ist man …

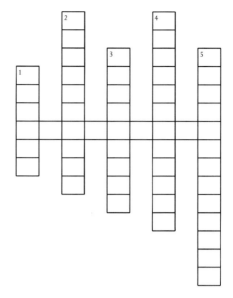

3 Ergänzen Sie die richtige Form des Modalverbs.

Vater: Weißt du schon, was du später einmal werden w_____? Du m_____ dich bald entscheiden. Im nächsten Jahr machst du Abitur.

Sohn: Am liebsten m_____ ich Musik hören – also DJ!

Vater: Das ist doch wohl nicht dein Ernst. DJ ist kein richtiger Beruf. Damit k_____ du vielleicht für kurze Zeit Geld verdienen. Aber du s_____ doch etwas Ordentliches lernen!

Sohn: Ich weiß, ich weiß: Eure Kinder s_____ alle Ärzte oder Rechtsanwälte werden. Warum fragt ihr uns dann überhaupt? Ihr w_____ ja doch nur hören, was euch passt. Was wir w_____, interessiert euch doch nur am Rande. Da k_____ ihr doch gleich so fragen: W_____ du Medizin studieren oder Jura?

Vater: So ein Quatsch. Wir w_____ euch doch nicht vorschreiben, was ihr studieren d_____ oder nicht. Aber es m_____ doch etwas Ordentliches sein!

4 Diskutieren Sie: Wie typisch ist das oben abgedruckte Vater-Sohn-Gespräch?

Einheit 2

Name _____

Writing a summary in English

1 👥 Read the two summaries below based on the texts on page 28 of the *Zeitgeist* 1 Students' Book. Which one do you prefer? Discuss your reasons with a partner.

A

Svenja, Florian and Malte talk about their grandparents. Florian likes his grandad, because he can tell interesting stories and talks about the war. He says he had little money and free time when he was young.

Svenja's grandmother married at 20 and never got a proper job. Svenja doesn't want to do this. She wants a career before she gets married.

Malte's grandad is very fit and used to cycle to school every day. He also used to work at weekends to earn some money. But it wasn't much. Still, he was happy.

B

Young people's lives were very different in the past from what they are today. Three young Germans talk about the lives of their grandparents: there was less money available and fewer services such as transport to school. Sometimes, young people had to take on responsibilities very early. Svenja's grandmother, for example, had to care for her family when her mother fell sick. People would tend to marry early and not leave home until they set up their own family. Nowadays, most young women – like Svenja – want a career.

2 Read the text about a project for teenagers and old people and then write a summary in English.

„Die Idee hat mein Geschichtslehrer gehabt", erklärt Marion. Bei Kaffee, Saft und Plätzchen sitzen junge und alte Menschen beisammen und unterhalten sich über Gott und die Welt. „Beim ersten Mal war ich überrascht. Wir haben nicht nur Small Talk gemacht", sagt Margret Stein, eine 70-jährige Rollstuhlfahrerin, die nun schon zum dritten Mal ins Erzähl-Café gekommen ist. Für sie ist die Begegnung mit den jungen Leuten eine angenehme Unterbrechung des monotonen Alltags im Pflegeheim. Auch die Jugendlichen kommen regelmäßig, aus unterschiedlichen Gründen.

Marion (16): „Ich selbst habe keinen Kontakt mit meinen Großeltern, aber ich habe hier jetzt schon öfter mit einer Dame gesprochen und viel über den Krieg erfahren – wie die Menschen damals gelebt haben, was sie gedacht haben. Außerdem kann die Frau unheimlich gut zuhören."

Der 15-jährige Florian meint: „Das erste Mal bin ich aus Neugierde gekommen, aber ich finde es eine echt gute Idee. Vieles, was die älteren Leute erlebt haben, beeindruckt mich."

Und Malte (17): „Ich habe meinen Opa gleich mitgebracht. Er lebt alleine und langweilt sich manchmal zuhause. Es macht ihm Spaß, mit jungen Leuten zu diskutieren."

Tatsächlich ist der Dialog zwischen den Schülern und den älteren Menschen anders als der mit der mittleren Generation, den Eltern, zum Teil freier. „Eltern haben oft eine ziemlich enge Perspektive. Sie haben immer bestimmte Dinge im Hinterkopf: Ist das nützlich für die Zukunft? Wie viel Zeit kostet mich diese Diskussion? Ältere Leute sind gelassener und nicht so auf Erfolg orientiert." ist Maltes Erklärung für den guten Zulauf, den das Erzähl-Café hat.

Maltes Opa Manfred Schultheiß: „Vieles ist zwar heute anders als früher, aber die Grundprobleme sind die gleichen geblieben: Probleme mit den Eltern oder im Freundeskreis, Angst vor Isolation – das haben wir Alten alles schon einmal mitgemacht. Wenn man jung ist, will man darüber oft nicht mit Gleichaltrigen sprechen. Aber das alte Sprichwort stimmt immer noch: Geteiltes Leid ist halbes Leid, geteilte Freude ist doppelte Freude. Und ich freue mich, wenn ich einem jungen Menschen mit einem Tipp helfen kann."

Das Erzähl-Café findet einmal im Monat (jeweils am ersten Montag) statt. Treffpunkt ist der Aufenthaltsraum der Immanuel-Kant-Schule. Eingeladen sind Jugendliche ab 14 Jahren und ältere Menschen.

Name _____

1 Lesen Sie den Text und finden Sie die richtige Erklärung für die folgenden Wörter.

1	Die Gleichbehandlung	**a** Kandidatin für eine Position
2	Das Urteil	**b** Verfassung des Landes, Prinzipien der Bundesrepublik Deutschland
3	Die Instandhaltung	**c** Abteilung für medizinische Versorgung
4	Die Ärztin	**d** Krankenschwester, medizinische Helferin
5	Die Bewerberin	**e** Medizinerin, „Frau Doktor"
6	Der Krieger	**f** Wartung von technischen und anderen Geräten
7	Das Grundgesetz	**g** gerichtliche Entscheidung
8	Der Sanitätsdienst	**h** Soldat im Kampf
9	Die Pflegerin	**i** gerechtes Verhalten verschiedenen Menschen gegenüber

2 Richtig oder falsch? Korrigieren Sie die falschen Aussagen.

a Die Bundeswehr gibt es seit 1956.

b Das Grundgesetz verbietet Diskriminierung in Artikel 3.

c Frauen dürfen traditionell nicht in die Bundeswehr eintreten.

d Frauen müssen nicht zur Bundeswehr, weil sie andere wichtige Aufgaben in der Gesellschaft haben.

e Ingo von Münch findet, dass Dienst mit der Waffe gegen die Natur der Frau sei.

f Seit 2000 betrifft die Wehrpflicht auch Frauen.

g Heute dürfen Frauen Dienst mit der Waffe leisten, wenn sie freiwillig einen solchen Beruf in der Bundeswehr wählen.

FRAUEN IN DER BUNDESWEHR

DIE Wehrpflicht in Deutschland betrifft nur junge Männer. Frauen sind davon ausgenommen mit der Begründung, dass sie als Gebärende und Mütter ihren eigenen Beitrag zur Gesellschaft leisten. So hat man zumindest 1956 argumentiert, als die Bundeswehr neu war und die Wehrpflicht ins Grundgesetz (GG) der Bundesrepublik aufgenommen wurde. Im Artikel 12a des GG steht auch, dass Frauen „auf keinen Fall Dienst mit der Waffe leisten (dürfen)". Das heißt nicht, dass es in der Bundeswehr keine Frauen gibt. Seit 1975 dienen auch Frauen – allerdings nur die, die sich freiwillig um eine Karriere beim Militär bewerben. Sie arbeiten traditionell im Sanitätsdienst, d.h. als Pflegerinnen, Ärztinnen oder Apothekerinnen. Seit 1989 haben sie die Möglichkeit, den Rang des Offiziers zu erreichen, und die Zahl der Bewerberinnen hat sich in den Neunziger Jahren mehr als verdreifacht.

Tanja Kreil, 22 Jahre alt und ausgebildete Energie-Elektronikerin wollte auch gerne beim Bund Karriere machen und im Bereich Instandhaltung arbeiten. Das war jedoch nur für Männer möglich,

und so klagte sie im Januar 2000 beim EU-Gerichtshof gegen die Bundeswehr wegen Diskriminierung. Sie empfand die Interpretation von Artikel 12a des GG als „Berufsverbot" und bekam Recht. Seitdem dürfen Frauen auch in aktiven Einheiten der Bundeswehr arbeiten. Rechtsexperte Ingo von Münch meint dazu: „Das Urteil war logisch. Dass Dienst mit der Waffe gegen die Natur der Frau sei, ist eine veraltete Vorstellung. Man muss keine Feministin sein, um zu erkennen, dass die Einteilung der Menschen in Pflegerinnen und Krieger, in Lämmchen und Löwen, nicht mehr unserer Zeit enspricht."

Für die Bundeswehr ist dies eine neue Situation, auf die sie sich erst noch einstellen muss.

Und ganz nebenbei hat der Fall Tanja Kreil noch eine weitere, ganz andere Diskussion wieder belebt: Verstößt die Wehrpflicht für Männer nicht gegen das Gleichbehandlungsprinzip, das ebenfalls im Grundgesetz (Artikel 3) festgelegt ist? Ist es fair, dass junge Männer zwischen 10 und 13 Monate ihres aktiven Lebens für die Gesellschaft opfern, während junge Frauen bereits studieren und an ihrer Karriere arbeiten können?

3a Lesen Sie den letzten Absatz des Textes noch einmal durch und überlegen Sie, welche Argumente man in dieser Diskussion benutzen kann. Ordnen Sie die Argumente der Pro- oder Kontra-Seite zu und ergänzen Sie Argumente aus dem Text und Ihre eigenen Argumente.

Wehrpflicht nur für Männer	
Pro	Kontra

- ◆ Man könnte ein soziales Jahr als Pflicht für die Frauen einführen.
- ◆ Frauen sind nicht nur Mütter, sondern auch die „Pfleger" in den meisten Familien. Sie kümmern sich um alte und kranke Familienmitglieder.
- ◆ Frauen verlieren sowieso genug Zeit mit Kinderkriegen. Das ist biologisch unfair.
- ◆ Frauen können heute selbst entscheiden, ob sie Kinder haben wollen oder nicht.
- ◆ Krieg ist Männersache.

3b 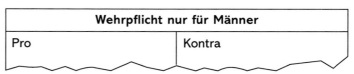 Diskutieren Sie das Thema in einer kleinen Gruppe.

4 Schreiben Sie einen kleinen Aufsatz zu dem Thema „Frauen in der Bundeswehr". Benutzen Sie dazu die Hintergrundinformationen aus dem Text und sagen Sie, wie es Ihrer Meinung nach in Zukunft weitergehen soll.

Einheit 3

Name _____

Mädchen erobern den Computer

„Computer ist doch Männersache! Mädchen sind dafür viel zu kreativ." Richtig? Falsch! Wir leben doch nicht mehr im Mittelalter. Zwar können sich Mädchen weder für den „Bundesliga-Manager" noch für „Doom" – Gewaltorgien so richtig begeistern, aber eigene Softwarereihen für Mädchen sollen diese Marktlücke beheben.

Gewaltfreie, interaktive Spiele sind es, was Mädchen besonders anspricht. Es ist die Kommunikation, die Mädchen interessiert. Sie begeistern sich fürs Chatten mehr als die Jungs. Für Mädchen ist das Internet ein Medium, um Kontakte zu schließen, zu plaudern oder zu flirten. Auch Programmieren kann Mädchen nicht mehr abschrecken. Und wenn es darum geht, eigene Websites zu entwickeln, machen sie den Jungs auch schon Konkurrenz.

In den USA gibt es spezielle Mädchen-Magazine wie *Chick click* (http://www.chickclick.com) oder *GurlNet* (http://www.gurlnet.com) mit frechen Texten und coolem Design Präsenz. Auch in Deutschland gründen sich Netzwerke von „Webgirls" (http://www.web-girls.de), um Know-How auszutauschen. Und ständig kommen neue Sites dazu. So zum Beispiel das Magazin *Sabotage* (http://www.sabotage.de), das einen augenzwinkernden Blick auf die Welt der Mädchenzeitschriften wirft – mit einer Foto-Love-Story, typisch!

1a Wie sagt man auf deutsch? Suchen Sie die entsprechenden Wörter im Text.
- to fill this gap in the market
- to be enthusiastic about
- to conquer
- what appeals to girls in particular
- websites are being set up
- to compete with
- with a twinkle in your eyes

1b Suchen Sie die Synonyme im Text.
- immer
- jemandem etwas geben und etwas dafür bekommen
- Angst machen
- jemanden kennen lernen
- sich unterhalten

2 Beantworten Sie diese Fragen zum Text.
- **a** Wie spricht die Software-Industrie die Mädchen an?
- **b** Was interessiert Mädchen besonders an Computern?
- **c** Was schreckt Mädchen heutzutage nicht mehr ab?
- **d** Was genau tauschen „Webgirls" aus?
- **e** Was macht das Web-Magazin *Sabotage*?

3 Verbinden Sie diese Sätze, indem Sie die richtige Konjunktion einsetzen.

während   dass   obwohl   weil   wenn

- **a** Die Software-Industrie weiß jetzt, _____ sich Girls nicht für den „Bundesliga-Manager" interessieren.
- **b** Die Hersteller bemühen sich um gewaltfreie Spiele, _____ Mädchen sich sehr dafür interessieren.
- **c** Mädchen sind auch von Computern begeistert, _____ sie andere Spiele als die Jungs vorziehen.
- **d** Jungs haben schon immer ein Interesse am Programmieren gezeigt, _____ Mädchen erst seit Kurzem daran interessiert sind.
- **e** _____ Mädchen das Internet benutzen, wollen sie Kontakte schließen oder plaudern.

4 Schreiben Sie jetzt zum Thema „Computer ist Männersache" die Gegenargumente zu diesen fünf Aussagen.
- **a** Mädchen interessieren sich nicht für „Bundesliga Manager" oder „Doom".
- **b** Programmieren ist etwas, das Jungs lieber machen als Mädchen.
- **c** Jungs sind besser, wenn es darum geht, eigene Webseiten zu entwickeln.
- **d** Mädchen-Magazine sind langweilig.
- **e** Die meisten Mädchen-Webseiten gibt es nur in den USA.

Name _____

Schauen Sie Seite 43 *Zeitgeist 1*

1 [recorder icon] Hören Sie sich das Gespräch mit Herrn und Frau Meyer noch einmal an. Welche der folgenden Sätze sind richtig, welche falsch, welche werden nicht erwähnt?

a Frau Meyer hat mehr Zeit, wenn sie im Schwarzwald auf Urlaub ist.

b Die Gastfreundschaft und die Vielseitigkeit ziehen Herrn Meyer in den Schwarzwald.

c Wenn man 40 Jahre am gleichen Ort Ferien macht, bekommt man ein Geschenk von der Gastfamilie.

d Die Meyers werden auch die nächsten zehn Jahre ihren Urlaub in Waldau verbringen.

2 [recorder icon] Hören Sie sich das Gespräch mit der Familie Klein noch einmal an und ergänzen Sie die Lücken im folgenden Text.

Wir haben _____

kleine Kinder und deshalb ist es für uns

wichtig, dass der Urlaub den Kindern

_____ macht. Wir

machen Ferien auf dem Bauernhof, weil es dort

keinen _____ gibt.

Zu Hause wohnen wir in einer Wohnung im

_____

_____ und die Kinder

können nicht _____

spielen. Auf dem Bauernhof sind es besonders

die _____, die unsere

Kinder faszinieren. Aber auch uns Erwachsenen

gefällt es auf dem Bauernhof, weil es viel

_____ und schöne

_____ gibt.

3 [recorder icon] Hören Sie noch einmal das Gespräch mit Birgit und Holger an. Lesen Sie die folgenden Aussagen und wählen Sie das Wort, das am besten passt.

a Birgit findet besonders die _____ an „Single" Reisen gut.

Wahl   Auswahl   Vorwahl

b Sie findet _____ Urlaubsziele am besten.

ungewöhnliche   bekannte   billige

c Auch interessiert sie sich für _____ Kultur.

osteuropäische   fernöstliche   köstliche

d Holger verbringt seinen _____ Urlaub gern mit einer organisierten Reisegruppe.

ganzen   Sommer   halben

e Für ihn ist _____ besonders wichtig.

Fitness   Segeln   Leute kennen lernen

4 [people icon] Sie wollen mit Ihrem Freund/ Ihrer Freundin in den Osterferien in Urlaub fahren. Die Frage ist 'wohin?' Ihr Freund/Ihre Freundin will Ski fahren gehen, Sie träumen von Ferien im sonnigen Süden. Wer hat die besseren Argumente?
Hier ein paar Argumente als Hilfe:

A (Sie wollen in den Süden)
◆ zu teuer: Unterkunft Skiausrüstung/ Skipass
◆ zu viele Familien mit Kindern: Osterferien
◆ Skilifts zerstören die Natur

B (Sie wollen Ski fahren)
◆ im Süden: zu viele Touristen
◆ Fitness, sportliche Betätigung
◆ Strandurlaub: zu kalt

Einheit 3

Name _____

A
Goethe, der Europäer
Ein Themenabend im heutigen Fernsehprogramm:
Goethe, der Dichter als Weltbürger
Der Schriftsteller Johann Wolfgang von Goethe war 1999
ein äußerst beliebtes Thema im Fernsehen, im Radio und
in der Literatur. Der Grund dafür – der 250. Geburtstag
des Dichters und Juristensohnes aus Frankfurt, den schon
mancher den Shakespeare Deutschlands genannt hat. In
dieser Sendung geht es um verschiedene Aspekte seiner
Persönlichkeit: Goethe, der Europäer, Goethe und seine
Beziehung zu den Werken von Schriftstellern
verschiedener Nationen, Goethe, der Pazifist.

B
Rekordbesuche in Preußens Schlössern
Auf den renovierten architektonischen Spuren von
Preußens Geschichte: Als Besuchermagnet haben sich im
vergangenen Jahr die historischen Schlösser Berlin-
Brandenburgs erwiesen. In Sanssouci, dem Lieblingsschloss
Friedrichs des Großen in Potsdam, ist man den Rummel
schon gewöhnt. Aber diesmal war es auch bei den
anderen so: Im Schloss Charlottenburg in Berlin gab es
einen Anstieg um 60 000 Besucher, die Besucherzahl des
Neuen Palais in Potsdam stieg um 16 000 Besucher
gegenüber dem letzten Jahr. Insgesamt besuchten 1,7
Millionen Touristen die historischen Bauten.

```
Spuren – tracks, trail
sich erweisen als – to prove to be
Rummel (m) – the whole business
```

1 Lesen Sie die drei Texte und suchen Sie dann die
entsprechende deutsche Bedeutung zu diesen
englischen Wörtern und Ausdrücken.
  a the reason for it
  b his relationship to the work of poets
  c last year, the others were also involved
  d an increase of
  e on the route
  f because of the speed

C
**Untergrund-Filme: Das erste U-Bahn-Kino der
Welt in Berlin**
Fahrten in der U-Bahn sind langweilig, machen müde,
kein Sonnenstrahl kitzelt die Nase, zu sehen gibt's nur
Beton und graue Wände. Aber nicht mehr lange. In
Berlin feierte letztes Jahr das erste U-Bahn-Kino der
Welt Premiere. Auf der Strecke zwischen Zoologischem
Garten und Hansaplatz installierte man 900 Projektoren,
die in einer Sekunde vor jedem Fenster der U-Bahn 30
Einzelbilder projizieren. Durch die Geschwindigkeit
werden die Bilder zu einem Ganzen. Im Programm gibt
es zur Zeit: Komödien, Experimental- und Werbefilme.

2 Ordnen Sie die Sätze den einzelnen Artikeln zu.
  a Man kann sich Werbefilme ansehen, während man
  vom Zoologischen Garten zum Hansaplatz fährt.
  b Der Sohn eines Frankfurter Juristen schrieb über
  Liebe und Beziehungen.
  c Die Bildsteuerung und die Geschwindigkeit des
  Zuges sind koordiniert, weil man so Zeitlupeneffekte
  vermeiden kann.
  d Lange Fahrten mit der Untergrundbahn werden für
  jeden Mitfahrer interessanter.
  e Niemand erwartete so viele Besucher in den
  preußischen Schlössern.
  f Alle Schlösser Berlin-Brandenburgs hatten mehr
  Besucher als letztes Jahr.
  g Jeder, der die Fernsehsendung *Goethe, der Europäer*
  schaut, wird etwas über das Leben des Schriftstellers
  erfahren.

3 Beantworten Sie die folgenden Fragen.
  a Wer war Johann Wolfgang von Goethe?
  b Warum gab es eine Fernsehsendung über ihn?
  c Worum geht es in dieser Sendung?
  d Was gab es in den Schlössern von Berlin-
  Brandenburg im letzten Jahr?
  e Warum sind U-Bahnfahrten normalerweise
  langweilig?
  f Wodurch wird das U-Bahn fahren in Berlin
  interessanter?

Einheit 4

Name _____

Homöopathie

Die alternative Medizin wird beliebter. Selbst praktische Ärzte und auch Fachärzte stehen alternativen Methoden weniger skeptisch gegenüber. Oft betrachten sie jedoch die alternative Medizin als Ergänzung zur traditionellen Behandlung, nicht als Ersatz. In dem folgenden Beitrag geht es um die so genannte Homöopathie.

Homöopathie wird von Jahr zu Jahr beliebter, besonders bei der Behandlung von alltäglichen Erkrankungen. Ein Grund dafür ist, dass mehr Ärzte und Mediziner aufgeschlossener sind. Wissenschaftliche Versuche haben nämlich gezeigt, dass eine homöopathische Behandlung bei gewissen Gesundheitsproblemen, wie zum Beispiel Allergien,

Hautausschlägen, Erkältungen, erfolgreicher als traditionelle Medikamente sein kann. Homöopathische Heilmittel gibt es gewöhnlich in Form von kleinen, weißen Kügelchen, die man unter der Zunge zergehen lässt. Es gibt aber auch Tropfen oder Cremes. Homöopathische Heilmittel sind sicherer als traditionelle Medikamente, weil sie keine

Nebenwirkungen haben. Heilpraktiker, die homöopathische Mittel anwenden, behandeln nicht nur die Symptome eines Patienten, sondern den Patienten als Ganzes. Man nennt das holistische Behandlung. Emotionale und psychologische Aspekte spielen bei der Diagnose und Behandlung eine bedeutendere Rolle, als in der traditionellen Medizin.

1 Suchen Sie die Synonyme zu den folgenden Wörtern im Text.

- a Krankheiten
- b immer mehr
- c offener
- d normalerweise
- e Medikamente
- f ein alternativer Arzt
- g ganzheitliche Behandlung
- h eine wichtigere Rolle

2 Suchen Sie die Komparativformen der folgenden Adjektive im Text. Schreiben Sie anschließend die Superlative auf.

- a beliebt
- b aufgeschlossen
- c erfolgreich
- d sicher
- e bedeutend

3 Suchen Sie die Gegenargumente zu den folgenden Aussagen.

- a Homöopathie ist nichts für Ärzte, weil es keine wissenschaftliche Basis gibt.
- b Homöopathische Heilmittel gibt es nur in Tablettenform.
- c Traditionelle Medikamente sind effektiver als alternative Heilmittel.
- d Mein Arzt behandelt meine Symptome, das ist gut genug.

4 🏃 Diskutieren Sie mit Ihrem Partner/Ihrer Partnerin die Vor- und Nachteile von Homöopathie.

Einheit 4

Name _____

Fast Food ist international und viele andere Rezepte eigentlich auch. Pizza, Spaghetti und so weiter, diese Gerichte sind überall bei Jung und Alt beliebt.
In Süddeutschland ist, neben diesen internationalen Gerichten, die schwäbische Küche sehr beliebt.
Eines der bekanntesten Rezepte sind 'Spätzle' oder 'Knöpfle', wie sie im Allgäu heißen.

1 🔘 Hören Sie sich das Rezept an und ordnen Sie jeder Zeichnung den passenden Satz zu.

2 🔘 Hören Sie sich das Rezept noch einmal an und ergänzen Sie die Zutaten/Mengen.

Zutaten für Käsespätzle

500g _____

50–80g Butter

_____ Eier

100g _____ Käse

2 _____ Salz

geröstete _____

ein _____ Liter _____

3 Schreiben Sie die Zutaten Ihres Lieblingsrezeptes auf und beschreiben Sie es.

4a Eine alte Tradition in Süddeutschland ist 'Fasnacht' und an Fasnacht isst man Fasnachtsküchle. Lesen Sie das folgende Rezept und suchen Sie zu den englischen Ausdrücken die richtigen deutschen.

500g Mehl in eine Schüssel geben, 15g Hefe mit etwas Zucker und lauwarmer Milch verrühren. In der Mitte des Mehls eine Vertiefung machen, einen kleinen Teil des Mehls mit der Hefe und der Milch zu einem Vorteig anrühren, den Vorteig in der Schüssel mit einem Tuch bedecken und eine halbe Stunde warmstellen. Nach einer halben Stunde, wenn der Vorteig 'gegangen' ist, macht man den eigentlichen Teig: 50g Zucker, 1 Teelöffel Salz und ¼ Liter lauwarme Milch zum Vorteig geben und gut verrühren. Die zwei Eier, 50–80g zerlassene Butter und so viel Milch dazugeben, dass ein zarter Teig entsteht. Teig so lange kneten, bis er Blasen zeigt. Den Teig noch einmal 30 Minuten warmstellen und mit einem Tuch bedecken. Anschließend den Teig etwa 6 mm dick auswellen, Vierecke ausschneiden und diese in heißem Fett (250g) backen, bis sie zart braun sind. Viel Erfolg und guten Appetit.

a mix the yeast with a little sugar and lukewarm milk
b make a well in the flour
c keep warm
d when the 'pre-dough' has risen
e melted butter
f until it forms bubbles
g roll out the dough
h cut out squares

4b Schreiben Sie eine Liste mit den Zutaten und Mengenangaben.

4c Sie beschreiben das Rezept für einen Kollegen/eine Kollegin. Erklären Sie, was er/sie machen soll.

Geben Sie 500g Mehl in eine Schüssel. Dann verrühren Sie die Hefe mit etwas Zucker und lauwarmer Milch ...

Name _____

Nicht nur Drogen sind ein großes Problem unserer Zeit, sondern auch Essstörungen. Menschen, die zu viel essen, die nicht wissen, wann sie genug gegessen haben, leiden an 'Esssucht'. Das Gegenteil davon ist 'Magersucht', oder Anorexie.

1a 🔊 Hören Sie einen Erfahrungsbericht von Jutta W., die anorexisch war und sich langsam von der Krankheit befreit. Welche Satzteile passen zusammen?

1 Ich war ziemlich pummelig,

2 Meine Eltern machten sich um mich Sorgen,

3 Ich bin jetzt dreizehn

4 Ich schaute mindestens zehn Mal in den Spiegel

a und habe durch die Therapie eine Freundin gefunden.

b als ich in die Realschule ging.

c und sah mich immer als die 'fette Kuh'.

d aber ich sagte nichts.

1b Welche der folgenden Sätze sind richtig, welche falsch?

a Die Eltern lachten Jutta aus und nannten sie „Pummelchen".

b Obwohl sie weniger aß, nahm Jutta nicht ab.

c Die Ärztin nahm sich viel Zeit für Jutta.

d Jutta kann jetzt gar nichts mehr essen und nimmt nur Medikamente.

1c Was sind Ihrer Meinung nach die Gründe für Essstörungen? Schreiben Sie zwischen 50 und 60 Wörter. Die folgenden Fragen werden Ihnen dabei helfen:

◆ Was kann zu Essstörungen führen?

◆ Wie kann man helfen?

◆ Was sollte sich ändern?

2a 🔊 Aids, eine weitere Krankheit unserer Zeit, ist bereits die häufigste Todesursache in Afrika. Hören Sie den folgenden Beitrag zum Thema Aids und ergänzen Sie den folgenden Text.

In Deutschland sind über _____ Menschen angesteckt. Weltweit sind bereits mehr als _____ Millionen Menschen an Aids gestorben. Über _____ Millionen Menschen leben mit dem Aids-Virus. _____ von _____ Aids-Fällen kommen aus heterosexuellen Beziehungen.

2b Beantworten Sie diese Fragen.

a Wie kann man sich vor Aids schützen?

b Welche Arten von Kontakt kann man mit Aids-Patienten haben, ohne sich anzustecken?

3 🔊 Hören Sie sich den Hörtext noch einmal an. Lesen Sie den Text unten 'Hilfsprogramm gegen Aids'. Schreiben Sie dann einen Artikel für eine Lokalzeitung zum Thema 'Aids'. (60–80 Wörter) Die folgenden Punkte/ Fragen werden Ihnen dabei helfen:

◆ Wie viele Menschen haben Aids/ den Aids Virus?

◆ Wie hilft das Rote Kreuz?

◆ Wie kann man Aids verhindern?

Hilfsprogramm gegen Aids

Die Zahl der Aids-Infizierten in Namibia steigt ständig. Daher haben das Deutsche Rote Kreuz (DRK) und das Namibische Rote Kreuz gemeinsam ein neues Aids-Hilfsprogramm gestartet. Ziel des Programms ist es, Dorfmitglieder und Familien über den Virus aufzuklären. Das Projekt wird hauptsächlich aus EU-Mitteln finanziert und soll voraussichtlich drei Jahre dauern. Im Norden Namibias hat man bereits mit der Schulung und Aufklärungsarbeit begonnen.

Einheit 5

Name _____

München nimmt Platz eins ein

1 Wofür muss man Geld ausgeben, wenn man studiert? Machen Sie ein Brainstorming in Ihrer Klasse.

2 Lesen Sie den Text.

Vielen Studienanfängern <u>ist es unklar</u>, dass die finanzielle Belastung nicht in jeder Stadt gleich hoch ist. Die monatlichen Gesamtkosten variieren je nach Stadt bis zu 200 Euro. Das Wirtschaftsmagazin *Capital* hat die monatlichen Gesamtkosten für Unterkunft, Lebenshaltung und Freizeitaktivitäten an allen deutschen Unis verglichen. <u>Am günstigsten ist</u> das Studieren in Weimar, wo Studenten 620 Euro im Monat benötigen. In den alten Bundesländern ist Oldenburg <u>vergleichbar</u>, dort <u>muss man mit</u> 700 Euro <u>rechnen</u>. Die teuerste Stadt ist München. Dort müssen Studenten monatlich um die 900 Euro aufbringen. Auch in Berlin und Hamburg geben Studenten durchschnittlich mehr als 8000 Euro im Monat aus.

<u>Ein Großteil</u> des Monatsbudgets wird für die Miete ausgegeben. Während die Miete für ein 25 Quadratmeter großes Apartment in Oldenburg etwas über 150 Euro liegt, müssen Studenten in München <u>doppelt so viel</u> zahlen. Auch die Kosten für Essen und Kleidung sind nicht überall gleich.

Da reicht selbst der Bafög-Höchstsatz von 450 Euro im Monat nicht aus, um das Studium zu finanzieren – und viele Studenten bekommen den Höchstsatz nicht. Die meisten Studenten suchen sich einen Job. <u>Einerseits</u> ist das eine gute Lösung, jedoch bringt das Jobben selbst Probleme mit sich. <u>Wer viel arbeitet</u>, kann weniger studieren und dann dauert das Studium noch länger.

3 Benutzen Sie den Text und ein Wörterbuch und füllen Sie die Tabelle aus.

Substantiv	Verb	Adjektiv
	belasten	lästig
Vergleich		
		nötig
	mieten	-
		kostbar
	lösen	
Dauer		

4 Beantworten Sie die Fragen auf Deutsch.
  a Was wissen viele Studienanfänger nicht?
  b Warum braucht ein Student in München mehr Geld als ein Student in Oldenburg?
  c Wofür gibt ein Student die Mehrheit seines Gelds aus?
  d Warum können Studenten nicht vom Bafög leben?
  e Was machen Studenten, um mehr Geld zu bekommen?
  f Warum bringt Jobben auch Probleme mit sich?

5 Benutzen Sie die unterstrichenen Ausdrücke, um neue Sätze zu bauen. Die Sätze müssen nicht unbedingt etwas mit dem Thema Studium zu tun haben.

_____
_____
_____
_____
_____
_____
_____
_____

Einheit 5

Name _____

1 [🔊] Hören Sie sich den Bericht an und beantworten Sie die folgenden Fragen auf Deutsch.

a Auf welche Schule ging Stefan zuerst?

b Warum hat er das Gymnasium verlassen?

c Wie ist er auf die Idee gekommen, Hotelkaufmann zu werden?

d Warum glaubt er, dass dieser Beruf gut zu ihm passt?

e Welche Fächer lernt er in der Berufsschule?

f Welche Aufgaben hat er im Hotel gemacht?

g Warum sind Sprachen sehr wichtig für Stefan?

h Was sind seine Hoffnungen für die Zukunft?

2 [🔊] Hören Sie sich den Bericht an und beantworten Sie die folgenden Fragen auf Deutsch.

a Seit wann studiert Anja?

b Wie hat sie sich am Anfang ihres Studiums gefühlt?

c Was findet sie gut an Tübingen?

d Welche Tipps gibt sie künftigen Studenten?

e Warum will sie das Studium so schnell wie möglich machen?

f Wie finanziert Anja ihr Studium?

g Wie lange wird das gesamte Studium dauern?

h Warum ist sie froh, dass sie an die Uni gekommen ist?

3 Lesen Sie die Sätze und füllen Sie jede Lücke mit einer passenden Konjunktion aus.

a _____ Stefan die Realschule verließ, ging er auf das Gymnasium.

b Stefan verließ das Gymnasium, _____ seine Noten nicht sehr gut waren.

c _____ er kein Abitur hatte, hat er einen Ausbildungsplatz gefunden.

d Stefan interessierte sich für einen Beruf als Hotelkaufmann, _____ er schon Erfahrung in diesem Bereich hatte.

e Stefan arbeitete überall im Hotel, _____ er einen Einblick in alle Bereiche der Arbeit gewinnt.

f Stefan studiert auch Fremdsprachen, _____ er später in einem internationalen Hotel arbeiten möchte.

4 Schreiben Sie die Sätze über Anja zu Ende.

a Anja hat sich am Anfang des Studiums ein bisschen verloren gefühlt, denn _____.

b Anja findet es gut, dass _____.

c Anja will ihr Studium schnell machen, da _____.

d Anja arbeitete, damit _____.

e Anja wird viele Schulden haben, wenn _____.

f Anja kann das Studentenleben empfehlen, obwohl _____.

5 Schreiben Sie einen Absatz über Ihre eigenen Zukunftspläne. Verwenden Sie dabei mindestens sechs Konjunktionen.

Name _____

1 Scheiden Sie die Karten auf und bringen Sie sie in die richtige Reihenfolge, um einen Text zu machen.

---

anderes. Wer doch bei den Naturwissenschaften bleibt, macht in den Uni-Seminaren eine ähnliche Erfahrung.

In den USA haben Frauenuniversitäten einen sehr guten Ruf. Studentinnen dieser Colleges, beispielsweise Hillary Clinton, sind doppelt so

---

wollen die Studentinnen unterstützen. Denn in der Industrie sind immer öfter „typisch weibliche" Eigenschaften gefragt: Einfühlungsvermögen, Teamarbeit und Zuhören-Können.

Gleichberechtigung ... innerhalb des Bildungswesens hat man es doch wohl geschafft, oder? In Bezug auf Schulleistungen haben Mädchen nicht nur mit den Jungen gleichgezogen,

---

Männer studieren naturwissenschaftliche Fächer. Studien haben gezeigt, dass Mädchen in der Schule schnell das Interesse an den Naturwissenschaften verlieren. Obwohl sie oft

---

besser als die Jungen abschneiden, kommen sie in den von Jungen dominierten Abi-Kursen weniger zu Wort. Folglich entscheiden sie sich für etwas

---

erfolgreich wie andere Akademikerinnen. In Wilhelmshaven ist der Frauen-Studiengang noch Experiment, aber die Industrie zeigt großes Interesse. Firmen wie Volkswagen und die Telekom

---

als Rückschritt zu betrachten? Anscheinend nicht, wenn es darum geht, Frauen für einen wissenschaftlichen Beruf zu interessieren. Viel weniger Frauen als

---

In Wilhelmshaven studiert Juliane Sper Wirtschaftsingenieurwesen im ersten Frauen-Studiengang in Deutschland. Ist das also

---

oft haben sie sie sogar überholt. In Deutschland gibt es auch noch wenig getrennte Schulen – die Kooedukation gilt im Großen und Ganzen als Fortschritt.

Name _____

1 🔊 Hören Sie sich den Bericht an und beantworten Sie diese Fragen auf Deutsch.

a Was ist der Zweck von Telementoring?

b Was ist Telementoring?

c Was kostet es?

d Was können die Jugendlichen per E-Mail machen?

e Was lernen die Jugendlichen auch dazu?

f Woher stammt die Idee von Telementoring?

g Was ist das Besondere an Telementoring in Nordrhein-Westfalen?

h Was ist der Vorteil von Telementoring?

i Was ist der Vorteil von E-Mail?

j Was können die arbeitslosen Jugendlichen unter sich noch machen?

2 👥 Machen Sie das Rollenspiel mit einem Partner/einer Partnerin.

✂ -

Rolle A

Sie waren bis vor kurzem arbeitslos und haben an dem Telementoringprojekt teilgenommen. Sie sprechen mit einem Interviewer/einer Interviewerin über das Projekt. Sie sollen bereit sein, unter anderem die folgenden Punkte zu besprechen:

◆ Ihre Schulbildung und Qualifikationen

◆ Was für Arbeit Sie gesucht haben

◆ Probleme, Arbeit zu finden

◆ Folgen der Arbeitslosigkeit für Sie

◆ Telementoring – was ist das, wie Sie über das Projekt erfahren haben

◆ Meinung über das Projekt

◆ Erfolg des Projekts

Rolle B

Sie sind Journalist/in und sprechen mit einem ehemaligen Arbeitslosen über das Telementoring-projekt. Sie wollen unter anderem die folgenden Punkte besprechen:

◆ Schulbildung und Qualifikationen

◆ Was für Arbeit er/sie gesucht hat

◆ Probleme, Arbeit zu finden

◆ Folgen der Arbeitslosigkeit – finanzielle Probleme, Selbstwertgefühle

◆ Telementoring – was ist das?

◆ Meinung über das Projekt

◆ Erfolg des Projekts

Name _____

1 Sehen Sie sich diese Bewerbung an und füllen Sie die Lücken aus.

Teams	zuverlässig	interessiere	freuen	informiert	Arbeitsamt	verlassen
geehrter	sportlich	erledigt	Grüßen	einstellen	Lebenslauf	bewerben

---

Anne-Katrin Hell   Mössingen, 14.04.2001
Fehrbellinerstraße 34
72116 Mössingen

ADF Verlag
Lange Straße 45
70799 Stuttgart

Bewerbung um einen Ausbildungsplatz als Kauffrau für Bürokommunikation

Sehr _____ Herr Wolf,
durch das _____ habe ich erfahren, dass Sie in diesem Jahr Auszubildende
_____ und ich würde mich daher sehr gern bei Ihnen um einen
Ausbildungsplatz als Bürokauffrau _____.

Zur Zeit besuche ich das Quenstedt Gymnasium in Mössingen und werde es
vorraussichtlich im Juni mit Abitur _____.

Ich interessiere mich sehr für einen Beruf als Bürokauffrau. Bei meinem
Betriebspraktikum beim Klett Verlag konnte ich sehen, welche Aufgaben eine
Bürokauffrau _____. Auch bei Betriebserkundigungen habe ich mich darüber
gründlich _____. Ich bin gut organisiert und _____ und suche einen Beruf,
in dem ich als Mitglied eines _____ arbeiten kann.

Als Klassensprecherin in der Schule hat es mich auch gefreut, neue Projekte ins
Leben zu rufen. Ich _____ mich sehr für Informatik und habe eine Informatik
AG für jüngere Schüler gegründet. Meine anderen Interessen sind überwiegend
_____: ich bin seit 3 Jahren Mitglied des Basketballvereins in der Stadt und
ich fahre auch sehr gern Ski.

Über eine Einladung zum Vorstellungsgespräch würde ich mich sehr _____.

Mit freundlichen _____

Anne-Katrin Hell

Anne-Katrin Hell
Anlagen

_____

Zeugniskopien

Name _____

Lebenslauf

Name:	Anke Heller
Anschrift:	Glocknerstraße 15, 55129 Mainz
Telefon:	016131/467322
E-Mail:	anke.heller@gmx.de
Geburtsdatum:	13.07.76
Bildung:	1988–1994 Gymnasium Corveystraße, Hamburg
	1994 Abitur (Schnitt – 1,8), Leistungskurse Englisch und Geschichte
	1994–2000 Studium an der Universität Mainz Hauptfächer Englisch und Geschichte Abschlussnote – 2,3

Bisherige Arbeitserfahrung:

1996–1997:	Auslandsjahr in England als Fremdsprachenassistentin für Deutsch
1997–2000:	freiberufliche Journalistin für den *Mainzer Stadtanzeiger* (teilzeit – gelegentliche Artikel über die Stadtgeschichte geschrieben)
1997–2000:	Verkäuferin bei Kaufhof, Mainz (teilzeit)
Juni 2000:	Praktikum beim ZDF

Besondere Fertigkeiten:

Führerschein
Erste Hilfe
Rettungsschwimmer

Interessen:

Sport, besonders Schwimmen, Tennis und Skifahren.
Lesen, besonders moderne deutsche und englische Literatur.

1 Indem Sie den Lebenslauf benutzen, schreiben Sie einen Absatz von ungefähr 70 Wörter über Anke.

z. B. Anke Heller ist am 13. Juli 1976 geboren. Sie kommt aus Hamburg ...

_____

_____

_____

_____

_____

_____

_____

_____

2 Jetzt schreiben Sie Ihren eigenen Lebenslauf.

Einheit 7

Name _____

1 [▣] Hören Sie sich die Werbespots auf Seite 82 nochmal an und füllen Sie jede Lücke mit einem passenden Wort von der Liste unten aus. Sie brauchen nicht alle Wörter zu benutzen.

Werbespot 1

a Stefan hält die Frau für viel _____ als sie eigentlich ist.

b Laut dem Werbespot, hilft die Hautcreme, Falten zu _____.

c Der Werbespot geht davon aus, dass die meisten Frauen jung _____ wollen.

Werbespot 2

a Das Auto soll sowohl _____ als auch luxuriös sein.

b Außerdem ist das Auto relativ _____.

c Laut dem Werbespot macht es _____, dieses Auto zu fahren.

Werbespot 3

a Der Nachtisch _____ sehr gut.

b Es gibt veschiedene _____ von diesem Produkt.

c Der Nachtisch ist auch _____.

Werbespot 4

a Das Reisebüro bietet Urlaube sowohl am Strand als auch in der _____ an.

b Der Werbespot verspricht, _____ zu erfüllen.

Kultur entfernen Sorten Spaß fettarm
schmeckt aussehen vermeiden jünger
riecht teuer sicher Wünsche preiswert
Stadt schnell sein voller Kalorien
Meinungen Träume

---

2 Es hat einen Zugunfall gegeben. Ein Journalist/eine Journalisitin will Augenzeugen interviewen. Machen Sie das Rollenspiel.

Rolle A
Sie sind Journalist/in. Sie interviewen die folgenden Personen:
einen Passagier/eine Passagierin
den Fahrer/die Fahrer
einen Mirarbeiter/eine Mitarbeiterin bei der Feuerwehr.
Denken Sie passende Fragen aus.
Zum Bespiel: Was genau ist passiert? Wie haben Sie sich gefühlt?

Rolle B:
Sie waren Passagier im Zug.
Überlegen Sie sich, was Sie dem Journalisten sagen können.
Zum Beispiel: Was ist passiert? Waren Sie verletzt? Wie haben sie sich gefühlt?

Rolle C:
Sie sind Mitarbeiter/Mitarbeiterin bei der Feuerwehr.
Überlegen Sie sich, was sich dem Journalisten sagen können.
Beschreiben Sie die Szene.
Gab es eine Panik?
Wieviele Leute waren verletzt?
Wie haben Sie sich gefühlt?

Rolle D:
Sie sind Zugfahrer.
Überlegen Sie sich, was Sie dem Journalisten sagen können.
Was ist passiert?
Wie haben Sie reagiert?
Wie haben Sie sich gefühlt?

3 Versuchen Sie diesen Text über einen Zugunfall zu vervollständigen. Verwenden Sie diese Ausdrücke.

Heute früh	Flammen
ICE-Zug	Martin Gelsen, 32, aus Bonn
in der Nähe	schrecklich
Passagiere	geschrieen
verletzt	lobte
kämpfte	

Name _____

Es hat einen Brand in einer Schule gegeben. Ein Journalist von der Zeitung kommt, um mit dem Schulleiter, einer Schülerin und mit einem Feuerwehrmann ein Interview zu machen. Nehmen Sie jeweils eine Rollenkarte und denken Sie sich Ihre eigene Rolle aus. Vergessen Sie nicht, die Punkte auf der Karte zu beachten.

Rolle 1: Journalist

Sie wollen die folgenden Punkte wissen. Denken Sie sich Fragen für jede Person aus und fügen Sie auch Ihre eigenen Ideen hinzu.

- Was passiert ist
- Hat der Notalarm richtig funktioniert?
- Wie lange hat es gedauert, bis alle Kinder aus dem Gebäude waren?
- Der Brand ist in der Küche ausgebrochen? Was hat den Brand verursacht? Sind die Geräte in der Küche veraltet und gefährlich?
- Ist das Schulgebäude wirklich sicher?

Rolle 3: Schulleiter

- Notalarm hat gut funktioniert
- Alle Kinder bald aus dem Gebäude
- Gefahr, wenn Kinder schwänzen
- Lehrer hatten alles im Griff
- Die Küche ist alt (die Schule hat kein Geld), aber die Geräte sind sicher
- Reaktion?
- Ist die Schule schuld?

Rolle 2: Teresa, Schülerin

- Du warst auf dem Klo (wolltest eine Stunde schwänzen) und hast den Notalarm nicht gehört
- Du hast dann deine Klasse gesucht
- Wo gefunden?
- Nach wie langer Zeit?
- Angst?

Rolle 4: Feuerwehrmann

- Brand ist in der Küche ausgebrochen (ein Ofen hat den Brand verursacht); sehr alte Geräte
- Ein Kind kam sehr spät aus dem Gebäude
- War der Notalarm in Ordnung?
- Äußern Sie Ihre Meinung und nennen Sie Details über die Ausmaße des Brands

135

Name _____

1 Lesen Sie den Text und beantworten Sie die Fragen a–k.

Hausaufgaben online!

Vor einem Jahr ging der 19-jährige Gymnasiast Bastian Wilhelm aus Celle mit seinem Hausaufgaben-Server online. Mittlerweile bietet www.cheat.net.de, so der Name der Webseite, jede Menge Referate und Stoffsammlungen zu den verschiedensten Themen. Neben den originellsten Ausreden für Zuspät-Kommer gibt es neuerdings Rubriken für Zivis, Studenten und Party-People. Alle Rubriken leben von den Zusendungen fleißiger Schüler aus Deutschland, Österreich und der Schweiz. Denn das Prinzip der Homework-Page beruht auf der Beteiligung seiner Nutzer. „Jeder hat doch in seinem Computer einen Haufen Referate und Hausaufgaben, die er selbst nicht mehr braucht. Warum soll man die nicht anderen Schülern zugänglich machen? Wenn die Leute sie mir zuschicken und ich sie dann im Internet veröffentliche, können alle davon profitieren," erklärt Bastian seine Idee.

Die Idee entstand vor etwa drei Jahren, als Bastian bei einem seiner ersten Surfs feststellen musste, das es online kaum etwas Interessantes und Brauchbares für Schüler gab. Bei einem Austauschjahr in den USA lernte er zufällig einen Internet-Provider kennen, der ihm alles rund ums Netz beibrachte. Auf diese Weise erkannte er, welche Möglichkeiten das Internet eigentlich bietet. Doch bis es soweit kommen konnte, musste Bastian Investoren suchen. Die Seite, die inzwischen 7000 Besucher pro Tag hat, wird gesponsert, also muss Bastian keine Miete zahlen.

Neben dem Geld spielt auch die Zeit eine bedeutende Rolle. Bastian arbeitet täglich an seiner Internetseite. Einmal pro Woche prüft er die neuen Beiträge und trifft eine Auswahl. „Mein Standard ist Note drei. Was darunter liegt, wird aussortiert". Doch betont er: „Ich bin keiner dieser typischen Computer-Freaks, die den ganzen Tag nur vor dem Bildschirm sitzen." Er sieht im Computer ein Mittel, um Zeit zu sparen.

Die Reaktionen auf sein cheat.net waren bisher hauptsächlich positiv. Sein Vater, der selbst Rektor ist, hält den Server für eine „wunderbare" Recherchemöglichkeit. Wunderbar finden diese Projekte aber vor allem die Schüler.

Auf Deutsch heißt „cheat" zwar so viel wie Betrug oder Schwindel, doch das ist nicht die Grundidee der Seite. „Wer die Infos einfach herunterlädt, ohne seinen Kopf einzusetzen und das Material nachzuprüfen, ist selbst schuld," sagt Bastian. Denn: „Nicht alles, was im Internet steht ist wahr."

---

die Stoffsammlung – *collection of material*   **die Beteiligung** – *participation*   **zugänglich** – *accessible*

eine Auswahl treffen – *to make a choice*   **herunterladen** – *to download*

---

a Was ist auf der Webseite cheat.net zu finden?
b Von wem kommen die Beiträge zur Webseite?
c Erklären Sie die Hauptidee der Seite.
d Wie kam Bastian auf die Idee, die Seite zu gründen?
e Wie hat er gelernt, mit dem Internet umzugehen?
f Wie wird die Seite finanziert?

g Wie viel Zeit steckt Bastian in die Webseite?
h Welches Kriterium muss ein Beitrag erfüllen?
i Was sieht Bastian als die Hauptfunktion eines Computers?
j Wie sind die Reaktionen auf die Webseite?
k Wovor warnt Bastian?

Name _____

Der Schutz unserer Wälder ist ein weiteres relevantes Thema, wenn man das Thema 'Umwelt' diskutiert.
Lesen Sie diesen Text zur Arbeit des WWF.

Besonders aktiv war man bei einer Kampagne für die Bewahrung der Wälder. In den 80/90er Jahren (des 20. Jahrhunderts) machte man sich in Deutschland große Sorgen um die Wälder und Waldsterben war eines der meist diskutierten Themen. Dank dieser Kampagne jedoch wurde die Fläche der Waldschutzgebiete weltweit auf acht Prozent verdoppelt. Und das innerhalb von drei Jahren. Ein besonderer Erfolg war, dass das Gebiet Lac Lobeke im Süden Kameruns als Nationalpark anerkannt wurde.

Es ist eine Waldregion mit den meisten Baumarten der Erde. Auch auf Madagaskar war der WWF erfolgreich, wo er Politiker und lokale Umweltgruppen unterstützte. Dabei ging es vor allem um den Schutz der natürlichen Ressourcen, die Aufklärung der Bevölkerung, die Umweltbildung von Schulkindern und die Förderung von kleinen Projekten, um das Einkommen der Bevölkerung zu verbessern. Im letzten Jahr gab es dort einen großen Erfolg, als der Nationalpark Andringitra zum Schutz der tropischen Regenwälder offiziell eingeweiht wurde. Zu den Erfolgen in Deutschland zählt die Erweiterung des Nationalparks Schleswig-Holsteinisches Wattenmeer. Der WWF Deutschland organisierte 1999 insgesamt 35 nationale Naturschutzprojekte.

1 Welche der folgenden Aussagen sind richtig, welche falsch oder nicht im Text?

   a Durch die Arbeit des WWF wurde die Fläche der Waldschutzgebiete in Deutschland auf acht Prozent verdoppelt.

   b Das Gebiet Lac Lobeke im Süden Kameruns hat die größte Anzahl an Laubbaumarten.

   c Der WWF arbeitet auch mit anderen Umweltgruppen zusammen.

   d Ziel war es, das Umweltbewusstsein unter Schülern und der Bevölkerung zu vergrößern.

   e Der größte Erfolg war die Eröffnung des Nationalparks Andringitra zum Schutz der tropischen Regenwälder.

   f In Deutschland wurde ein Nationalpark im Wattenmeer errichtet.

2 Ergänzen Sie die folgende Tabelle.

Die WWF-Kampagne zur Bewahrung der Wälder	
Probleme in Deutschland in den 80/90er Jahren	
Erfolgreiches Projekt in Afrika	
Erfolgreiches Projekt auf Madagaskar	
Ziel des Projekts auf Madagaskar	
Erfolgreiches Projekt in Deutschland	

Name _____

 Hören Sie das Gespräch zwischen einem Gegner und einem Befürworter der Atomkraft noch einmal an und machen Sie die folgenden Übungen.

1 Kreuzen Sie das Wort an, das am besten passt, so dass die Aussagen mit dem Sinn des Gesprächs übereinstimmen.

a Keiner, der 6000 Angestellten von Sellafield will seine Arbeit …
vergessen ☐ verlassen ☐ verlieren ☐

b Die Umweltorganisation Greenpeace warnt vor …
giftigem Material ☐
einem Kernkraftunfall ☐
Krebskrankheit ☐

c Die Krise des Atomkraftwerkes Sellafield ist …
vorbei ☐
noch lange nicht vorbei ☐
schon fast vorbei ☐

d Alternative Energiequellen sind …
sicherer ☐ effizienter ☐ sauberer ☐

2 Ergänzen Sie den folgenden Lückentext mit der jeweils richtigen Verbform. Wählen Sie das richtige Verb aus der Liste unten.

> Atomenergie _____ Arbeitsplätze. Sellafield ist ein gutes Beispiel dafür. 6000 Menschen _____ dort Arbeit. Wenn das Kernkraftwerk schließen _____, werden alle ihren Arbeitsplatz _____. Man _____ aber auch die negativen Auswirkungen der Atomkraft. In der Vergangenheit _____ es einfach zu viele Unfälle und Risiken. Sicherheit kann nie zu 100% _____ werden. Viele Umweltorganisationen _____ vor den erhöhten Risiken eines Kernreaktor-unfalls. Bis heute _____ wir die Katastrophe des Unfalls in Tschernobyl nicht _____. Vielleicht _____ alternative Energiequellen eine Lösung. Zur Zeit sind sie aber noch sehr teuer. Sie müssen auf jeden Fall noch weiter _____ und _____ werden.

garantieren schaffen fördern verlieren sein
vergessen entwickeln finden warnen geben
kennen werden haben

3  Hören Sie das Gespräch noch einmal an und fassen Sie es auf Englisch zusammen. Gehen Sie auf die folgenden Punkte ein.
- advantages of Sellafield
- disadvantages of nuclear power
- the consequences of Chernobyl
- prospects for the future

Name _____

Viele Umweltaktionen werden nicht auf nationaler Ebene organisiert, sondern durch regionale oder lokale Gruppen oder Initiativen.

Bürger engagieren sich für ihre Stadt

1 👥 Diskutieren Sie die folgenden Fragen mit Ihrem Partner/Ihrer Partnerin.

Beispielfragen:
- ◆ Worum geht es hier?
- ◆ Was machen diese Leute?
- ◆ Warum machen sie das?
- ◆ Wie finden Sie diese Idee?
- ◆ Kennen Sie ein ähnliches Projekt?

2 Lesen Sie den Text (rechts) über eine regionale Umweltaktion. Fassen Sie jeweils die wichtigsten Punkte schriftlich zusammen, indem Sie die Fragen beantworten.
- **a** Wo fand das Projekt statt?
- **b** Wer arbeitet an dem Projekt?
- **c** Was wurde gemacht?
- **d** Was ist Ihre Meinung dazu?

> **Schülerprojekt zum Energiesparen**
> Mit Hilfe des Umweltbüros und des Umweltberatungszentrums haben Schüler aus vier Schulen in der norddeutschen Stadt Rostock ein Energieprojekt entwickelt. Daten über den Energieverbrauch der einzelnen Schulen, die Raumtemperatur und den Verbrauch an Heizenergie wurden gesammelt. Anschließend wurden diese Daten verglichen und Vorschläge zum Energiesparen gemacht. Auf diese Weise wurde versucht das Umweltbewusstsein unter Jugendlichen zu stärken.

Name _____

1 👥 Rollenspiel: Partner/in A spielt die Rolle einer jungen Türkin, die mehr Freiheit haben will. Sie wollen bei einer deutschen Freundin übernachten. Partner/in B spielt die Rolle des Vaters. Spielen Sie die Auseinandersetzung zwischen den beiden. Benutzen Sie die Ideen auf den Karten.

Partner/in A

Sie wollen bei einer Freundin übernachten – es ist ihre Geburtstagsparty. Sie müssen aber Ihren Vater überzeugen! Benutzen Sie die folgenden Ideen:

- Die Eltern Ihrer Freundin werden dabei sein
- Sie sind vertrauenswürdig
- Sie haben weniger Freiheiten als alle andere in der Klasse – Sie fühlen sich sowieso ab und zu wie eine Außenseiterin
- Es kann nichts Schlimmes passieren
- Ihr Vater kann gerne mit den Eltern Ihrer Freundin telefonieren

Partner/in B

Sie glauben, dass deutsche Jugendliche zu viel Freiheit haben. Ihre Kinder sollten sich an Ihre Regeln halten.

- Die moslemische Kultur hat andere Erwartungen
- Irgendetwas könnte passieren – die Tochter könnte in eine schiwerige Situation geraten
- Die Tochter eines deutschen Kollegen ist jetzt schwanger – so was passiert, wenn Mädchen zu viel Freiheit bekommen
- Die Tochter muss sich an die Regeln der Eltern halten
- Sie kennen die Freundin und ihre Familie gar nicht
- Sie würden lieber Ihre Tochter um 21 Uhr von der Party abholen

2 **Tabu**

Cut out the words and place them in a pile. Players select a card in turn and describe the word to the others in the group. Whoever guesses correctly takes the card. The winner is the person who collects the most cards.

			Gastarbeiter
Aussiedler	Asylbewerber	Asylantrag	Flüchtling
Wohnheim	verfolgen	Arbeitnehmer	Heimat
Minderheit	Volkszugehörigkeit	Anwerbestopp	Staatsangehörigkeit

Name _____

1 Scheiden Sie die Karten auf und bringen Sie sie in die richtige Reihenfolge, um einen Text zu machen.

---

mehr Ausländer sich um die deutsche Staatsangehörigkeit beworben – in den nächsten drei Jahren ist die Zahl von 40,000 auf 80,000 pro Jahr gestiegen. Das ist allerdings nur

---

1,1% der ausländische Bevölkerung. Der Grund: man muß die alte Staatsbürgerschaft aufgeben. Für die ältere Generation kommt das oft nicht in Frage. Und die zweite

---

Generation will oft die Eltern nicht beleidigen, indem sie auf die alte Heimat verzichtet. Ist die doppelte Staatsbürgerschaft also die einzige Lösung?

---

bewerben. Sie müssen unter anderem beweisen, dass sie die deutsche Sprache beherrschen, dass sie eine dauernde Hinwendung zu Deutschland haben,

---

in der Bundesrepublik wohnten, das Recht auf die deutsche Staatsbürgerschaft hatten. Seit 2000 wurde der Aufenthaltsdauer auf 8 Jahre gekürzt. Ab 1993 haben sich viel

---

mitmachen. Ausländer,die bestimmte Voraussetzungen erfüllen, können sich um die deutsche Staatsangehörigkeit

---

und dass sie keine Krimeinelle sind. 1993 wurde die Anspruchseinbürgerung eingeführt. Das bedeutet, dass Menschen, die die Voraussetzungen erfüllten und schon 15 Jahre

---

Regierung nicht wählen, weil sie immer noch ausländische Staatsbürger sind. Nur in örtliche oder on Europawahlen dürfen sie

---

Manche Gastarbeiter und ihre Familien wohnen seit 40 Jahren in Deutschland. Die Kinder sind oft hier geboren. Sie arbeiten hier, zahlen Steuern – dürfen aber die

---

Name _____

Wohin gehöre ich?

Ich bin in der BRD geboren. Meine Eltern arbeiten in der BRD.

Manch einer sagt „Du bist Deutsche."

Andere sagen „Du bist eine deutsche Türkin."

Aber was bin ich wirklich?

In meiner Schule sind alle Kinder Deutsche. Hans, Helga ...

Neben ihnen fühle ich mich bedrückt. Sie lassen mich nicht an

ihren Spielen teilnehmen.

Deutsch ist meine erste Sprache.

In der Schule lerne ich mit deutschen Kindern.

Wir sind im gleichen Alter.

Meine Eltern arbeiten in ihren Fabriken und sind abgespannt.

Mein Vater sagt „In unserem Urlaub fahren wir in die Türkei. Die Türkei ist

unsere Heimat."

In meinem Traum habe ich Ayse, Emine und Ali umarmt, aber

sie haben mich nur aus der Ferne angeschaut. Durch ihre Blicke

fühle ich mich minderwertig, denn sie schauen verächtlich.

Unsere Sprache ist uns fremd geworden, wie auch unsere Spiele

und unser Handeln.

Meine türkischen Freunde riefen mich Deutsche!

Ich habe ihnen nicht die Hälfte meines Kuchens gegeben, das

hat Ayse sehr verärgert.

„Bei uns ist es Tradition, unser Essen untereinander zu teilen.

Du bist selbstsüchtig wie sie geworden" hat sie gesagt.

„Du sprichst nicht unsere Sprache." „Du bist keine von uns."

Gewiss, aber wohin gehöre ich?

Ihr Vögel auf den Bäumen, ihr wisst nicht, wie es ist, überall ein

Fremdling zu sein.

---

1 Lesen Sie das Gedicht and beantworten Sie die folgenden Fragen.

a Wie alt ist die Dichterin Ihrer Meinung nach?

b Schreiben Sie zwei Listen.

♦ Probleme, die die Dichterin mit den deutschen Kindern hat

♦ Probleme, die die Dichterin mit den türkischen Kindern hat

c Vergleichen Sie die Einstellung der Dichterin der Türkei gegenüber der Einstellung ihrer Eltern.

d Glauben Sie, dass die Situation der Dichterin typisch ist?

e Stellen Sie sich vor, Sie sind Kind eines Gastarbeiters. Schreiben Sie Ihr eigenes Gedicht. Beginnen Sie mit derselben Zeile „Ich bin in der BRD geboren. Meine Eltern arbeiten in der BRD."

Einheit 10

Name _____

1 🔊 Hören Sie sich das Interview auf Seite 123 noch einmal an und ergänzen Sie die folgenden Aussagen mit den Wörtern, die am besten passen und mit dem Sinn des Hörtextes übereinstimmen.

a Es handelt sich um ein Programm für britische und deutsche Jugendliche, die _____
   ◆ ihre Ausbildung beendet haben
   ◆ ihre Ausbildung gerade angefangen haben
   ◆ ihre Ausbildung noch nicht beendet haben.

b Das Programm soll zu einer größeren _____ führen.
   ◆ Zusammenarbeit
   ◆ Bildung
   ◆ Brücke

c Sarah nahm an dem Programm teil, um _____
   ◆ Deutsch zu lernen
   ◆ ihr Deutsch zu verbessern
   ◆ eine Qualifikation zu bekommen.

d Wenn man im Ausland wohnt und arbeitet, ist es Sarahs Ansicht nach wichtig, dass man
   ◆ schüchtern ist
   ◆ den deutschen Lebensstil kennt
   ◆ gern Neues lernt.

2 Bilden Sie aus den folgenden Wörtern/Satzteilen Sätze.

a ist für Jugendliche Das in Programm Ausbildung der

b die Möglichkeit, zu einer hat Firma arbeiten Man in ausländischen

c Partnerschaften und sollen zwischen gegründet deutschen werden britischen Jugendlichen

d dass Ich wichtig, heute finde man Fremdsprache eine es spricht

e besser Ein kennen lernen, man wenn dort Land hat kann gelebt man

f muss Lebensweise Landes die akzeptieren sein positiv und Man eines

3 Sie sind Vertreter/Vertreterin einer Organisation, die Arbeitspraktika im Ausland anbietet. Bereiten Sie eine kurze Präsentation, Dauer zwei Minuten, vor. Versuchen Sie möglichst viele 'Zuhörer' dafür zu interessieren. Verwenden Sie Power Point oder Overhead Folien.

Internationale Studiengänge
Nicht nur berufliche Qualifikationen, auch akademische Qualifikationen werden internationaler. In rund 600 Studiengängen kann man nun auch in Deutschland einen Studienabschluss machen, der international anerkannt wird. Dabei handelt es sich um 382 Studiengänge mit Bachelor-Abschluss und 217 mit Magister-Abschluss. Was ist der Unterschied zwischen den traditionellen Studiengängen und diesen neuen Studiengängen? Sie sind international ausgerichtet, das bedeutet, dass viele Seminare in Englisch gehalten werden. Für ausländische Studenten ist das ein besonderer Vorteil. Die Qualifikationen haben Titel, die international anerkannt sind, also 'Bachelor' und 'Magister'. So kann man im Ausland leichter eine Stelle finden. Viele verschiedene Fächer kann man studieren, wie zum Beispiel 'Aeronautical Technology' in Aachen. Ausländische Studenten können das ganze Studium in Deutschland absolvieren oder auch nur für ein oder zwei Semester bleiben. Das kann man zum Beispiel über eine der 13000 bilateralen Hochschul-Partnerschaften organisieren. Wer sich dafür interessiert, findet weitere Informationen im Internet: www.studieren-in-deutschland.de

4 Lesen Sie den Text 'Internationale Studiengänge' und kreuzen Sie ✗ die drei Aussagen an, die mit dem Sinn des Textes am besten übereinstimmen.

a Auch in Deutschland kann man eine international anerkannte Studienqualifikation bekommen.

b 382 Studierende machen einen Bachelor-Abschluss.

c Viele Seminare werden für Engländer gehalten.

d Ein Vorteil ist, dass viele Studenten aus England kommen.

e Mit einem international anerkannten Abschluss findet man leichter einen Arbeitsplatz.

f Es gibt die Möglichkeit, den ganzen Studiengang oder einige Semester in Deutschland zu machen.

g Man kann nur bestimmte Fächer studieren, zum Beispiel 'Aeronautical Technology'.

Name _____

Die Zusammenarbeit und das Zusammenwachsen der EU zeigt sich nicht nur in einer einheitlichen Währung, sondern auch darin, wie das europäische Schienennetz zusammenwächst. Lesen Sie den Bericht über den Hochgeschwindigkeitszug Thalys.

Mit dem Thalys ist es den Regierungen und Bahnkonzernen gelungen, die Fahrzeiten zwischen den europäischen Großstädten zu verringern und so dem Straßen- und Luftverkehr Konkurrenz zu machen. Der Zug hat 12 000 Pferdestärken und kann seine Geschwindigkeit auf 300 Stundenkilometer steigern.

Kölner Hauptbahnhof. Pünktlich um 8.02 Uhr setzt sich der Zug in Bewegung. Aachen ist die erste Station auf der Fahrt nach Paris, die ungefähr vier Stunden dauert. Ab Aachen fahren belgische Kollegen den Zug. Die Zusammenarbeit klappt sehr gut. Die deutschen Kollegen, die den Thalys fahren, mussten zweieinhalb Jahre lang französisch lernen. Französischkenntnisse sind für die Lokführer des Thalys unbedingt notwendig. In den kommenden Jahren wollen die deutsche und die belgische Regierung die Teilstrecke zwischen Köln und Brüssel weiter ausbauen. Die Fahrtzeit soll dann ab dem Jahr 2002 weniger als zwei Stunden dauern.

Weitere Zukunftspläne zwischen der Bundesregierung und den europäischen Partnern sind neue Bahnstrecken, die Paris mit Berlin und Warschau und sogar Moskau verbinden sollen. Berlin soll in Richtung Süden auch mit Verona in Italien verbunden werden. Weitere Hochgeschwindigkeitsstrecken sind zwischen Paris und Budapest, Madrid und Perpignan und Lyon und Turin geplant. Die Fahrt zwischen Köln und London soll in Zukunft nur noch zwei Stunden und siebzig Minuten dauern.

Lesen Sie den Text und machen Sie die folgenden Übungen.

1 Verbessern Sie die Wortstellung der folgenden Sätze.
   a Zwischen Köln und Paris die Fahrtzeit sich verringert hat.
   b Die erste Station Aachen ist auf der vierstündigen Fahrt nach Paris.
   c Französische und deutsche Kollegen jeden Tag arbeiten zusammen.
   d Weiter ausgebaut werden in den kommenden Jahren viele andere Bahnstrecken sollen.
   e Neue Bahnstrecken in der Zukunft werden planen alle europäischen Partner.
   f Mit Verona Berlin soll in Richtung Süden in einigen Jahren werden verbunden.

2 Beantworten Sie die folgenden Fragen.
   a Was ist der Thalys?
   b Wie sind in den letzten Jahren einige europäische Großstädte 'zusammengewachsen'?
   c Wie sehen die Zukunftspläne der europäischen Partner aus?
   d Welche Vorteile werden diese Pläne für das europäische Schienennetz bringen?

3 Beschreiben Sie in Ihren eigenen Worten wie sich das europäische Schienennetz verändert hat und wie es sich weiter entwickeln wird. Was meinen Sie persönlich zu diesen Plänen? Schreiben Sie 150 Wörter.

4a Sie sind Lokführer/in des Hochgeschwindigkeitszuges Thalys. Ihr Partner/ Ihre Partnerin macht ihr/ sein Arbeitspraktikum bei der Bahn und fährt mit Ihnen auf der Strecke Köln – Brüssel. Beschreiben Sie ihr/ ihm Ihre Arbeit und beantworten Sie ihre/ seine Fragen.

4b Sie machen Ihr Arbeitspraktikum bei der Bahn und fahren mit dem/ der Lokführer/in A im Hochgeschwindigkeitszug Thalys mit. Sie sollen so viel wie möglich über den Thalys und die Arbeit des/ der Lokführer/in herausfinden.

Einheit 10

Name _____

Exam techniques

Use this worksheet to prepare for the exam and to do the Assessment copymasters.

Listening skills as required in Paper 1

◆ Allocate an appropriate amount of time to each part of the paper, e.g.

Part A Listening (short items)	15 marks	15 minutes (approx.)
Part B Listening (longer items)	25 marks	20 minutes
Part C Reading	35 marks	30 minutes
Part D Writing	30 marks	25 minutes

◆ Read the instructions and any statements or examples carefully.
◆ If you can't answer a question move on to the next one and come back to it at the end, if there is time.
◆ When you answer in German, keep your sentences simple and check for accuracy.
◆ When you summarise in English:
  ◆ read the bullet points carefully
  ◆ listen to the text, concentrating on the bullet points
  ◆ take notes
  ◆ convert notes into sentences
  ◆ check your accuracy.

Reading/Writing skills as required in Papers 1 and 2

◆ Read the text to make sure you understand the main ideas. Do not waste time on small details.
◆ Read the instructions and any information (gap-texts, lists, etc.) carefully.
◆ Go back to the text and read it again, with the particular task in mind.
◆ When your answer is required in German, do not copy sentences from the text. You need to manipulate the language according to the task and make the necessary changes. In particular check:
  ◆ word order
  ◆ agreement between subject and verb
  ◆ cases and adjective endings.
◆ Check the allocation of marks and structure your answer accordingly e.g. 2 marks allocated – mention 2 points.

Writing skills as required in Paper 2

◆ You need to be familiar with the Pre-Release Material.
◆ Do not use lengthy quotations from Pre-Release Material. Use some ideas from it, but do not rely wholly on them.
◆ Express ideas, arguments and opinions in your own words.
◆ Use phrases and vocabulary you know and have learnt. Never translate from English. Think in German!
◆ Read the question title carefully. Refer to all aspects mentioned in the title, e.g. if the instruction reads *Geben Sie zwei Beispiele dafür*, make sure you mention two examples.
◆ Be prepared to give your own opinion. Learn the relevant phrases.
◆ Plan your answer.
◆ Present information, ideas, arguments and your opinion logically and clearly.
◆ Ensure that there is enough time left at the end to check the organisation, presentation and accuracy of your answers.

Speaking skills as required in Paper 3

Part 1 Stimulus material
◆ Be prepared to answer the questions on the stimulus material. Try and develop the ideas presented, offer different views and express your own opinion.

Part 2 Presentation and discussion
◆ Present the relevant information clearly and logically.
◆ Participate in the discussion.
◆ Offer your personal opinion.

Part 3 Conversation
◆ Respond promptly and keep the conversation going.
◆ Make suggestions and develop ideas.

To sum up:
◆ Use a variety of sentence patterns, constructions and vocabulary.
◆ Make sure your pronunciation, stress and intonation are good and clear.
◆ Above all: keep calm and do not panic!

Name _____

Entdecken Sie Österreich!

Was ist denn Österreich für ein Land? Zu Habsburgerzeiten eine Weltmacht, inzwischen zum Zwergstaat geschrumpft – aber hat es dadurch was verloren? Österreich bietet sowohl in seiner Landschaft als auch in seiner Kultur eine Vielfalt, wie man sie kaum in einem vergleichbaren kleinen Land finden würde. Ohne Österreichs kulturelles Erbe wäre die Kultur um einen Mozart, einen Schubert, einen Johann Strauß, einen Franz Kafka und einen Sigmund Freud ärmer, um nur ganz wenige von denjenigen zu nennen, die aus dem kleinen Land in den Alpen kommen.

Gewiss hat Österreich sich in den letzten hundert Jahren gewaltig geändert. Aus einem Bauern- und Beamtenstaat ist ein Industrie- und Fremdenverkehrsland geworden, ohne dass das bäuerliche Element ganz verschwunden ist. Der

Hundertwasserhaus, Wien

Dienst an der Kultur geht weiter. Im letzten Jahrhundert sind Mahler und Klimt unter anderen in der Metropole Wien tätig gewesen. Neue Architektur entsteht, so wie das eigenartige Haus des Architekten Friedensreich Hundertwasser. Nicht nur ist das Haus bunt bemalt, es hat auch die Sonderheit, dass keine Wohnung der anderen gleicht. Auch haben die Böden der Gänge Wellen und Buckel – die Bewohner, die sich mit vielen anderen um die Wohnungen beworben haben, sind aber alle zufrieden. Kritiker meinen, das Haus sei kein richtiges Bespiel der Architektur, Fans des Hauses dagegen hoffen, dass Wien durch solche Innovationen an der Spitze des künstlerischen Fortschritts bleibt. Bei alledem ist der Österreicher vor allem eines: nämlich ein rundum gastfreundlicher Mensch, der im Laufe seiner Geschichte gelernt hat, mit den Menschen, die in sein Land strömen, gut umzugehen.

---

das Erbe – *inheritance*   der Bauer – *farmer*   eigenartig – *unique*   die Welle – *wave*   der Buckel – *hump*

---

1 Wählen Sie einen berühmten Österreicher und halten Sie einen Vortrag über ihn vor Ihrer Klasse.

2 Welche Satzhälften passen zusammen?

1 Vor 150 Jahren
2 Im letzten Jahrhundert
3 Wenige Länder haben eine so unterschiedliche
4 Österreich hat zur Kultur
5 Gustav Mahler
6 Friedensreich Hundertwasser
7 Die Wohnungen im Hundertwasserhaus
8 Die Boden im Hundertwasserhaus
9 Es gab viele Bewerber
10 Trotz der Sonderheiten
11 Manche meinen, das Haus zeigt
12 Eine Charaktereigenschaft des Österreichers

a hat ein eigenartiges Haus entworfen
b war Österreich eine Großmacht
c sind alle unterschiedlich
d hat in Wien gearbeitet
e ist Österreich viel kleiner geworden
f sind uneben
g Landschaft wie Österreich
h um die Wohnungen im Haus
i ist, dass er gerne Besucher in seinem Lande sieht
j viel beigetragen
k mögen die Bewohner das Haus
l den innovativen Charakter der Wiener Kunstszene

3 Fassen Sie den Artikel in 100 Wörtern zusammen.

Name _____

1 🔊 Hören Sie sich das Interview an und ergänzen Sie den folgenden Lückentext mit jeweils einem Verb aus der unten angegebenen Liste. Schreiben Sie jeweils die richtige Verbform.

> Marianne Berger _____ im deutschsprachigen Teil der Schweiz. Die Mehrheit der Schweizer _____ Deutsch als Muttersprache, jedoch werden in diesem Land noch drei andere Sprachen _____. Die meisten Deutschsprechenden _____ Schwyzertütsch und die Medien haben sich Mühe _____, diese Sprache zu _____. Manche Fernsehsendungen _____ auf Schwyzertütsch und die Kanäle haben vor, noch mehr Sendungen auf Schwyzertütsch _____.

| sprechen | geben | laufen | anbieten | wohnen | haben |
| bevorzugen | fördern |

2 Kreuzen Sie jetzt die Ergänzung an, die zur jeder Aussage am besten passt.

1 In der Schweiz ist Tourismus …
  a von großer Bedeutung
  b noch nicht sehr entwickelt
  c nebensächlich.

2 Die Schweizer Konfiserie …
  a ist sehr teuer
  b ist von niedriger Qualität
  c hat einen internationalen Ruf.

3 Bankkunden in der Schweiz …
  a haben alle Milliarden auf dem Konto
  b wissen, dass ihre Finanzen privat bleiben werden
  c haben oft Probleme mit den strengen Gesetzen.

4 Während des Krieges …
  a sind viele Juden in die Schweiz geflohen
  b haben die Schweizer den Juden sehr geholfen
  c haben viele Juden Geld in der Schweiz deponiert.

5 Die Öffentlichkeit war …, dass die Schweiz viele dieser Gelder behalten hatte.
  a erfreut
  b überrascht
  c empört

6 Die Banken haben vor kurzem das Geld
  a investiert
  b zurückerstattet
  c ausgegeben.

7 Die Schweiz hat …, der EU beizutreten.
  a vor
  b die Hoffnung
  c keine Absicht

8 Wegen … zieht die Schweiz Organisationen wie die Vereinigten Nationen an.
  a ihrer Neutralität
  b ihrer Gastfreundschaft
  c ihrer Reichtums

3a Benutzen Sie den Text und die Antworten zu Fragen 2–8, um 10 Fragen über die Schweiz zu schreiben.

_____
_____
_____
_____
_____
_____
_____
_____
_____

3b 👥 Üben Sie dann diese Fragen mit einem Partner/ einer Partnerin.

_____
_____
_____
_____
_____
_____
_____
_____

Einheit 11

Name _____

1 Lesen Sie das Interview mit Christa Schulze aus Weimar, die das Leben in der ehemaligen DDR beschreibt.

(I = Interviewer; C = Christa)

I: Wir hören viel über die Veränderungen in den neuen Bundesländern. Wie war es also, in der DDR aufzuwachsen?

C: Ja, es war völlig anders als heute. Das größte Problem für uns war die mangelnde Freiheit.

I: Was für Sachen waren denn verboten?

C: Es gab natürlich keine Wahlen wie im Westen, auch durfte man nichts gegen die Regierung sagen oder unternehmen.

I: Und wie konnte die Regierung so was erfahren?

C: Das war die Rolle der Stasi. Stasi, das ist die Abkürzung für die Staatssicherheit und war wie die Geheimpolizei. Die Stasi hatte auch viele inoffizielle Mitarbeiter. Das waren ganz normale Leute, die Auskunft an die Stasi weitergegeben haben.

I: Jetzt kann man die Stasi-Akten sehen, nicht wahr?

C: Ja, manche Leute haben schreckliche Sachen erfahren, dass ein guter Freund oder sogar ein Familienmitglied sie an die Stasi verraten hat.

I: Welche anderen Unterschiede gab es?

C: Die Reisefreiheit war sehr eingeschränkt. Man durfte in andere Ostblockstaaten reisen, nach Ungarn oder Russland oder so, aber natürlich nicht in den Westen. Einkaufen war auch ganz anders.

I: Inwiefern?

C: Wir hatten keine freie Marktwirtschaft, also waren die Preise überall gleich. Auch haben wir keine Konsumgüter aus dem Westen importiert – Levis-Jeans, moderne Elektrogeräte, Autos und so. Alles, was wir hatten, wurde in der DDR produziert und war eben sehr altmodisch – alle kennen doch die Trabis.

I: War die Schule sehr anders?

C: Ja, das System war anders als heute, auch haben wir andere Fächer gelernt. Marxismus-Leninismus war Pflichtfach und wir hatten auch Russisch als erste Fremdsprache. Auch war ich während meiner Schulzeit in der FDJ.

I: Was ist denn das?

C: Das war eine Organisation für Jugendliche, ein bisschen wie die Pfadfinder, aber von der Partei geregelt, es gab halt viel Propaganda. Es wurde aber schlecht angesehen, wenn man nicht dazugehörte.

I: Das ist ein sehr dunkles Bild.

C: So soll es aber nicht sein. Es gab viel Positives. Zuerst hatte man wirklich ein Gemeinschaftsgefühl – nicht so jeder für sich. Auch war das Leben sehr stabil – keine Drogen, keine Arbeitslosigkeit, gute Sozialeinrichtungen. Kindergärten waren umsonst zum Beispiel.

I: Danke für das Gespräch.

---

gegen ein Gesetz verstoßen – *to contravene a law*   die Abkürzung – *abbreviation*

die Akte – *file*   fehlen – *to be missing, lacking*

---

2 Beantworten Sie diese Fragen auf Deutsch.

a Was empfand Christa als das größte Problem in der DDR?

b Was durfte man in der DDR nicht machen?.

c Was war die Rolle der Stasi?

d Wer waren die inoffiziellen Mitarbeiter bei der Stasi und was haben sie gemacht?

e Was haben manche Leute bei der Öffnung ihrer Stasi-Akten erfahren?

f Wohin durfte man reisen?

g Welche Güter gab es in der DDR nicht?

h Inwiefern war die Schule anders?

i Was war die FDJ?

j Welche positiven Eigenschaften hatte das System in der DDR?

Kontrolle Einheit 1–2

Name _____

Total for this section: 14 marks

1 🔊 Hören Sie die Umfrage zum Thema „Jugendliche und Alkohol – sollen die Gesetze verschärft werden?"
Lesen Sie die folgenden Aussagen. Kreuzen Sie (✗) jeweils die Ergänzung an, die zu jeder Aussage am besten passt, so
dass die Aussagen mit dem Sinn der Umfrage übereinstimmen.

   (a) Anke Helfrich nach, dürfen alkoholische Getränke wie Bier und Wein …
      i) an 16-Jährige verboten
      ii) an 16-Jährige abgegeben werden
      iii) an Erwachsene abgegeben werden   *(1 mark)*

   (b) Peter Ensslin glaubt, …
      i) das die Gesetze zu scharf sind
      ii) dass die Gesetze sehr wichtig sind
      iii) dass Jugendliche rechtzeitig lernen sollen, mit Alkohol umzugehen   *(1 mark)*

   (c) Gudrun Bader meint, …
      i) man sollte die Gesetze verschärfen
      ii) man sollte die Gesetze lockern
      iii) alkoholische Getränke dürfen nur an Erwachsene abgegeben werden   *(1 mark)*

2 Beantworten Sie diese Fragen **auf Deutsch**.
  a Ab wann dürfen Jugendliche laut Jugendschutzgesetz Spirituosen trinken?   *(1 mark)*
  b Welches Land führt Anke Helfrich als Negativ-Besipiel für zu strenge Gesetzgebung an?   *(1 mark)*
  c Was meint Peter Ensslin mit „Macho-Trinkkultur"?   *(1 mark)*
  d Wo sieht Gudrun Bader Alkoholmissbrauch unter Jugendlichen?   *(1 mark)*

3 Summarise the item **in English**.
  Using the bullet points as a guide, mention:
  ◆ What Anke Helfrich thinks about the proposed changes   *(2 marks)*
  ◆ What Peter Ensslin thinks about the proposed changes   *(2 marks)*
  ◆ What Gudron Bader thinks about the proposed changes   *(3 marks)*

Kontrolle Einheit 1–2

Name _____

1 Das Jugendschutzgesetz regelt, was Jugendlichen in der Öffentlichkeit erlaubt ist und was nicht. Lesen Sie ein Interview mit einem Sprecher des Stadtjugendamtes Gaggenau, der das Jugendschutzgesetz erklärt und finden Sie die richtige Antwort.

Int: Warum braucht man ein Jugendschutzgesetz? Ist Erziehung nicht Sache der Eltern?

A: Natürlich ist Erziehung Sache der Eltern. Das Gesetz will auch nicht festlegen, ob oder ab welchem Alter Jugendliche grundsätzlich rauchen oder Alkohol trinken dürfen. Zuhause und im privaten Bereich müssen die Eltern solche Dinge für ihre Kinder entscheiden. Aber in der Öffentlichkeit muss es eine klare, eindeutige Regelung per Gesetz geben. Menschen zwischen 14 und 18 Jahren – und so sind Jugendliche per Gesetz definiert – sind noch nicht erwachsen und relativ leicht durch andere zu beeinflussen. In Gaststätten zum Beispiel wird viel Alkohol getrunken. Das ist eine potentiell gefährliche Situation für Jugendliche, die sich vielleicht, um andere zu beeindrucken, genauso verhalten wollen und dann außer Kontrolle geraten. Daher dürfen sich Jugendliche unter 16 nicht alleine dort aufhalten, sondern nur in Begleitung von Eltern oder Erziehungsberechtigten. Das heißt nicht, dass ein Fünfzehnjähriger nicht einmal zuhause ein Glas Bier oder Wein mit seiner Familie trinken darf.

Int: Manches im Jugendschutzgesetz klingt ein bisschen veraltet: Jugendliche unter 16 dürfen keine Tanzveranstaltungen besuchen und selbst die 16 – 18-Jährigen dürfen höchstens bis Mitternacht bleiben. Was soll das?

A: Ich glaube, das haben Sie auch etwas falsch verstanden. Es handelt sich dabei nur um öffentliche Tanzlokale, Discos usw., die auf Erwachsene ausgerichtet sind. Für Tanzveranstaltungen, bei denen der Träger ein Jugendorganisation ist, trifft das nicht zu. Wie der Name bereits sagt, ist das Gesetz da zum Schutz von Jugendlichen. Es soll nur sichergestellt werden, dass die Atmosphäre richtig ist für Jugendliche.

Int: Was passiert bei Verstößen gegen das Gesetz?

A: Der verantwortliche Veranstalter oder Geschäftsinhaber muss eine Strafe zahlen. Wenn zum Beispiel ein 17-jähriges Mädchen Schnaps oder andere Spirituosen kauft, wird nicht die junge Frau bestraft, sondern der Ladeninhaber. Denn der Verkauf von Spirituosen an Jugendliche ist verboten.

Int: Woher soll der Verkäufer oder die Verkäuferin wissen, ob die junge Frau nun 17 oder 18 ist?

A: Wo man nicht sicher ist, sollte man als Verkäufer immer den Personalausweis verlangen.

Int: Ist der Verkauf von Alkohol an Jugendliche grundsätzlich verboten?

A: Nein, ab 16 Jahren darf man leichte alkoholische Getränke wie Wein oder Bier kaufen.

Int: Und wie ist es mit dem Rauchen?

A: Das ist ab 16 in der Öffentlichkeit erlaubt.

Int: Danke für die Auskunft.

1 Jugendliche sind definiert als Menschen
  a bis 16
  b von 14–18
  c von 12–18.   *(1 mark)*

2 Jugendliche unter 16 dürfen sich nur in Begleitung ihrer Eltern bzw. Erziehungsberechtigten in Gaststätten aufhalten.
  a richtig
  b falsch.   *(1 mark)*

3 Tanzlokale dürfen
  a Jugendliche ab 16 zulassen und das bis 24 Uhr
  b keine Jugendlichen zulassen
  c Jugendliche ab 14 zulassen.   *(1 mark)*

4 Der Verkauf von Spirituosen an Jugendliche
  a ist verboten
  b ist ab 19 Uhr erlaubt
  c ist erlaubt, wenn die Jugendlichen über 15 sind und ihren Personalausweis dabei haben.   *(1 mark)*

Name _____

1 Look at this material and prepare your response to the questions given.

   Beispielfragen:

   ◆ Worum geht es hier?

   ◆ Welche Stereotypen Werden hier gezeigt?

   ◆ Wie unterscheidet sich eine Familie von heute von einer Familie von damals?

   ◆ Was sind die Vorteile und Nachteile dieses Familienlebens?

   ◆ Wie stellen sie sich Ihre Ideale Familie vor?   *(5 marks)*

2 Was dürfen Jugendliche in Großbritannien? Sind die Gesetze strenger oder ähnlich wie in Deutschland? Vergleichen Sie in einem kleinen Vortrag vor der Klasse.

Kontrolle Einheit 3–4

Name _____

Total for this section: 10 marks

1 [○ᵈ] Sie hören einen Bericht darüber, wie die Deutschen sich entspannen.
Lesen Sie die folgenden Aussagen. Kreuzen Sie (✗) jeweils die Ergänzung an, die zu jeder Aussage am besten passt, so
dass die Aussagen mit dem Sinn des Berichts übereinstimmen.

(a) Zwei Drittel der Deutschen entspannen sich am
liebsten mit ...
  i) einem Fußbad
  ii) einem warmen Bad
  iii) einer Dusche   *(1 mark)*

(b) ... Frauen als Männer entspannen sich in der
Badewanne.
  i) Mehr
  ii) Weniger
  iii) Größere   *(1 mark)*

(c) Die meisten Leute baden am
liebsten ...
  i) zu zweit
  ii) im Freien
  iii) allein   *(1 mark)*

(d) 25% der Befragten ärgern sich,
wenn ...
  i) die Tür blockiert ist
  ii) ider Partner allein badet
  iii) der Partner sich viel Zeit lässt *(1 mark)*

2 [○ᵈ] Ergänzen Sie den folgenden Lückentext mit jeweils einem Verb aus der unten angegebenen Liste.
Schreiben Sie jedesmal die richtige Verbform.

Eine repräsentative Umfrage einer beliebten Zeitschrift _____,

dass ein gemütliches Bad besonders bei Frauen beliebt ist. Aber auch Männer

_____ Entspannung in der Wanne. Wenn man seinen Partner

nicht ärgern will, _____ man besser nur kurz in der Wanne.

Niemand _____ es gern, wenn die Badezimmertür zu lange zu

ist. Manche Leute _____ gern mit einem Partner, andere nicht.

Und wie ist das bei Ihnen? _____ Sie gern zu zweit in die Wanne?

| bleiben | finden | steigen | ergeben | mögen | baden |

(6 marks)

Kontrolle Einheit 3–4

Name _____

Total for this section: 25 marks

1 Lesen Sie den Text über Daniels Lebensstil.

Kreuzen Sie (✗) die **fünf** Aussagen der unten angegebenen Liste an, die mit dem Sinn des Textes am besten übereinstimmen.

> „Ich mache mir nicht viel aus gesunden Lebensmitteln. Meistens schmecken diese Bioprodukte aus dem Bioladen total fade," sagt Daniel (19) „und außerdem sind sie auch zu teuer. Da ist mir so ein Hamburger von McDonalds schon lieber. Ich trinke auch ziemlich häufig Cola. Jede Woche treffe ich meine Freunde zum Kegeln in einer Kneipe. Da gibt es dann zuerst einmal ein richtiges Essen, am liebsten mag ich Schnitzel mit Pommes und ein kühles Glas Bier dazu. Samstags gehe ich oft aus, in Discos oder auf eine Party. Da komme ich dann meistens ziemlich 'früh' nach Hause, zwischen zwei oder drei Uhr!"
>
> „Ich mache zur Zeit eine Ausbildung bei der Post und habe unter der Woche geregelte Arbeitszeiten. Ich arbeite von Montag bis Freitag, fange um neun Uhr an und bin um fünf fertig. Stress gibt es in meinem Leben eigentlich nicht, deshalb brauche ich mich auch nicht extra zu entspannen. Mein Motto ist: immer mit der Ruhe – langsamer ist gesünder!"

a Bioprodukte kosten zu viel.	
b Daniel trinkt ziemlich oft.	
c Daniel bleibt nicht lange auf einer Party oder in einer Disco.	
d Daniel findet, dass Stress für ihn kein Problem ist.	
e Für Daniel ist gesundes Essen nicht sehr wichtig.	
f Daniel findet geregelte Arbeitszeiten langweilig.	
g Daniel entspannt sich, indem er ohne Stress lebt.	

(5 marks)

2 Beantworten Sie die Fragen **auf Deutsch. Bewertung des sprachlichen Ausdrucks: maximal 10 zusätzliche Punkte**.

   a Was hält Daniel von gesunden Lebensmitteln? *(2 marks)*
   b Inwiefern hat Daniel eine geregelte Arbeit? *(2 marks)*
   c Was meint Daniel, wenn er sagt „Ich komme dann ziemlich 'früh' nach Hause"? *(2 marks)*
   d Woran sieht man, dass Daniel keinen Stress hat? *(4 marks)*

Kontrolle Einheit 3–4

Name _____

Part 1 Stimulus material

Schauen Sie sich diesen Cartoon an und bereiten Sie Ihre Antworten zu den folgenden Fragen vor.

Beispielfragen:

- Worum geht es hier?
- Warum schaut das Kind die Mutter so überrascht an?
- Welche Bedeutung hat der volle Abfalleimer?
- Was sagt dieser Cartoon über die heutigen Essgewohnheiten aus?
- Was ist Ihre Meinung zum Thema 'Fast Food'?

Part 2 Presentation and discussion

Geben Sie eine kurze Präsentation zum Thema „Rauchen in der Öffentlichkeit".

Bereiten Sie sich dann auf eine Diskussion vor.
Die folgenden Fragen können Ihnen vielleicht dabei helfen.

- Warum rauchen viele junge Leute?
- Sollten Schauspieler in Filmen oder Fernsehsendungen rauchen?
- Sollte es ein totales Rauchverbot geben?
- Warum nehmen Menschen Drogen?
- Wie kann man eine Abhängigkeit am besten bekämpfen?

Part 3 Conversation

Bereiten Sie sich auf ein allgemeines Gespräch über die folgenden Themen vor:

- verschiedene Lebensstile
- Stress und seine Folgen
- moderne Freizeitbeschäftigungen
- Urlaub und Ferien

Beachten Sie bei der Vorbereitung die folgenden Punkte:

- Bioprodukte/Fast Food
- Ursachen für Stress
- Folgen von Stress
- Neue Sportarten: Vor- und Nachteile
- Computer als Hobby
- Verschiedene Ferienarten: Vor- und Nachteile

Nicht vergessen: die eigene Meinung ausdrücken!

Kontrolle Einheit 5–6

Name _____

Total for this section: 20 marks

1 🔊 Sie hören einen Bericht über Frauen in Führungspositionen.
Lesen Sie die folgenden Aussagen. Kreuzen Sie (✗) jeweils die Ergänzung an, die zu jeder Aussage am besten passt, so dass die Aussagen mit dem Sinn des Berichts übereinstimmen.

(a) Der Prozentsatz an Frauen in Führungspositionen in Großbritannien ist …
   i) höher als in Deutschland ☐   ii) niedriger als in Deutschland. ☐   *(1 mark)*

(b) Der EU-Durchschnitt für Frauen in Führungspositionen liegt …
   i) über 4% ☐   ii) unter 4% ☐   *(1 mark)*

(c) Die Situation hat sich in den letzten 10 Jahren …
   i) verbessert ☐   ii) verschlechtert ☐   *(1 mark)*

(d) In den meisten Fällen ist es …, ob eine Frau Kinder hat.
   i) unwichtig ☐   ii) entscheidend ☐   *(1 mark)*

(e) Viele Frauen lehnen Beförderungen ab, …
   i) um in Mutterschutz zu gehen ☐   ii) um mehr Zeit mit der Familie zu verbringen ☐   *(1 mark)*

2 🔊 Hören Sie einen Bericht über Nuria des Saz, eine Nachrichtensprecherin bei dem spanischen Fernsehsender Canal 2.
Kreuzen Sie (✗) die **fünf** Ausagen der unten angegebenen Liste an, die mit dem Sinn des Textes übereinstimmen.

a Nuria arbeitet als Journalistin bei einem Fernsehsender.	
b Der Chef von Canal 2 sah Nuria in einer Fernsehsendung.	
c Nuria sieht keinen Grund, warum Blinde weniger Chancen haben als andere Menschen.	
d Sie findet es schwierig, mit einer Kamera zu arbeiten.	
e Nuria hat gute Beziehungen zu ihren Kollegen.	
f Ihr Hund geht überall mit, wenn sie arbeitet.	
g Nuria kann überhaupt nicht sehen.	

(5 marks)

3 🔊 Listen to this item about work experience in the Laurentanium *Gymnasium*.
Summarize the article **in English**.
Using the bullet points as a guide, mention:
◆ the purpose of the work experience (1)
◆ the length of the placement (1)
◆ the preparations for the placement (2)
◆ the follow-up to the placement (1)
◆ Kathrin Kröger's placement (2)
◆ pupils' reactions to the scheme (2)
◆ the opinion of the employers (1)

(10 marks)

Kontrolle Einheit 5–6

Name _____

Total for this section: 23 marks

1 Lesen Sie den Artikel 'Studium oder Lehre?' Kreuzen Sie (✗) die drei Aussagen der unten angegebenen Liste an, die mit dem Sinn des Textes am besten übereinstimmen.

Studium oder Lehre?

Immer mehr junge Menschen in Deutschland entscheiden sich nach ihrem Abschluss am Gymnasium für eine Ausbildung in der Industrie oder im Handel. Heute sind bei Banken, Versicherungen und Reiseunternehmen mehr als die Hälfte aller Auszubildenden Abiturienten. Laut einer Umfrage glaubten vier von zehn Studienberechtigten durch eine Lehre bessere Chancen im Beruf zu haben als nach einem Studium. Dreißig Prozent der Befragten hielten die beruflichen Perspektiven für gleichwertig. Alle setzen auf die vermeintliche Sicherheit des Arbeitplatzes im Betrieb. Trotzdem gehen viele Abiturienten nach der Lehre doch an die Universität. Eine Lehrstelle zu bekommen wird auch immer schwieriger. Nach einer Prognose werden im Jahre 2006 rund 7000 Jugendliche eine Lehrstelle suchen.

---

a Die Zahl an Abiturienten, die sich für e ine Berufsausbildung entscheidet, steigt.	
b Eine Ausbildung als Kaufmann oder Kauffrau ist unter den Abiturienten populär.	
c Mehr als die Hälfte aller Abiturienten glauben, dass sie durch eine Lehre bessere Berufsaussichten bekommen.	
d Die Sicherheit des Arbeitsplatzes spielt bei der Entscheidung keine große Rolle.	
e Viele Studienberechtigte machen anschließend ein Studium.	

(3 marks)

2 Lesen Sie den folgenden Text und beantworten Sie die Fragen auf Deutsch. **Bewertung des sprachlichen Ausdrucks: maximal 10 zusätzliche Punkte**.

„Ich bin manchmal ein bisschen faul," erklärt Ralf. Trotzdem hat er es immer wieder geschafft. Doch dieses Mal sieht es anders aus. Der Schüler in der 11. Klasse des Gymnasiums konnte diesmal seine Fünf in Englisch und seine Vier in Sozialwissenschaften nicht verbessern. Beide Fächer sind Leistungskurse. Ralf blieb sitzen. Eine Woche vor Ferienbeginn kam sein Zeugnis mit der Post – ein Anmeldeformular für die Nachprüfung steckte mit im Umschlag. Für Ralf bedeutete das eine letzte Chance. Wer nicht versetzt wird, kann in den ersten Tagen des neuen Schuljahrs eine Nachprüfung schreiben. Wenn man besteht, geht man in die nächste Klasse. Ralf meldete sich zu einem Ferienkurs an, um seine Chancen zu verbessern. „Es ist besser, in den Ferien zu pauken als eine Klasse zu wiederholen," meint er. Auch wegen seiner Freunde will er in der Jahrgangsstufe bleiben.

468 Schüler aus der ganzen Stadt nahmen im vorigen Jahr an den Kursen teil. Die Gruppen sind klein. Die Kurse finden von Montag bis Freitag statt, drei Wochen lang und dauern jeweils zwei Stunden. „Die Schüler haben hauptsächlich Schwächen in Mathematik, Deutsch und Fremdsprachen," erzählt Annette Krupicka. In Köln legten letztes Jahr 1029 Schüler eine Nachprüfung ab, davon bestanden 67%.

Ralf will auch vor Schulbeginn nochmal richtig lernen. „Wenn ich gut vorbereitet bin, habe ich keine Angst," sagt er. „Wenn ich es schaffe, gibt es eine große Feier."

---

a	Warum darf Ralf nicht in die nächste Klasse gehen?	*(1 mark)*
b	Welche zweite Chance bekommt Ralf?	*(1 mark)*
c	Wann hat er erfahren, dass er sitzen bleiben muss?	*(1 mark)*
d	Wann muss er die neue Prüfung machen?	*(1 mark)*
e	Was hat Ralf gemacht, um seine Chancen in der Prüfung zu verbessern?	*(1 mark)*
f	Warum findet er es besser, in den Ferien zu lernen?	*(2 marks)*
g	Welche Fächer finden Schüler besonders schwierig?	*(2 marks)*
h	Was zeigt, dass die meisten Schüler sich gut auf die Nachprüfung vorbereiten?	*(1 mark)*

(10 marks + 10 marks for language)

Kontrolle Einheit 5–6

Name _____

Karte A

Look at this material and prepare your response to the questions given.

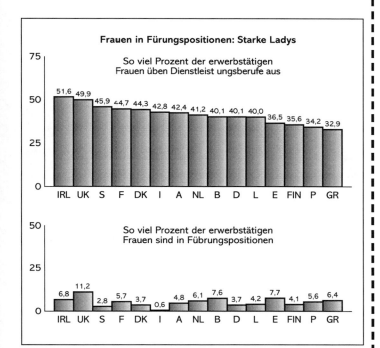

Frauen in Fürungspositionen: Starke Ladys

So viel Prozent der erwerbstätigen Frauen üben Dienstleist ungsberufe aus

IRL 51,6 · UK 49,9 · S 45,9 · F 44,7 · DK 44,3 · I 42,8 · A 42,4 · NL 41,2 · B 40,1 · D 40,1 · L 40,0 · E 36,5 · FIN 35,6 · P 34,2 · GR 32,9

So viel Prozent der erwerbstätigen Frauen sind in Fübrungspositionen

IRL 6,8 · UK 11,2 · S 2,8 · F 5,7 · DK 3,7 · I 0,6 · A 4,8 · NL 6,1 · B 7,6 · D 3,7 · L 4,2 · E 7,7 · FIN 4,1 · P 5,6 · GR 6,4

Beispielfragen:
- Worum handelt es sich hier?
- Wie erklären Sie die Graphik?
- Gibt es immer noch traditionelle Männer- und Frauenberufe?
- Warum sind so wenig Frauen in Führungspositionen?
- Wie sehen Sie Ihre Berufsaussichten?

Karte B

Look at the material below and prepare your response to the questions given.

PROBLEME IN DER SCHULE?

Wollen Sie das Sitzenbleiben vermeiden? Angst um das Abitur?

WIR KÖNNEN HELFEN!

Die Inge Zweig Förderschule bietet Nachhilfe und Förderkurse in allen Fächern sowie intensive Vorbereitung auf das Abitur.

Wenn Sie Erfolg wollen, rufen Sie uns an!

Beispielfragen:
- Worum handelt es sich?
- Sind solche Schulen eine gute Idee?
- Was halten Sie von Prüfungen?
- Was halten Sie vom Sitzenbleiben?
- Haben Sie schon Nachhilfestunden gehabt oder einen Förderkurs besucht?

Kontrolle Einheit 7–11

Name _____

Total for this section: 22 marks

1 Lesen Sie den folgenden Artikel und beantworten Sie die Fragen **auf Deutsch**. **Bewertung des sprachlichen Ausdrucks: maximal 10 zusätzliche Punkte.**

Weihnachtsmärkte in Deutschland – Lichterglanz und Mandelduft

Weihnachtszeit ist in Deutschland auch immer Weihnachtsmarktzeit. In fast jeder Stadt gibt es einen mehr oder weniger großen Weihnachtsmarkt, in den größeren Städten sogar mehr als einen. Weihnachtsmärkte sind inzwischen auch große Anziehungspunkte für Touristen geworden. Am ersten Adventswochenende öffnen die Weihnachtsmärkte ihre Pforten. Von diesem Zeitpunkt an zieht der Duft von Mandeln und Lebkuchen durch deutsche Innenstädte.

Trotz der Konkurrenz sind die Nürnberger sicher, dass ihr Weihnachtsmarkt nicht nur der berühmteste, sondern auch der schönste ist. Ein „Christkind" wird den Markt vor der Frauenkirche eröffnen und mit dem Prolog einladen: „ … und wer kommt, der soll willkommen sein". Das Angebot ist bewusst traditionell: Spieluhren, Goldengel, und Strohsterne. Auch diesmal erwarten die Veranstalter bis zum 23.

Dezember mehr als zwei Millionen Besucher. Das genaue Gründungsdatum des Christkindlmarkts liegt im Dunkeln, es dürfte um die Wende vom 16. zum 17. Jahrhundert liegen.

Darüber wissen die Dresdner ganz genau Bescheid: Seit 1434 wird der älteste Weihnachtsmarkt in Deutschland auf dem Altmarkt der Stadt veranstaltet. Höhepunkt des 565. Striezelmarkts ist wieder das Stollenfest am 4. Dezember mit dem Anschnitt des traditionellen Riesenstollens. Das Weihnachtsgebäck ist in diesem Jahr 4,30 Meter lang, 1,70 Meter breit und rund 3000 Kilo schwer. Im Mittelpunkt des Marktes, der erstmals bis zum 24. Dezember geöffnet hat, steht eine große Pyramide mit 42 Holzfiguren. Mit ihrer Höhe von exakt 14,26 Metern ist sie die weltweit höchste Holzpyramide. Rund 230 Händler bieten neben Dresdner Stollen Pulsnitzer Pfefferkuchen, Töpferwaren und Holzkunst an.

a Ab wann kann man in Deutschland einen Weihnachtsmarkt besuchen? *(1 mark)*
b Was glauben die Nürnberger von ihrem Weihnachtsmarkt? *(2 marks)*
c Was kann man auf dem Weihnachtsmarkt kaufen? *(3 marks)*
d Was ist an dem Weihnachtsmarkt in Dresden besonders? *(1 mark)*
e Was zeigt, dass Weihnachtsmärkte sehr populär sind? *(1 mark)*
f Was ist Stollen? *(1 mark)*
g Was ist dieses Jahr bei dem Weihnachtsmarkt neu? *(2 marks)*
h Was ist die Hauptattraktion des Markts? *(1 mark)*

(12 marks + 10 for language)

Kontrolle Einheit 7–11

Name _____

Answer one question from Section A, one from Section B. **Answer question 6** (Section C).

Section A

Schreiben Sie ungefähr **150** Wörter.

1 Was sind die Gründe für Ausländerfeindlichkeit? Was kann man gegen Fremdenfeindlichkeit tun?
Was würden Sie tun? *(36 marks)*

2 Was halten Sie von der Qualität des Fernsehprogramms? Wie würden Sie es ändern? *(36 marks)*

3 Was ist Ihrer Meinung nach das größte Umweltproblem in Deutschland? Warum? *(36 marks)*

Section B

Schreiben Sie ungefähr **150** Wörter.

2 Welche kulturellen Unterschiede gibt es in den deutschsprachigen Ländern?
Gibt es Ihrer Meinung nach mehr Ähnlichkeiten als Unterschiede? *(36 marks)*

4 Warum kommen so viele Asylanten nach Deutschland?
Werden sie Ihrer Meinung nach fair behandelt? *(36 marks)*

5 Welche Feste und Traditionen gibt es in den deutschsprachigen Ländern?
Welches finden Sie am interessantesten und warum? *(36 marks)*

Section C

Schreiben Sie ungefähr **250** Wörter.

6 Welche Auswirkungen hat die Europäische Union auf das Leben innerhalb der EU-Länder? Finden Sie diese
Auswirkungen positiv oder negativ? In Ihrer Antwort können Sie folgende Punkte beachten:
- ◆ keine Grenzen
- ◆ Studienmöglichkeiten
- ◆ Arbeitspraktikum
- ◆ der Euro
- ◆ eine europäische Identität *(54 marks)*

(Total: 126 marks)

Kontrolle Einheit 7–11

Name _____

Part 1 Stimulus material

Look at this material and prepare your response to the questions given.

Beispielfragen:
◆ Worum geht es hier?
◆ Warum fordern diese Skinheads 'Ausländer raus'?
◆ Was zeigt das zweite Bild?
◆ Wie kann man Ausländer in ein Land integrieren?
◆ Nennen Sie einige Beispiele.
◆ Warum kommen Ausländer nach Deutschland?

Part 2 Presentation and discussion

Geben Sie eine kurze Präsentation zum Thema „Die Bedeutung der EU für die Jugend von heute". Bereiten Sie sich dann auf eine Diskussion vor. Die folgenden Fragen können Ihnen vielleicht dabei helfen.
◆ Die EU bietet Jugendlichen verschiedene Ausbildungs- oder Studienprogramme an.
◆ Wie finden Sie diese Programme?
◆ Wie wichtig sind Ihrer Meinung nach Fremdsprachen in der heutigen Zeit?
◆ Welche Erfahrungen kann man bei einem Auslandsaufenthalt sammeln?
◆ Ist eine einheitliche europäische Währung Ihrer Ansicht nach eher positiv oder eher negativ?

Part 3 Conversation

Bereiten Sie sich auf ein allgemeines Gespräch über die folgenden Themen vor:
◆ Probleme der Asylanten
◆ Vorurteile
◆ Warum kommen Asylanten nach Deutschland?
◆ Wie könnte man ihre Situation verbessern?

Beachten Sie bei der Vorbereitung die folgenden Punkte:
◆ Warum gibt es Asylanten?
◆ Wie könnte man ihnen effektiv helfen?
◆ Warum haben wir Vorurteile?
◆ Wie kann man sie abbauen?